# 沪宁铁路与江苏社会

（1903—1927）

葛玉红⊙著

江苏大学出版社

镇江

## 图书在版编目(CIP)数据

沪宁铁路与江苏社会:1903～1927/葛玉红著. —
镇江：江苏大学出版社,2014.10
 ISBN 978-7-81130-812-9

Ⅰ.①沪… Ⅱ.①葛… Ⅲ.①铁路运输－交通运输史
－研究－江苏省－1903～1927②社会发展史－研究－江苏
省－1903～1927 Ⅳ.①F532.853②K295.3

中国版本图书馆 CIP 数据核字(2014)第 227052 号

沪宁铁路与江苏社会(1903—1927)
HUNING TIELU YU JIANGSU SHEHUI

著　者/葛玉红
责任编辑/张　平
出版发行/江苏大学出版社
地　址/江苏省镇江市梦溪园巷 30 号(邮编：212003)
电　话/0511-84446464(传真)
网　址/http：∥press.ujs.edu.cn
排　版/镇江文苑制版印刷有限责任公司
印　刷/句容市排印厂
经　销/江苏省新华书店
开　本/890 mm×1 240 mm　1/32
印　张/10.375
字　数/282 千字
版　次/2014 年 10 月第 1 版　2014 年 10 月第 1 次印刷
书　号/ISBN 978-7-81130-812-9
定　价/35.00 元

如有印装质量问题请与本社营销部联系(电话：0511-84440882)

# 目　录

# 导　言

## 一、研究主题的确立

交通历来是社会发展的重要内容。交通与社会的发展密切相关,不同的交通模式决定不同的社会发展模式。在以水运为主导的传统交通模式阶段,社会发展相对缓慢,城市一般临水而建,并沿交通线带状单侧发展。随着科学技术的进步,一种现代化交通工具——铁路,以其准时、快捷的运输特点逐渐成为主要的交通方式,占据主导地位。它引起沿线乃至某个区域内社会发展格局的调整或重构,使近代中国社会发展具有新的特点——社会发展呈动态发展之势且速度加快,尤其是城市呈星状或块状发展格局,铁路枢纽城市迅速发展起来,大都市圈开始出现,社会步入近代化阶段。

铁路是工业革命最重要的成果之一,是近代大机器生产的重要载体,也是一个国家近代化的产物与标志之一。铁路运输不同于传统的水运、畜力及人力运输,其独特的运输方式对货物流通、经济发展、人际交往、知识传播、教育普及和社会风气的变化等所产生的影响是以往传统运输工具所无法比拟的,所以,世界上许多国家都把它当作一种主要的运输工具。

19 世纪初,英国最早发明了铁路蒸汽机车,并修筑了世界上第一条铁轨。美国紧跟其后,也制造出了自己的机车,其他西方国家也相继修造铁路。在短短的几十年间,欧洲和美国的铁路长度都分别突破了 5 万公里。到 19 世纪末,世界铁路总长达到 65 万公里。① 19 世纪可以说是铁路时代。② 铁路的通车,缩小了沿线各地区经济发展的差距,克服了自然资源和人力资源分布不均的矛盾状态,推动了各国经济发展。修筑铁路逐渐成为西方政府与民众的共识,欧美各国纷纷掀起了兴建铁路的热潮。

西方国家这股兴建铁路的热潮对中国的影响是巨大的。为了攫取丰富的资源、获取超额利润并享有种种特权,西方各国采取利诱等手段在中国兴建铁路。铁路伴随着近代西方殖民势力入侵中国,并成为外国人掠夺中国财富的工具,中国也因此丧失了很多权益,付出了沉重的代价。

铁路的到来使中国近代社会出现了前所未有的巨变。正如李国祁先生所讲,"在引入中国的现代经济设施中,没有一项比铁路引起更大的影响"③。铁路史研究专家亦指出,在近代中国,"铁路,是沟通文化的血管,是开发富源的先锋,是培植政治力量的利器,是树立国防策略的首要工具"④,而"举凡我国社会的转变、思想的醒觉、经济的发展以及政治的演进、国运的隆替,皆与铁路问题有关"。⑤ 铁路在近代中国社会发展中占有突出的位置,也发挥着举足轻重的作用,因而,近代铁路交通一直是史学研究的重要领域之一。

对近代中国铁路的研究可以追溯到民国时期,如《中国五十年铁道之小史》(1913 年版)、交通部所编《中华国有铁路沿革史》(1918 年版)、曾鲲化的《中国铁路现势通论》(化华铁路学社藏版 1908 年版)和《中国铁路史》(新化会宅 1924 年版)、谢彬的《中国铁道史》(中华书局 1929 年版)、铁道部交通史编纂委员会所编

① 隗瀛涛:《近代重庆城市史》,四川大学出版社,1991 年,第 702 页。
② 祝曙光:《铁路与日本近代化:日本铁路史研究》,长征出版社,2004 年,第 2 页。
③ 李国祁:《中国早期的铁路经营》,台北"中央"研究院近代研究所,1961 年,第 6 页。
④ 张惟恪:《东北抗日的铁路政策》,上海良友图书印刷公司,1931 年,第 1 页。
⑤ 凌鸿勋:《中国铁路志》,台北畅流半月社,1954 年,第 1 页。

《交通史(路政篇)》(上海民智书局 1930 年版)、杨隽时的《交通管理 ABC》(世界书局 1930 年版)、孙师毅的《中国现代交通史》(上海良友图书公司 1931 年版)、陈晖的《中国铁路问题》(上海新知书店 1936 年版)、铁道部业务司编辑的《中国铁道便览》(商务印书馆 1944 年版)、俞棪的《中国铁路联运事业之过去、现在与将来》(1945 年版)、洪瑞涛的《铁路与公路》(南京交通杂志社 1945 年版)、凌鸿勋的《中国铁路志》(台北畅流半月刊社 1954 年版),以及《沪宁铁路研究资料》(苏州历史博物馆 1905 年版)、《沪宁沪杭甬铁路史料》(铁路管理局 1924 年版)、铁道部交通史编纂委员会所编《交通史路政编》(上海民智书局 1930 年版)、《铁道年鉴》第 1—3 卷(铁路部铁道年鉴编纂委员会 1933 年版)、关赓麟的《交通史路政编》第 1—11 册(铁道交通部交通史编撰委员会 1937 年版)、《交通史总务编》(交通部总务司 1937 年版)、《邮传部奏议类编》(路政二、四、六)、《海防档·铁路》(台北"中央"研究院近代史研究所 1957 年版)等史料的整理。

新中国成立后,海内外学者对民国铁路交通的研究逐步走向深入,既有宏观研究,也有微观研究。主要著作有:李国祁的《中国早期的铁路经营》(台北"中央"研究院近代研究所 1961 年版)、何汉威的《京汉铁路初期史略》(香港中文大学 1979 年版)、宓汝成的《帝国主义与中国铁路》(上海人民出版社 1980 年版),以及金士宣、徐文述的《中国铁路发展史》(中国铁路出版社 1986 年版)和张瑞德的《平汉铁路与华北的经济发展(1905—1937)》(台北"中央"研究院近代研究所 1987 年版)等。

20 世纪 90 年代以后,对近代铁路的研究更趋全面,主要著作有:王晓华、李占才的《艰难延伸的民国铁路》(河南人民出版社 1993 年版)、李占才的《中国铁路史(1876—1949)》(汕头大学出版社 1994 年版)、杨勇刚的《中国近代铁路史》(上海书店出版社 1997 年版)、张雨才的《中国铁道建设史略》(中国铁道出版社 1997 年版)、李京文的《铁道与发展》(社会科学文献出版社 2000

年版)、尹铁的《晚清铁路与晚清社会变迁研究》(经济科学出版社
2005 年版)、朱从兵的《李鸿章与中国铁路——中国近代铁路建设
事业艰难起步》(群言出版社 2006 年版)等。这些著作对民国铁
路交通进行了初步地梳理,从宏观或微观为主的研究角度,分析了
中国铁路发展的基本状况和铁路经营等相关问题,为近代中国铁
路交通与社会变迁的研究打下了基础。

其中,朱从兵的《铁路与社会经济:广西铁路研究》(广西师范
大学出版社 1999 年版),第一次全面系统地研究了 1885—1965 年
间广西铁路筹建和建设的艰辛过程,详尽分析了铁路对广西工业、
农业、交通运输、商业和对外贸易等各个方面所产生的深远影响。
该书研究视角新颖、史料翔实。透过广西铁路,可以窥见中国近代
铁路筹建和建设的曲折。

有关铁路外债的专题性研究,有王致中的《中国铁路外债研究
(1887—1911)》和马陵合的《清末民初铁路外债观研究》等。这两
本著作以铁路外债作为研究对象,分析了清末民初关于铁路外债
的国家政策、举债动因、成债内外环境、债项谈判及还债过程等,揭
示了这一时期中国社会各界对铁路外债的反应,以及铁路外债的
复杂特性与本质。

关于铁路与人物方面的研究,主要著作有凌鸿勋的《詹天佑与
中国铁路》和张成德的《阎锡山与同蒲铁路》等。此外,人物研究
中亦有铁路方面的内容,如陈景华的《盛宣怀》、夏东元的《盛宣怀
传》、经盛鸿的《詹天佑评传》等,都阐述了人物与铁路的关系,以
及他们在中国铁路发展史上的重要地位和作用。

关于铁路的知识性,主要著作有:胡绳玉的《中国铁路的故
事》、郝瀛的《中国铁路建设概论》、高韬和黄晨光等的《中国铁路
史画》《世界科普画廊·海陆交通》,以及《中国蒸汽机车世纪集影
(1876—2001》等。这些著作为人们了解中国铁路建设与发展提供
了丰富而生动的历史资料。

与铁路有关的研究,还有严中平主编的《中国近代经济史

（1840—1894）》、汪敬虞主编的《中国近代经济史（1895—1927）》、许涤新和吴承明主编的《中国资本主义发展史》、朱英的《晚清经济政策与改革措施》、复旦大学历史地理研究中心主编的《港口—腹地和中国现代化进程》、美籍学者陈锦江的《清末现代企业与官商关系》、汪戎的《晚清工业产权制度的变迁》等。这些研究都涉及了铁路，有些内容为研究中国铁路提供了一个新的观察问题角度。

微观铁路史的研究相对较少，当前除了前文提及的朱从兵的《铁路与社会经济——广西铁路研究》、张瑞德的《平汉铁路与华北经济发展》和张成德的《阎锡山与同浦铁路》外，还有何汉威的《京汉铁路初期史略》、山东大学历史系编著的《胶济铁路史》等。其他如正太铁路、滇越铁路、广西铁路、南浔铁路等地方铁路的研究，仅有一些论文发表，学者们从不同的角度论述了铁路与当地政治、经济和社会等方面的多重复杂关系。

沪宁铁路是近代中国国有铁路中最有价值、经营独具特色的一条线路，它的建设对近代中国政治、经济、思想文化等诸多领域产生了深远影响，在中国铁路史上占有极为重要的地位。然而，学界对沪宁铁路未能给予应有的关注。海内外学者对它的研究主要集中在以下三个方面：

铁路与经济方面的研究。美籍华人学者任以都（《Chinese Railways and British Interests：1898—1911》，1954 年版）分析了沪宁铁路借款、资金筹措及运营等方面的问题，指出这些方面均符合英国的经济利益；英国学者拉尔夫·威廉·许内曼（Ralph William Huenemann）（《The Dragon and the Iron Horse：the Economics of Railroads in China：1876—1939》，1983 年版）从铁路与经济的层面，论及沪宁沪铁路所产生的经济效益等；台湾地区学者王树槐的《中国现代化的区域研究：江苏省》（1984 年版）考察了沪宁铁路通车后对江苏社会经济产生的影响；段本洛的《苏州手工业史》（1987 年版）和《苏南近代社会经济史》（1986 年版）分析了沪宁铁路对苏州手工业及社会经济的影响；马俊亚的《混合与发展——江南地区传统社会经济的现代演变》（2003 年版），也谈到了沪宁铁路通车后对江南农村自然经济的双重影响等，但内容十分简略。

铁路的修建或交涉方面的研究。专著主要有英国学者肯德的《Development of Chinese Railway》（生活·读书·新知三联书店 1958 年版），从铁路建设的角度，简要论述了沪宁铁路修建的意义及发展概况。论文主要有：高志斌、王国平合写的《晚清政府借外债修筑沪宁铁路述论》（《江海学刊》2000 年第 3 期），详细分析了晚清政府借英国款修筑沪宁铁路的原因、经过及江苏民众收回路权的斗争等情形；朱从兵的《张之洞与沪宁铁路》（2006 年首届"晚清国家与社会"国际学术讨论会论文集），则阐述了张之洞与沪宁铁路修建之间的关系。

铁路与近代城镇发展的研究。随着铁路史研究的深入，其研究领域已从传统的政治、外交等范畴，逐步拓展至铁路对沿线城市影响的多学科综合性研究，并已成为一个重要的研究方向，取得了一些成果。如京奉铁路、胶济铁路、华北铁路、东北铁路等对沿线城市发展的影响及作用，一些论文相继问世。关于沪宁铁路，主要有张海林的《苏州早期城市现代化研究》（南京大学出版社 1999 年版）谈及沪宁铁路促进苏州早期城市化；万灵的《常州的近代化道路》（安徽教育出版社 2002 年版）涉及沪宁铁路促进常州的近代化等。这些资料和研究成果是本研究的重要基础。

从国内外研究现状来看，虽然现有的有关近代中国铁路及沪宁铁路的研究取得了一些成果，但仍存在一些问题。其一，铁路是近代中国一项崭新的事业，关于其经营管理的研究鲜有人涉猎。近代中国多数铁路经营管理不善，沪宁铁路却被誉为中华模范路，但其研究至今却仍为空白。其二，铁路是把双刃剑，它的出现及运营必然带来或引发一系列社会矛盾和问题，学界对铁路出现后引发的社会矛盾的研究与重视不够。其三，清末民初的铁路工人是特殊的社会群体，但对其研究仍集中在工人运动史的一隅；等等。

至 20 世纪 20 年代,中国初步形成了以南北干线为核心的铁路运输体系。相关研究表明,这一时期也是江苏社会发展最快最好的时期。然而,学界对铁路交通与江苏发展进程联系起来的研究仍十分薄弱,至今尚无一部全面深入的学术专著问世。

本研究的出发点是着力分析近代铁路出现后对社会所产生的影响,进而探讨铁路与社会之间的相互关系及其内在规律,丰富对清末民初中国社会经济、政治、思想文化等诸多领域的认知。通过对这一富有社会变革性课题的研究,旨在厘清江苏社会发展的线索和谱系,揭示出近代中国社会发展的内在动力及外在因素,尤其是清末以来江苏社会经济"率先发展"的历史根因,这是主要的学术目标。

## 二、研究思路、方法及主要内容

### (一) 研究思路

铁路的引入及兴建,反映了中国从封建社会沦落为半封建半殖民地社会的历史过程,也体现了中国人民爱国图存、抵御外侮的民族精神。探讨近代中国铁路修建与发展状况,不仅可以再现西方国家与中华民族矛盾和斗争的过程,而且可以促使我们更好地认识发展中国铁路事业的必要性和紧迫性,树立中国现代化和铁路现代化建设的责任感和使命感,认清铁路交通与社会发展的辩证关系。

在研究思路上,本书拟摆脱单纯就铁路交通本身来探讨铁路对社会的影响和作用的陈规,突破传统见物不见人去研究社会发展的内在规律的思路。因此,本研究首先将沪宁铁路置于世界范围内和近代中国社会的宏观视野下,考察其建设和发展的社会历史背景。在此基础上,运用交通社会学及社会发展的基本理论和方法,侧重分析沪宁铁路独特的经营、管理、余利交涉,以及它对沿线传统交通系统、社会经济、城市演变、社会文化变迁和矛盾冲突等的影响,多角度探讨沪宁铁路对江苏社会近代化的影响及其辩

证关系,力争在近代社会急剧变革的时代大背景下把握铁路交通与区域社会发展的互动关系及其内在规律,具体有以下三点:

第一,通过对清末 1903 年至 1927 年这一时期沪宁铁路对江苏社会发展影响的历史考察,探究近代中国社会转型背景下的一种现代化交通工具的筹建过程、经营管理、余利交涉及其与区域社会发展的辩证关系及发展规律。这不仅有助于多门学科的研究,而且有助于从整体上加深对近代中国铁路史和社会发展史等诸多领域变迁的认识。

第二,深入探讨有关近代沪宁铁路交通的研究,对江苏社会发展中铁路交通的作用做出分析和评述,这对促进江苏乃至其他地区交通和社会的发展具有重要的现实意义。进而,总结铁路交通与近代社会发展的空间互动关系,为今后的学术研究提供有益的启示,也为区域交通体系和现代化建设提供历史借鉴。

第三,分析和廓清近代中国铁路发展进程中引发的诸多社会矛盾,揭示隐藏在这些矛盾背后的根源——铁路贪污腐败、利权丧失、民众利益及政府的应对措施等,进而总结社会矛盾激化的内外因素——民众不仅要反抗腐朽、专制的政府,而且还要为维护国家主权和地方利益与西方列强展开斗争等。这不仅有助于从一个侧面了解当时的社会,而且对全面认识封建专制社会之弊大有裨益。同时,对铁路引发的社会矛盾及其根源进行深入研究,有益于人们从民生的角度对清末民初中国社会、政治、经济等诸多领域有进一步认识。

## (二) 主要内容

铁路作为西方文明的产物,也是最具革命性的交通工具,在西方国家产生并蓬勃发展。清末,它被从西方引入中国,使中国社会出现了前所未有的变化。沪宁铁路是近代中国最为重要、最有价值的铁路之一,也是唯一一条被誉为"中华模范路"的铁路,在中国铁路史上占有极为重要的位置。因此,本研究首先将沪宁铁路置于近代中国社会的宏观视野下,考察其建设和发展的社会历史渊源,在此基础上,运用交通社会学及社会发展的基本理论和方法,摆脱单纯就铁路来讨论其对社会影响的旧模式,探讨其独特的经营管理、余利交涉及对社会发展和社会矛盾的关系,深入研究铁路与社会发展之间的内在关联,丰富对清末民初江苏乃至中国经济、政治、社会等诸多领域的认知,通过研究这一富有影响力的课题,揭示铁路交通与人类社会发展的规律。为此,本书重点阐述下列几个问题。

第一,铁路在中国的发展。铁路首先在英国出现,随后,西方国家相继建设铁路,世界进入铁路时代。铁路的出现对世界经济、政治、军事等产生了重要的影响,欧美各国掀起了兴建铁路的热潮,这股热潮对中国的影响是巨大的。为了攫取丰富的资源,获得超额利润,欧美各国采取种种手段在中国兴建铁路。铁路在中西方的命运不尽相同,在中国它艰难地发展着。中国本拟自建铁路,却因低下的国际地位而被迫借外债来修建。至20世纪20年代,中国初步形成了以南北干线为核心的铁路运输体系。

第二,沪宁铁路的筹建。清政府早有建造沪宁铁路之意,最初主张以官督商办的方式修建,无借外债筑路的意图。甲午战后,西方列强疯狂争夺在华修筑铁路的权益,英国视长江流域为其在华势力范围,极力谋取沪宁铁路的承办权。清政府因资金严重匮乏,在特殊的国际背景下,被迫与英国签订了借款合同。这使得沪宁铁路一出现就受英国控制,英国攫取了沪宁铁路的种种权益,江苏地方利益受损,社会发展受到极大地威胁。

第三,沪宁铁路的经营。沪宁铁路营业里程较短,几乎与运河平行,长江、运河等数条河流与之竞争,因此运营初期颇为惨淡。然而,在沪宁铁路局和江苏政府的共同努力下,至民国年间,它已成为一条经营优良的线路。沪宁铁路局从当时的社会实际出发,在运营过程中不断探索,制定了一些改善运输环境、提供优质服务、加强广告宣传等营销策略,盈利后则致力于品牌的打造,出台了诸如特色服务、联合竞争、节俭财务等创新政策,在市场竞争中摸索出了经营发展之路并脱颖而出,达到了当时中国铁路经营的较高层次和境界,至20世纪20年代形成了独特的经营理念,被誉为国有铁路的典范。其日益增长的客货流量提高了铁路交通消费,为江苏带来了较好的经济效益和社会效益。

第四,沪宁铁路的管理。近代,西方国家控制中国铁路的方式有三种:直接经营、参加管理、占据技术职位。沪宁铁路属于第二种。沪宁铁路名义上由中国铁路总公司督办管辖,实际上管理权掌握在英国人手上。沪宁铁路局通过制定一系列规章制度加强其内部组织管理,削弱洋员的管理权限,扩大华员的地位,并逐步建立了较为高效运作的管理机构。沪宁铁路局重视人才的选拔,其独特的人才任用方式和管理措施吸引并留住了大量人才,也提高了员工工作的积极性;铁路学堂教育、铁路职业教育及扶轮教育、铁路留学教育等又推动了江苏教育近代化的进程。沪宁铁路严谨且具有现代品格的组织、人才管理及教育理念,不仅为中国铁路,也为江苏企业家创办和管理现代企业打开了新思路。

第五,沪宁铁路的余利交涉。沪宁铁路自开办起,历年均有亏折,无余利可言。直至1916年,沪宁铁路运营收入才渐见盈余,遂有了余利。然而,如何计算及摊分余利成为中英双方有争议的问题。其中,双方围绕工程款利息、购地款利息、借款利息、车辆添换及准备金的扣除问题展开激烈争论,后经伦敦仲裁7次会议、2次判决,结果仅仅借款利息一项中国胜诉,即扣除后再计算余利,余者三项中国均为败诉。因中外国力悬殊,中国政府被迫接受伦敦的判决。1924年,中英双方签订沪宁余利问题合同,沪宁余利交涉案告一段落。然而,中英路权及余利之争从未中断,经过中国政府、沪宁铁路局及江苏民众艰苦卓绝的斗争,至20年代末,中国逐渐收回了部分路权,维护了国家利益和江苏地方利益,为江苏社会发展扫除了障碍。

第六,沪宁铁路促进江苏社会的发展。沪宁铁路改变了江苏传统交通运输格局,并在江苏综合运输网络中起着极为重要的骨干作用,进而影响着近代江苏经济格局的重构,对沿线农村经济、工业体系及旅游业的兴起与发展产生了重要的影响,促进了江苏沿铁路经济带的形成,成为江苏经济对外开放的纽带;沪宁铁路促进了沿线新兴城市的崛起及其功能的发挥,影响着区域城市的盛衰消长,改变了区域的可达性,缩小了地区间的时空距离,推动了江苏城市地理空间、经济空间、社会空间形态的演变,极大地拓宽了城市空间的广度和深度,加速了江苏城市一体化的进程;铁路还改变着人们的生活观念,促进着江苏社会的文化变迁,推动着传统社会文化的转型,是江苏走向现代文明的重要推动力量。

第七,沪宁铁路引发的社会矛盾。清末,铁路的通车也引发了一系列新型社会矛盾,主要表现为铁路交通事故、铁路犯罪,以及民众破坏铁路设施、殴打车站人员、大规模收回路权的斗争等。诸多的社会矛盾揭示出近代中国铁路贪污腐败引起民怨,路权丧失严重、外国势力肆意欺压百姓和民众利益受损激起民愤;而地方政府与铁路局对社会矛盾缺乏有效应对,解决不力,又使得矛盾日益尖锐和复杂,社会动荡加剧。沪宁铁路工人数量多、收入少、社会地位低下,生存状况恶劣,加之当局对铁路工人生计问题考量与筹划的缺失,以及对弱势群体民生问题的忽视,最终导致他们起来反抗。铁路工人及沿线百姓的反抗斗争推动了江苏革命的进程。

第八,余论:影响与启示。清末,铁路进入中国,铁路的通车运营与社会发展是相辅相成、相互促进和共同发展的。尽管沪宁铁路运营初期对江苏社会影响甚微,然而,在政府正确的政策导向下,沪宁铁路局积极采取并实行了一些运输政策和营销措施,使得铁路运输事业有了很大发展,不仅提高了沪宁铁路的营业收益,还促进了江苏的交通技术革命与交通网络的完善、经济一体化的进程,加快了城市化的步伐及都市圈的出现,促使人们的社会文化观念发生了转变,也促进了人自身的发展,等等。同时,铁路本身也得到完善和发展,至20世纪20年代,江苏社会发展进入最快最好的时期,沪宁铁路也被誉为"中华模范路"。

沪宁铁路为民初江苏社会带来了新的活力,在近代江苏社会的现代转型中扮演了极为重要的角色,也为江苏现代化奠定了坚实的基础。同时,它也带给我们一些启示,如沪宁铁路带来了新的集资方式和独具特色的经营管理模式,沪宁铁路的修筑与营运始终贯穿着为了国家利益和民众利益的反抗斗争,体现了不屈不挠的民族精神。清末民初江苏政府及铁路局对铁路沿线百姓生计问题的考量,有益于弱势群体民生问题的思考与解决。沪宁铁路在近代江苏社会发展的作用具有普遍性,也具有特殊意义。

### (三)研究方法

铁路研究涉及的内容相当广泛,包括经济学、交通学、历史学和管理学等知识,从铁路中引发出了诸如铁路技术、铁路法规、铁路经营、铁路教育、铁路警察、铁路与区域开发、铁路犯罪等内容。因而,研究中国铁路必须从多学科、多角度进行综合性的分析。本书以历史文献学和社会学为基础,综合运用历史实证、归纳演绎和比较等多种研究方法。研究过程既重视个案研究,又注重整体概括;既分专题进行解析,又用通论的方式进行总体把握。

以历史文献,尤其是原始档案为基础的实证研究是本课题的基本研究方法。

本书利用交通社会学的方法,对档案文本进行梳理,理清铁路的发展脉络,考察沪宁铁路对沿线地区多方位的影响,直观地再现近代中国社会发展的部分场景。

本书利用比较研究法,把沪宁铁路放在全国及历史的视野中,既与传统交通工具进行纵向比较,又与其他铁路进行横向对比考察,不仅能准确理解沪宁铁路在全国的地位,也彰显了研究沪宁铁路的特殊意义。

本书利用科学计量学的方法,对沪宁铁路的运营情况及其沿线城市发展做定量分析和评价。

本书利用归纳演绎法,分析沪宁铁路对近代江苏社会发展等多方面的影响,进而归纳概括铁路与社会发展之间的互动关系,以及沪宁铁路对同时代和后世产生的影响。

最后,需要说明的是,本书以 1903 年至 1927 年为研究时段,主要基于以下 4 点考虑:

第一,从时间上来看,1903 年,中英双方签订沪宁铁路借款合同,沪宁铁路开始建造并运营;1927 年,北洋军阀统治结束。自清末新政始,中国政府便重视江苏社会发展,将江苏作为全国三大新政试点之一,尤其是把发展路矿作为新政的一个重要内容。又,根据《沪宁铁路借款合同》规定,到 1928 年,沪宁铁路才开始偿还所借款项。因此,分析这一时段沪宁铁路的运营对江苏社会所产生的影响,能够很好地展现沪宁铁路的经营管理状貌。

第二,从国内背景来看,1903 年至 1927 年是近代中国的社会大变革时期,中国逐步由传统社会向现代社会转型。西方势力的深入、辛亥革命的爆发、民主革命的兴起、中西文化的激荡、五四运动的爆发、军阀混战、战争频繁等一系列的事件,标示着中国社会的剧烈变动。中国人民为了反对列强的掠夺,与西方势力进行了艰苦卓绝的斗争。沪宁铁路中方员工及江苏民众为了反抗外国的侵略和压迫,为了收回利权,进行了多次罢工和武装起义。可以说,1903—1927 年最典型、最集中地反映了那一时段中国社会的变迁和中外关系的转折。

第三,从行政区划上看,自清末到 1927 年,江苏行政版图相对完整,对这一时期的江苏社会进行考察,更能把握其全局性。1927 年南京国民政府成立后,南京、上海先后被划分为特别市,江苏的版图发生了较大的变化,其原有的社会发展格局与进程被迫中断。

第四,从中央与地方的关系看,清末至 1927 年间,江苏地方行政权力一直处于膨胀时期。地方政权膨胀的一个重要的影响是,使江苏社会的发展在中国近代化进程中能够保持相对的独立性和超前性,从而体现出江苏社会发展的个性和特色。1927 年南京国民政府成立后,国民党政治上推行一党专政,实行独裁统治,江苏地方政治势力被削弱,江苏发展亦被纳入全国一体化的轨道,其独特性逐渐暗淡。基于上述考虑,研究的下限断至 1927 年。

# 第一章　铁路在中国的发展

## 第一节　铁路的出现及影响

### 一、铁路的起源

交通道路是与人类社会同步产生和发展的,随着人类社会生产力及科学技术的发展,交通道路和交通工具也在不断进步。早在 4 000 多年前,埃及人在建造金字塔时,就把大石块装在木橇上,把木橇放在石头凿成的"辙道"上,然后由奴隶或牛马拖动前进。这样能使摩擦力大大减少,搬运货物时就会省力很多,这种辙道可以说是轨道的雏形。在古希腊、罗马的交通史上,就有不少把路道加工成轨道的记载。

16 世纪,德国人发明了一种类似古希腊、罗马的石轨路。这种石轨车道难于建造,尤其易造成翻车事故,因而后来人们进行改造,将石轨改为木轨。木轨虽然制作轻便,但是牢固性不够,磨损又太快,人们便不断探索解决这种缺陷的办法。至 18 世纪初,人们开始尝试在木轨上包敷一层铁皮,遂出现了铁木轨,并在一般的交通道路上开始使用。轨道的改良仍在不断进行。1789 年,英国人制成生铁护轮轨道,形成了今天铁路轨道的雏形。

18 世纪 70 年代,西方开始工业革命,蒸汽机的发明为传统交通运输业的革命带来了曙光。1784 年,英国人瓦特改良了蒸汽机。1804 年,理查德·特里维西克设计并制造了世界上第一台行驶于轨道上的蒸汽机车,他也是世界上第一个把蒸汽机车和铁轨两者结合在一起的先驱者。但是,他的机车屡有事故发生,后由被誉为"铁路之父"的英国工程师乔治·斯蒂芬森完成了机车的改良任务。

19世纪20年代初,斯蒂芬森(1781—1848)最终设计出一种新型机车——"运动号"①,并将原来的凸形轨道改进成今天的宽底、细腰、"大脑袋"的"工"字形铁轨。1825年9月27日,英国在斯托克顿(Stockton)和达林顿(Darlington)两个城市之间修建了世界上第一条供公众使用的长达21公里的铁路,这是世界上第一条现代意义上的铁路。斯蒂芬森驾驶着他的"运动号"蒸汽机车,以19公里的时速行驶在这条铁路上。1829年10月6日,英国举行蒸汽机车动率比赛,观者如潮。自此以后,人类社会逐步迈入交通历史上的铁路时代。

## 二、铁路的初步发展

1825—1850年是西方工业革命的后期,钢铁工业、机器制造业已达到一定水平。工业要想快速发展,就需要大量的原材料和产品的运送,而传统交通工具根本无法满足工业生产的需求,运输问题亟须解决,这必然促使铁路交通迅速兴起。自达林顿—斯托克顿铁路通车后,英国出现了铁路建设的狂热。到1848年年底,英国通车的铁路里程已达到5000英里。1850年,英国已经拥有铁路6600英里。7年后,英国又铺设了世界上第一条钢轨铁路。

大洋彼岸的美国紧随跟其后。美国于1829年即遣人远赴英国,购买轨条与机关车,并向英国学习建造铁路的技术和方法。从

---

①　1814年,英国人斯蒂芬森发明了蒸汽机车火车头,重5吨,车头上有一个巨大的飞轮,可以帮助机车运动。斯蒂芬森为他的发明取名为"布鲁克"号。该火车头有震动太大、速度不快等缺点。斯蒂芬森经过改进,重新设计出一辆新的更先进的蒸汽机车,命名为"运动号"或"旅行号"。

1830 年起,经过 70 年的努力,美国共建成 40 多万公里铁路,是世界上筑路最多最快的国家。

继英美之后,其他西方国家陆续开始建筑铁路,掀起了世界历史上第一次铁路建设的高潮。法国铁路建成通车时间为 1832 年,比利时和德国为 1835 年,加拿大为 1836 年,俄国为 1837 年,奥地利为 1838 年,意大利和荷兰为 1839 年,瑞士为 1844 年,西班牙为 1848 年,巴西为 1851 年,印度为 1853 年,澳大利亚为 1854 年,埃及为 1855 年,日本为 1872 年,中国为 1876 年。① 总的来说,这次铁路建设的热潮主要出现在近代工业发达的西欧和北美地区,亚洲各国铁路建设则起步较晚(见表 1-1)。

表 1-1　世界铁路营运里程

单位:千英里

| 年份<br>地区 | 1840 | 1850 | 1860 | 1870 | 1880 |
|---|---|---|---|---|---|
| 欧洲 | 1.7 | 14.5 | 31.9 | 63.3 | 101.7 |
| 北美 | 2.8 | 9.1 | 32.7 | 56.0 | 100.6 |
| 印度 | | | 0.8 | 4.8 | 9.3 |
| 亚洲其余地区 | | | | | * |
| 澳大利亚 | | | * | 1.2 | 5.4 |
| 拉丁美洲 | | | * | 2.2 | 6.3 |
| 非洲 | | | * | 0.6 | 2.9 |
| 全世界 | 4.5 | 23.6 | 66.3 | 128.2 | 228.4 |

*不到 500 英里。

资料来源:[英]艾瑞克·霍布斯鲍姆:《资本的年代:1848—1875》,江苏人民出版社,1999 年,第 64 页。

19 世纪 70 年代初,西方铁路建设的技术已经达到相当高的

---

① 金士宣、徐文述:《中国铁路发展史(1876—1949)》,中国铁路出版社,1986 年,第 4-5 页。

水平。相较而言,当时的船运速度并没有显著加快。在这样的历史背景下,西方国家大力发展铁路交通运输,积极开辟国际国内市场。

至19世纪90年代,欧美国家的铁路建设状况是:德国有铁路75 128里,英国有铁路56 205里,法国有铁路65 650里,俄国有铁路53 755里,美国有铁路474 908里。① 西方国家铁路建设的迅速发展给整个世界带来了巨大变化。对此,霍布斯鲍姆明确指出:"铁路的到来本身就是一场革命的象征和成就,因为将整个地球铸成一个相互作用的经济体,从许多方面来说都是工业化最深远且当然是最壮观的一面。"② 显然,作为现代化浪潮的重要部分——铁路的蓬勃发展加速了全球化时代的到来。

### 三、铁路出现后对世界的影响

铁路出现在西方国家后,对世界的发展产生了深刻的影响,美国总统詹姆斯.A.加菲尔德曾指出:"过去和现在所发生的改变,几乎全是由于一个机械装置——蒸汽机车所造成的,铁路乃是近代最伟大的原动力。"③ 铁路对世界的影响可从经济、政治、军事三个方面来分析。

1. 铁路对世界经济的影响

铁路的出现对货物的运输产生了巨大影响。19世纪中叶,世界性谷物贸易还未形成,欧洲还经常受到饥荒的威胁,燃料、原料、肉类、水果等商品在世界范围内大规模的贩运在当时还是不可想象的事情。虽然工业革命已经进行了半个多世纪,但帆船运输显然无法承担工业化开始以后发展国际贸易对运输提出的新的要

---

① 《海防档·铁路》,台北"中央"研究院近代史研究所,1957年,第291–292页。
② [英]艾瑞克·霍布斯鲍姆:《资本的年代:1848—1875》,江苏人民出版社,1999年,第46页。
③ 《世界科普画廊·海路交通》,浙江教育出版社,1997年,第16页。

求。当时,除了沿海和运河地区以外,各大陆内地的产品很难运销到国外去。但是,铁路出现后,这一切都迅速改变了。

铁路的出现及延伸使广大内地与沿海港口联系起来,便利了当地物产出口和国外产品进口,大大缩短了商品的储存、转运和投放市场的时间,加速了流动资金的周转和贸易的发展。正是铁路的建成通车,使得在 1870—1913 年间,一艘船舶的航速从每小时 14 海里提高到 23 海里,运费下降了一半以上。① 铁路运输的优点使铁路成为连接港口和内地的重要运输工具,而轮船又把世界各国的铁路系统连接成为一个国际的交通运输网。世界范围内的贸易量因铁路的出现而急剧增加,西方国家不断开拓远方市场。以铁路为标志的新式交通运输业给世界经济的繁荣创造了条件,引导和推动了现代经济的发展,也促使资本主义大工业在世界各地快速发展,加速了经济全球化的进程。

2. 铁路对国际政治的影响

随着铁路运输对世界经济影响的加深,西方国家经济发展的速度不断加快。铁路运输对世界政治格局也产生了重要影响。

在传统的交通工具下,人们出行的速度较慢,移动的距离相对较短,世界范围内各国的交往发展相对稳定和封闭。然而,铁路的兴建及通车使得人与人之间、地区与地区之间,甚至国与国之间的联系变得异常活跃和开放起来。西方列强借助铁路交通加速了资本主义原始积累和殖民侵略的步伐,并在一定程度上改变了国际政治格局。

建筑铁路本来是一项简单、文明的事业,正如列宁所说,"铁路是资本主义工业的最主要的部门即煤炭和钢铁工业的总结,是世界贸易发展与资产阶级民主文明的总结和最显著的指标"。② 然而,到其他国家建筑铁路可以攫取超额的权益,铁路能为争夺殖

① 姚曾荫:《国际贸易概论》,人民出版社,1987 年,第 383 页。
② 《列宁全集》第 22 卷,人民出版社,1958 年,第 182 页。

地利益带来的巨大好处,利欲熏心的西方殖民者无不垂涎欲滴。为了达到目的,西方殖民者加速了在世界范围内的侵略活动。当时,英国的一些殖民主义者曾直言不讳地宣称:"关于我们开发东方帝国的政策,以新辟的道路和交通来代替旧时的战争和吞并领土的政策,成为我国越来越明显的真正的政策。"①以英国为首的西方殖民者纷纷打破原有的世界格局,将势力植入落后国家,原来安定、封闭、独立的国家渐渐被西方列强占领。

铁路成为列强殖民侵略的工具和武器。利益的驱使使得西方列强纷纷聚焦中国,中国遂演变成西方列强肆意纵横、争权夺利的国际政治舞台。

3. 铁路对世界军事的影响

铁路交通运输工具的出现直接推动了军事领域的一些变革。铁路的独特运输优势加快了军队的动员和部署,保证了军队的调度和接应,克服了以往的给养限制、季节限制和传递限制。它可以迅速、及时地把大量兵力和军需物资投入战场或战场后方的集结区,形成优势兵力。

比较铁路出现前后世界主要战役运送兵员的情况(见表 1-2 和表 1-3),可以看出铁路对战争的影响。

**表 1-2　铁路未出现以前各战役两军运用兵员一览表**

| 年份＼区别 | 战地及月份 | | 军别 | 兵员（万人） |
|---|---|---|---|---|
| 1800 年法奥战役 | 奥地利方面 | 4 月下旬之战 | 法军 | 3.5 |
| | | | 奥军 | 7 |
| | | 5 月下旬之战 | 法军 | 8.4 |
| | | | 奥军 | 7 |

---

① 金士宣、徐文述:《中国铁路发展史(1876—1949)》,中国铁路出版社,1986 年,第 7 页。

| 年份\区别 | 战地及月份 | | 军别 | 兵员（万人） |
|---|---|---|---|---|
| 1800 年法奥战役 | 法国方面 | 4 月下旬开战时 | 法军 | 12 |
| | | | 奥军 | 8 |
| | | 11 月中旬之战 | 法军 | 12.6 |
| | | | 奥军 | 13.5 |
| 1805 年战役 | 9 月下旬之战 | | 法军 | 20.5 |
| | | | 奥军 | 12.1 |
| | 12 月上旬战 | | 法军 | 22 |
| | | | 俄奥联合军 | 19.1 |
| 1806 年战役 | 9 月上旬开战时 | | 法军 | 19.8 |
| | | | 普俄联合军 | 13.2 |
| | 12 月中旬与波兰之战 | | 法 | 16 |
| | | | 普俄联合军 | 10.6 |
| 1807 年战役 | 5 月下旬之战 | | 法军 | 28.5 |
| | | | 普俄联合军 | 17 |
| 1809 年战役 | 法国方面 | 4 月中旬之战 | 法 | 19.8 |
| | | | 奥 | 19 |
| | 意国方面 | 5 月下旬之战 | 法意联合军 | 9 |
| | | | 奥 | 6 |
| 1812 年拿破仑征俄之役 | 6 月下旬（战争初期） | | 法军 | 44 |
| | | | 俄军 | 22 |
| | 10 月上旬莫斯科之战 | | 法法军 | 21.3 |
| | | | 俄军 | 25 |

续表

| 区别<br>年份 | 战地及月份 | 军别 | 兵员<br>（万人） |
|---|---|---|---|
| 1812 年拿破仑征俄之役 | 11 月下旬之战 | 法军 | 6.8 |
| | | 俄军 | 15.4 |
| 1813 年 | 8 月下旬之战 | 法军 | 25 |
| | | 俄普联合军 | 23 |
| | 10 月中旬之战 | 法军 | 25 |
| | | 俄普奥瑞联合军 | 32 |

资料来源：《铁道未发明以前各战役两军运用兵员一览表》，北洋政府交通部档案，中国第二历史档案馆藏，全宗号 1056，案卷号 12。

表 1-3　铁路出现后各战役两军运用兵员一览表

| 区别<br>年代 | 战地及月日 | 军别 | 兵员<br>（万人） |
|---|---|---|---|
| 1866 年战役 | 7 月 3 日之战 | 奥军 | 21.5 |
| | | 普军 | 22.1 |
| 1870 至 1871 年普法之役 | 8 月上旬开战时 | 普军 | 38.4 |
| | | 法军 | 25 |
| | 8 月 18 日 | 普军 | 18.76 |
| | | 法军 | 11.29 |
| | 1871 年 3 月（休战之时） | 普军 | 63 |
| | | 法军 | 53.45 |
| 1904 至 1905 年日俄之役 | 沙河之战 | 日军 | 约 24 |
| | | 俄军 | 约 20 |
| | 奉天之战 | 日军 | 约 30 |
| | | 俄军 | 约 60 |
| | 休战战 | 日军 | 约 60 |
| | | 俄军 | 约 60 |

资料来源：《铁道发明后各战役两军运用兵员一览表》，北洋政府交通部档案，中国第二历史档案馆藏，全宗号 1056，案卷号 12。

从上面两表可以看出,铁路出现后,交战双方运送兵员的数量发生了很大变化。铁路出现之前,双方运送兵力最多时44万,最少时仅为3万;而铁路出现后,交战双方运送兵力最多时达60万,最少时也有11万多,且运送时间大大缩短。这说明了战争时期铁路在输送兵力及军用物资的速度和数量等方面所起到的作用,在一定程度上也决定了战争双方的胜负。

关于铁路对现代军事的作用,法国戴莱加盖将军在1890年所著《现代战争》一书中指出:"一个国家在组织本国边疆的防御时,首先考虑的事情,不是把国土用要塞地带围起来,而是使铁路网布满全境,以保证尽可能迅速集中兵力。"①1870到1913年,法国就把通往东部边境的铁路线从3条增加到10条,以准备未来的对德战争。而德国军方估计,一个约3万人的军团连同全部军需物资,用117列火车运送,在复线铁路上9天可以运行900公里,如果徒步行军,则需花费两个月。德国的铁路军运走在其他国家的前面。② 这种将铁路引入战争的思想对许多国家都产生了深刻的影响。19世纪下半叶以后,欧洲许多国家开始把铺设铁路与发展现代化武器放在同等重要的位置。

## 第二节　铁路在中国的出现及初步发展

19世纪三四十年代,铁路在欧美作为交通工具已经投入使用。到1876年,中国大地上才出现第一条运营铁路——吴淞铁路,且旋即被拆除。中国的铁路建设比西方国家落后了近半个世纪。当西方国家的铁路在突飞猛进时,中国仍处于传统的水运时代,铁路建设在中国的起步十分艰难曲折。

---

① [英]乔治·克拉克:《新编剑桥世界近代史》第11卷,中国社会科学出版社,1987年,第298页。

② 祝曙光:《铁路与日本近代化:日本铁路史研究》,长征出版社,2004年,第221页。

## 一、西方列强争夺中国的筑路权

1840 年鸦片战争之后,西方国家通过一系列不平等条约,采取各种手段在中国攫取了大量特权,强迫中国开辟通商口岸,并把中国变为他们的商品市场和原料供给地。其中,最重要的手段是加强对中国的投资,重中之重是铁路投资。因为铁路能使他们的侵略势力大规模地深入到天然水道所达不到的广大内地。他们不仅可以通过铁路进行资本输出,获得长期的高额利润,还可以通过夺取铁路的修筑权和经营权,控制铁路沿线的土地和资源,进而在中国划分势力范围,攫取更多的利益。因此,铁路投资成为西方列强在中国激烈争夺的一个重要目标。

在争夺中国铁路建筑权的西方国家中,俄国的起步较早。俄国很早就企图在西伯利亚兴建铁路以抵达中国的黑龙江流域。1857 年,有人就建议西伯利亚总督兴建索菲斯克至德喀斯脱里斯湾的铁路,希望将德喀斯脱里斯湾与阿穆尔连成一体。不久,美国人柯林斯向俄国人建议修筑自伊尔库茨克至赤塔的铁路,沙俄总督穆拉维约夫当即同意,但被政府否决。1858 年,当沙俄侵占中国黑龙江以北广大地区之时,有人又建议从莫斯科修建铁路通向太平洋,以改善俄国同黑龙江地区的交通,加强俄国在远东的军事力量,从而把黑龙江地区同莫斯科连接起来。尽管穆拉维约夫对此表示赞同,但仍被沙俄政府拒绝。

俄国于 1858 年 5 月至 1860 年 11 月,趁中国内忧外患之际,强迫清政府签订了《瑷珲条约》和《北京条约》,吞并了中国外兴安岭以南、黑龙江以北 60 万平方公里和乌苏里江以东 40 万平方公里的领土。墨迹未干,沙俄就又有了修建西伯利亚铁路直达海参崴的计划。[①] 对于沙俄的侵略行径,恩格斯尖锐地指出:"俄国人已占有了黑龙江以北的领土和该河南岸满洲的大部分土地;他们

①　[日]军司义勇:《东清铁道资料》,《满铁社员会书》第 63 辑,1944 年,第 1 页。

在那里建筑了工事,进行了铁路线的勘查工作,并预定了未来城市河港口的地点。"①

与此同时,英美等国也着手在中国抢修铁路。1859 年 4 月,上海美国琼记洋行大老板约翰·何德向美国驻华公使华若翰提出在上海与苏州之间修建一条铁路,派铁路工程人员悄悄地进行先期线路测量,并向清廷提交了一份备忘录,要求清政府允许琼记洋行有不得少于 100 年的专利,并须保护其财产不受侵犯等。清政府拒绝了这一无理要求。尽管西方殖民者侵略中国的铁路计划在同治年间已经逐渐具体化,但最终皆因官民的强烈反对而没能得逞。

甲午战争之后,西方列强对华侵略进入了新阶段,在中国修建铁路也达到了高潮,突出的一个特点是划分势力范围和攫取铁路的种种权利。

西方国家在争夺中国铁路权益的过程中产生了矛盾冲突。其中,1897 年俄国和法国吞并中国的阴谋与英国的在华利益产生了冲突,恰巧德国亦正伺机在远东获得一海军根据地,欲视山东省为其囊中物。② 于是,就形成了英、俄、德等国之间的冲突、纠纷和严阵对峙。

一些国家在中国的铁路建设使英国惶惶不安,于是英国企图牟取利益均沾。当清政府无法应对日本的第二次赔款时,英国与法国、俄国等国竞相借款给中国,而英国更以扬子江流域不割让协定及准其建筑川缅铁路为交换条件要求清政府向其借款。这一计划因法、俄两国的强烈反对,最终英国只实现了前一半的利益。当法国和俄国获得芦汉铁路投资权之时,英国凭借其海军的优势,向清政府提出了天津至镇江、九龙至广州、浦口至信阳、苏州至杭州或展至宁波、河南山西至长江等 5 条铁路借款权的要求。为了达

---

① 《马克思恩格斯选集》第 2 卷,人民出版社,1972 年,第 37 页。

② 陈晖:《中国铁路问题》,上海新知书店,1936 年,第 22 页。

到目的,英国派遣舰队向清政府示威,清政府看到海面上英舰密布,遂与其缔结了各路借款合同。

1899 年,英国和俄国擅自订立协约。在英俄协定中,英国承诺不在长城以外获得铁路权利,俄国承诺不在扬子江沿岸获得铁路权利。次年,英国又与德国签订合约,同意天津至镇江的铁路为英德合造。

西方列强为了追逐利润和特权,采取种种强制手段,最终结果均以牺牲中国的利益来解决,致使中国境内的主要铁路干线被瓜分,造成了中国铁路交通的可悲命运。

## 二、铁路出现前的中国传统交通概况

中国传统的交通主要指陆路和水路,交通设施是传统的土路和木制或者石制的桥梁,交通工具主要是车、马、轿和舟。而城市交通工具则以马车、人力车(指黄包车、人力三轮车)及少量轿子为主,即使是上海的外侨,也以马车代步。

中国的陆路交通种类繁多,最方便、最快捷、最先进的陆路交通当属驿站,而陆路交通的机关和法令也是以驿站制度为中心的。清代驿站沿袭了历代的传统,以驿、站、塘、台、所、铺等 6 种形式组成,到乾隆时期发展到了顶点。据光绪朝《大清会典事例》记载,全国共有驿站 1 972 处,急递铺 13 935 所。[①] 这些设施星罗棋布于全国各地,形成了遍及全国的驿站网络。驿站内设有驿夫、驿马、驿车等。驿马是陆路驿站内的主要交通工具,各省驿站除福建、广东、广西不设马外,均有驿马,有的地方还有骡、驴、牛、驼等。可见,传统的陆路运输主要依赖人力和畜力,而水路则主要是河流或运河,依靠的是风等自然力。

传统交通工具依赖人、畜或风等,但人和畜受生理条件的限制,行进速度慢、费用高,又受天气影响,且交通工具落后,安全系

---

① 《钦定大清会典事例·交通》卷六六〇至六八四。

数小。这些因素大大制约了商品流通和资源开发,也阻碍了社会的快速发展。

鸦片战争后,西方列强侵入中国,他们用大炮轰开了中国闭关自守的大门。但他们不满足于只向中国输入鸦片和商品,为了攫取更多的利益,纷纷谋求在中国修筑铁路。在此背景下,铁路建设被提上了日程,中国传统的交通孕育着一场势在必行的变革。

### 三、清政府艰难筹建铁路

19 世纪 30 年代末期,铁路和火车的名词传入中国。然而,中国的交通近代化发端于半殖民地半封建社会的特殊历史背景下,铁路作为最具革命性、科技含量最高的交通工具,"其始也阻于众咻,其继也卒排群议而次第建设之,开我国数千年未有之奇局"。[1]

自 1863 年起,以英商为首的 27 家外国商行,联名要求修筑上海至苏州的铁路,被李鸿章拒绝。1864 年,英国人再次倡议在苏州和上海间建铁路,并称可与伦敦西北铁道媲美。但是,"其时风气不开,无人应和"。[2] 1865 年,英国人杜兰德为了说服清廷修筑铁路,于北京宣武门外修造了一条仅一里多长小铁道,试行小火车,此为铁路火车输入中国之始。亦因中国官民"诧所未闻,骇为妖物,举国若狂,几致大变",这段小铁道被步军统领饬令拆毁。[3] 1874 年底,英商怡和洋行未经中国政府批准,擅自在上海修筑吴淞铁路。两年后,吴淞铁路建成并通车运营,中国铁路的建设才由此拉开了序幕,中国交通的近代化也由此开始。

铁路作为一种新事物在中国出现所遭受的待遇,正如学者王

---

① 赵尔巽:《清史稿》卷一四九·"交通一",中华书局,1977 年,第 4425 页。
② 白寿彝:《中国交通史》,河南人民出版社,1987 年,第 177 页。
③ 李岳端:《春冰室野乘》,宓汝成《中国近代铁路史资料(1912—1949)》第 1 册,中华书局,1963 年,第 204 页。

翔所说,"对任何新思想、新事物和新变化都嗤之以鼻,不屑一顾,成为中国社会走向近代化的巨大惰性力"。[1]

　　早在 19 世纪 60 年代,洋务派官僚出于国防的考虑,就已认识到了修筑铁路的重要性。1872 年,李鸿章认为铁路建设和国防实力的增强有密切关系,遂向朝廷进言,力主修筑铁路,但未被采纳。1877 年,吴淞铁路被拆除之际,福建巡抚丁日昌也认识到铁路对国防的重要性。但是,他认为铁路的修建仅仅适于台湾,而这一计划也最终因费绌而止。同年,李鸿章与唐景嵩筹办了开平矿务局,但矿区的煤不能及时运出。因此,李鸿章请求在唐山至胥各庄间修建一条运煤铁路,资金全由矿务局筹办。

　　1880 年,直隶总督刘铭传上奏朝廷,力陈修筑铁路实为国防急需,言"自强之道,练兵造器,固宜次第举行,然其机栝则在于急造铁路。铁路之利……于用兵尤不可缓。中国幅员辽阔,北边绵亘万里,毗连俄界;通商各海口,又与各国共之,画疆而守,则防不胜防驰逐往来,则鞭长莫及。惟铁路一开,则东西南北,呼吸相通,视敌所驱,相继策应。虽万里之遥,数日可至,百万之众,一呼而集"。[2] 左宗棠、曾纪泽等人也主张大力兴办铁路。然而,修建铁路的建议却遭到了当时守旧派官僚的非议,御史张炳琳、林步青等联合会奏"铁路一修,则险要尽失,虽有百利,不能偿此一害";内阁学士文治亦称修路为损己益敌、开门揖盗之举;甚至有些廷臣如礼部尚书奎阔等 28 人亦会奏铁路为"祖宗所未创,即使利多弊少,亦当立予停止"。[3] 顽固派一片反对,但清政府仍准修筑了唐胥铁路。唐胥铁路竣工后,却只准用驴马拖拉,出现了所谓的"马拉火车"怪象。尽管如此,唐胥铁路仍是中国自筹资金修建的第一条营

① 转引自王翔:《十九世纪中日丝绸业近代化比较研究》,《中国社会科学》,1995年第 6 期。

② 赵尔巽:《清史稿》卷一四九·"交通一",中华书局,1977 年,第 4427 页。

③ 陈晖:《中国铁路问题》,生活·读书·新知三联书店,1955 年,第 23 – 24 页。

业铁路。唐胥铁路双轨间距为 1.435 米①,这也成了以后中国铁道轨间距的标准。

唐胥铁路的通车使抱残守缺的朝中大臣惊慌失措,他们纷纷指责。李鸿章等人据理力争,几经周折,火车始得照常运行。但守旧派仍对兴办铁路一事大肆抨击。

中法战争后,情况有所改变,"法、越事起,以运输不便,军事几败。事平,执政者始知铁路关系军事至要"。② 1887 年由奕𫍯出面奏请,成立了中国铁路公司。1888 年 11 月,李鸿章经海军衙门奏请建造天津至通州铁路,此议一出,争论又起,但焦点已变。清廷朝野上下,已经开始从要不要修铁路之争,转变为铁路路线设置于何地之争,户部尚书翁同龢等人认为:"铁路势必举办,然此法可试行于边地,不可遽行于腹地。"③

1889 年 4 月 1 日,张之洞上了著名的《请缓造津通改建腹省干路折》。他在折中批评守旧派蔑视西方工业文明,指出:"轮车(即火车)与轮船、电线等确有利用之实,不得谓之淫巧。"西方国家创行铁路,是近百年来"驯至富强之一大端",中国"自不得不采彼长技以为自强之助"。铁路在中国刚起步,需建路处比比皆是,

---

① 各国轨距,迄今已知将近 20 种,其尺寸自 0.60 米至 1.676 米不等。1.435 米被称为标准轨距,大于或小于此尺寸者,分别称为宽轨及窄轨。宽轨主要有三种:1.524 米(苏联、芬兰、蒙古等国用),1.665 米(巴西、爱尔兰、葡萄牙、西班牙等国用),1.676 米(阿根廷、印度、巴基斯坦等国用)。窄轨也主要有三种:1 米(缅甸、马来西亚用),1.067 米(日本、中国台湾省用),0.762 米(吴淞铁路曾采用)。中国自唐胥铁路起开始采用 1.435 米的标准轨距,以后沿为定制。中国东省铁路因名为中俄合办,实系沙俄直接建筑和经营,因而采用与西伯利亚铁路相同的俄制 1.524 米轨距;滇越铁路为法国直接建筑、经营,因而采用与法国的越南殖民地铁路相同的 1 米窄轨;正太铁路为法国贷款修建的,采用 1 米窄轨;山西省修建的同蒲铁路也采用 1 米窄轨,以后都改为标准轨距。台湾省清末修建的第一条铁路采用 1.067 米的窄轨,至今还是如此;云南省个碧石铁路至今仍用 0.6 米窄轨。金士宣、徐文述:《中国铁路发展史(1876—1949)》,中国铁路出版社,1986 年,第 4—5 页。
② 赵尔巽:《清史稿》卷一四九·"交通一",中华书局,1976 年,第 4429 页。
③ 宓汝成:《中国近代铁路史资料(1912—1949)》第 1 册,中华书局,1963 年,154 页。

目光不宜仅盯着津通一隅,选线应"先易后难"。修津通路"当审"者五,如耗资巨、利润少,且于军事方面作用不大等。进而认为,铁路固然要服务于海防,但"今日铁路之用,尤以开通土货为急"。为此,他提出"宜自京城外之卢沟桥起,经行河南,达于湖北的汉口镇。此则铁路之枢纽,干路之始基,而中国大利之所萃"等。折中陈其有七利而无一害,如不近海口,敌不可资;广开商旅之利;促进煤铁开采;方便漕饷之运;有利军队调动;等等。① 张之洞关于修建铁路的规划极为周详,切实可行,很快被朝廷采纳。

**四、铁路在中国的发展**

面对西方列强在中国争夺铁路修筑等权,国人纷纷主张自主修建铁路。1895 年甲午战争之后,清政府颁发上谕,准许广筑铁路,并准许各省商人筹资设铁路公司,官督商办。

"当时国际势力竞争,各划势力范围,利益范围,于我领土以内,胥以铁道利权问题为其中心,诚以取得特殊地位,实施殖民政策,绝无便于此者,邦人君子,寻亦渐悟外人不怀善意,铁道实有益于国家,乃由反对而表赞同,由赞同而谋自筑,由自筑而复利用外资。"② 西方列强激烈争夺在中国建筑铁路的权力,也亟须清政府为之效劳。虽然清政府同意建筑铁路,然而,没有外国资金、技术的支持,仍寸步难行。在此背景下,清政府和西方列强在铁路建筑的问题上走到了一起。随后,在外资的协助下,各省商人集资修筑铁路和官商合办铁路逐渐兴盛起来,中国出现了铁路建设的第一次高潮。到 1911 年,中国共修建铁路 9 618.1 公里,其中中国资本修建的铁路只有 665.62 公里,仅占总公里数的 6.9%。③

---

① 张之洞:《奏议二五》,《张文襄公全集》卷二五,中国书店,1990 年,第 11 - 19 页。
② 谢彬:《中国铁道史》,中华书局,1929 年,第 5 页。
③ 许纪霖等:《中国现代化史(1800—1949)》第 1 卷,上海三联书店,1995 年,第 177 页。

1912 年，中国出现了外商承办中国官办铁路、官商合办铁路、商办铁路、中外合办铁路等多种形式的铁路。其中，官商合办铁路有：京汉铁路、京奉铁路、京张铁路、津浦铁路、沪宁铁路、沪杭甬铁路、正太铁路、汴洛铁路、道清铁路、广九铁路、粤汉铁路、株萍铁路、吉长铁路、齐昂铁路、新宁铁路、南浔铁路、安奉铁路、漳厦铁路、潮汕铁路、京绥铁路、京张铁路、广九铁路、吉长铁路、陇海铁路的汴洛段（开封至洛阳），以及粤汉铁路的广三段（广州至三水）等。商办铁路有：新宁铁路、南浔铁路、漳厦铁路、潮汕铁路共 4 线。除官商合办铁路外，还有中外合办及由外国人承办的铁路，最有影响的有日本人经营的南满铁路、俄国人经营的中东铁路、德国人经营的胶济铁路，以及法国人经营的滇越铁路等。

在众多的铁路中，只有京张铁路是完全由中国人主持修筑的，且未借外债，其他各铁路都借用了外债，聘用了外国工程师，不同程度地受到外国人的控制。各国承办或中外合办铁路所到之处，外国的侵略力量即随之加强。

至 1915 年，中国与世界相较铁路仍太少。中国已营业铁路多数在长江以北，"惟沪宁、沪杭甬暨湘鄂位于大江之南，就将来计划观之，大江南北不久将广敷路线，互相联络，可与北方已成之局，并驾齐驱"。就中国 18 省本部而言，"每 735 方英里土地，或每 67 000 人口，有一英里铁路；高丽则每 71 方英里土地，或 13 000 人口有铁路一英里；印度每 40 方英里，或 8 600 人口即有一英里铁路，日本 20 方英里，或 8 000 人口有铁路一英里；美国则 12 方英里，或 3 800 人口即有一英里铁路矣。查中国境内水路交通极为便利，以平均之里数衡之，铁路纵不如各国之长且远，而水道便捷则有优于各国矣"。[①]

尽管如此，自 1895 年到 1927 年，中国修建铁路累计长度为

---

① 《交通部国有铁路 1915 年及 1922 年份会计统计总报告》，北洋政府交通部档案，中国第二历史档案馆藏，全宗号 1056，案卷号 16，第 11 页。

13 147公里①,平均每年修建 424 公里,这是中国铁路修建最多且发展最快的时期。至 20 世纪 20 年代末,中国初步形成了全国铁路网络。②

## 第三节　铁路在中西方发展初期的命运

### 一、铁路在中西方发展初期的命运

铁路作为一种新型交通工具出现在中西方,其命运是相同的。

1814 年,斯蒂芬森研制出"布鲁克号"蒸汽机车。当该机车首次在轨道上运行时,居民看到机车烟囱直往外喷火,遂认为它是危险的"怪物"。又因其行驶速度慢、震动严重、声音大等因素,招来了许多讥笑和责难。不止一处的铁路桥梁和新建轨道遭到破坏,甚至一家水上运输公司用炮火轰击斯蒂芬森的测量队。

中国学者戴渠曾揭示了斯蒂芬森在研制蒸汽机车时的艰难处境,"虽然凡事之成也,其先必不免无数艰难险阻之经过,不待智者而明矣。即以当时之英国铁路而论,其在 Manchester 至 Liverpool 间测量之际,多有反对之者,施种种激烈手段以防止其进行,甚至造出不堪入耳之言。谓有汽车之通行,则牛不茹草,鸡不产卵,有机关车之烟雾蔽天,则沿途黑暗,火事频起。其反对最力者,莫如信教之徒,谓铁路之兴,大不利于布教,盖以当经说法之际,一闻汽笛之声,而听众之奔出如鸟兽散故也。而尤有甚者,当机关车试用成功之后,一日运行至多曲线之某线路,而机关车受其障碍,不能

---

① 中国铁路历年里程,向无确切统计。在旧中国,即使同一种的官方统计报告,例如历年的《中国国有铁路会计统计报告》,所记里程也经常出现前后不一致的现象。此数字是比较接近事实的数字。宓汝成:《帝国主义与中国铁路 1847—1949》,上海人民出版社,1980 年,第 671 页。

② 20 世纪 20 年代,欧洲铁路总长达到 127 万公里,发达国家基本上形成了铁路网。

圆滑进行,于是反对之徒,利用此机会,大肆嘲笑,谓机关车断难利用于铁路。此最足以苦斯氏,而为斯氏族所不能忘者也"。① 然而,铁路交通运输的优点渐渐为人们所接受,铁路改变世界、促进社会经济发展的巨大功能也渐渐为英国政府与民众所认可。

19 世纪下半叶,铁路来到中国,同样遭到了官民的强烈反对。自 1863 年起,西方人在中国建造铁路的计划均因国人阻挠而遭破产。如吴淞铁路在兴筑过程中,遭到沿线乡民的极力阻挠,乡民多次拔去木桩。火车开通时,居民又千方百计阻拦列车运行,甚至发生了乡民"掘去轨间路基,把砂石堆置铁路线上,预期颠覆列车",或"拆毁铁轨,来强行阻止火车的行驶"的事件。不仅百姓反对修建铁路,政府官员亦"群起攘臂相抗"。上海道台冯焌光和两江总督沈葆桢等人均视铁路为离经叛道的邪魔之物而予以拆除。后因火车轧死 1 人,地方官员遂提出以命抵命,并煽动农民拆毁铁轨。最终,吴淞铁路在经过约 6 个星期的运营后,于 8 月 24 日停止驶行。② 可见,当时反对修建铁路几乎成为中国朝野上下之共识。直到中日甲午战争中国战败后,作为新式交通运输工具的铁路才被视为起衰振弊、救国图强的利器,铁路终于迎来了命运的转折点。

## 二、铁路招致反对的原因

铁路作为新生事物,一出现即遭到传统力量的反对。这是普遍规律,是人们对新生事物的自然反应。正如民国铁路史专家谢彬所说,人类修筑交通之初,"盖群众惯性,可与乐成,难与图始,即在十九世纪初,英国初办铁道,英人亦群起非难,而经营水运者流,尤多方抵抗,且干巴力门以阻其成,则吾国士大夫当时之反对,亦

① 《铁路之发达由来及其现势》,《东方杂志》1918 年第 15 卷第 6 号,第 191 页。
② 宓汝成:《中国近代铁路史资料(1912—1949)》第 1 册,中华书局,1963 年,第 41 页。

循此公例也"。①

英国铁路建造初期所遭遇的阻力和压力,高斯特在甲午战后写的《中国在进步中》一书中有非常生动、详细的描述。他说:"60年前在英国,当人们建议筑造第一条铁路时,全国吵闹反对。如果那些喜欢嘲笑中国人害怕蒸汽机工厂和铁路运营的人们,能回忆一下这件事情,不是没有好处的。那时英国各阶级的知识分子所提出的反对,比今天中国人所表示的厌恶,可笑得多了。中国人不喜欢他们的墓地受到侵害,或是他们风水的规条受到破坏。但是在英国,一个著名的律师说,在有狂风的时候是不可能使蒸汽机运转的,就是'搅拨火炉,或是增加蒸汽的压力到汽锅要爆炸的程度',也是没有用处的;医学家们说隧道的暗淡与潮湿,汽笛的尖叫,机器的飞转,火车头凄怆地睨视着人们,都将给公共卫生带来很大的损害,他们将这种损害描绘成一幅可怕的图画。人们说,机车通过时的火花将引起房屋的火灾,或是使房屋被倒塌的防堤打碎。乡下的士绅们对他们猎场的前途感到忧惧,因为火车头将穿过他们的地产,放出毒烟,破坏了他们的猎场;他们坚信他们的牛将受惊慌而永远不再想吃饲料,他们的母鸡在新情况下将不再下蛋;有许多人甚至表示他们怕那些可怖的预言,要是拿来和中国人所提出的沉静的、实在是有理由的反对相比较,对英国人是很不妙的。"②

铁路在诞生之初遭遇到的各种阻力和压力在美国同样存在。出使过美国、日本、秘鲁三国的候选知府徐承祖在 1884 年给过李鸿章一份呈文,"承祖前年奉使在美,曾以电报、火车兴造之始,该国人以为何如,询之年老洋人。据云初兴电报时,国人以为决无是事,至火车则举国更为惊惧。当时各省绅民皆以火

---

① 谢彬:《中国铁道史》,中华书局,1929 年,第 10 - 11 页。

② 朱从兵:《李鸿章与中国铁路——中国近代铁路建设事业艰难起步》,群言出版社,2006 年,第 14 页。

车若兴，必致有碍民生，禀请议院不准兴造。旋议定只准各煤矿公司自造转运该矿之煤，不准揽载人货"。①

中国官民反对在中国修建铁路，除了有对新生事物自然的反应外，还有更为深刻的原因。

19 世纪中叶的中国仍处于航运时代，铁路对于中国人而言完全是陌生的事物。在这一特殊的背景下，铁路伴随着外国列强的侵略来到中国。"自与列强通商盛行以后，始渐变旧式之交通为新式之交通，而今日之铁道出焉。"②外国列强多采取威逼利诱等手段在中国修建铁路，大量攫取铁路附近地区的经济权益。铁路所到之处，民众利益受到巨大威胁。因此，中国民众普遍把铁路视为西方侵略中国的象征，必欲毁之而后快。这是国人面对侵略做出的自然而然的反应。

洋务派们尽管也看到了铁路的优越性，但是他们很清楚：西方列强在中国修建铁路，其主要目的是利用铁路争取更多的权益，铁路只是他们侵略的工具。因此，清朝政府的官员坚决反对列强在中国修建铁路，主要是出于维护国家主权的考虑。

当时部分文人和绅商眼光开阔，比较理智，对铁路的兴建表示欢迎，但是对外国人在中国修建铁路仍表示担忧。他们认为，铁路于"行旅输送纵称便利，然借用洋款，窃恐主权外移，终非吾省之幸福，虽有十五年归还之约，其果可信否耶？"尤其是"苏省绅商恐路权之市，……于是迅速招股，创成苏省铁路公司，筑路二：曰苏嘉，曰沪嘉，冀以挽回利权，用心亦良苦矣。然此二者已属支路，究不若宁沪铁路之握其总机关也。吾省之人，急筹集巨款，以赎回路权，勿谓苏省已办铁路，而遂可以抵制也"。③

---

① 朱从兵：《李鸿章与中国铁路——中国近代铁路建设事业艰难起步》，群言出版社，2006 年，第 15 页。

② 谢彬：《中国铁道史》，中华书局，1929 年，第 4 页。

③ 李维清：《上海乡土志》，上海古籍出版社，1989 年，第 104 页。

　　总之,在西方殖民主义入侵的时代,中国人对铁路的态度较之铁路出现时欧洲人对铁路的态度必然有着更为复杂的内涵,表现为国人既渴望兴建铁路、发展经济,又担心利益为外国掠夺的矛盾心理。

　　铁路来到中国后,充当了外国人控制、掠夺中国和划分势力范围的工具。但是,铁路在当时代表了先进的生产力,属于新的科学技术,它以新生事物的不可抗拒的力量在中国艰难地发展着。

# 第二章　沪宁铁路的修建

## 第一节　清政府筹建沪宁铁路

在长江三角洲地区修建铁路的重要意义,西方国家早有认识。1849年,一家在华发行的外国刊物《中国丛报》就发表了一篇文章,鼓吹在上海修建铁路以扩展外国在华贸易,即"中国国内贸易外国人了解很少,显然它的数量一定很大,它的分支,遍及全国。如果有任何办法从上海修建两条短短的铁路,一头扩展到杭州,一头扩展到苏州。在那两个城市中如果再允许外国人自由访问和贸易,那么上海的国际和国内贸易,就会同时在大得多的幅度上进行"。① 随后,上海的外商和英国领事分别请求修建上海至苏州的铁路,但均被否决。

就在外国人试图修建沪宁铁路之时,清政府有了自造此路之议。1895年夏,两江总督张之洞先后两次向总理衙门提出在南京和苏州、杭州间修建一条铁路。他认为"由上海造铁路以通苏州,而至江宁,旁通杭州。此路最有利于商",且可使"江宁、苏、杭联为一气,外远内近,可以随行策应哨";特别是沪宁铁路更是"有益商务、筹饷、防务三端",因"洋商劝开此路营谋代造者甚多",因而认为"其利厚可知"②;尤其是南京"乃东南都会,长江门庭,铁路一

---

① 汪敬虞:《十九世纪西方资本主义对中国的经济侵略》,人民出版社,1983年,第435页。

② 姜明清:《铁路史资料》第2册,台北"国史"馆,1992年,第436页。

通,则商贾云集,民物繁滋,三年必然改观,十年可臻富庶"。① 张之洞参考了一个自命为"铁道艺学士"的美国人夹阜的意见,拟订路线为先从吴淞修筑至上海,再从上海逐段修筑到苏州、镇江,止于南京;再另建一条支路到杭州。9 月,张之洞派比利时工程师马耶耳测量镇江至南京一段,并派遣在大冶铁矿铁路工作的德国工程师锡乐巴(Hidebrend)着手勘测苏州至上海一带的线路。12 月27 日,他上奏清廷,进一步建议将沪宁铁路分段筹办,即吴淞口至上海、上海至苏州、苏州至镇江、镇江至南京各为一段。具体计划为:先由官办修建吴淞至上海段;上海至苏州、苏州至镇江,则或官办或商办或官商合办。

根据线路勘测及预算,沪宁线路的实际测量路线为 600 里,预计工程用款白银 700 万两。对于沪宁铁路的筹建办法,张之洞主张先向德国瑞记洋行借款余数 250 万两,两淮盐务再筹 100 万两,共计 350 万两,其余一半招商股。先招商股建造吴淞至苏州之路,再行招股建造苏州至镇江之路,最后修至南京下关。

同年 8 月,张之洞与直隶总督王文韶会奏将沪宁铁路划归盛宣怀主持的铁路总公司办理。清政府准许,并决定用官款先建造上海至吴淞铁路,路成之后以便将来再次招股借债,继续展筑。但是原计划的两笔款源中盐款难筹,无法指靠。因此,10 月 31 日,王文韶和张之洞会奏,改拨直隶海防捐银 50 万两。这样,和瑞记洋行借款余数一起,勉强凑成 300 万两,清政府最终决定先筑沪淞铁路,然后修筑沪宁铁路。

沪淞铁路自上海至吴淞炮台,长 16.1 公里,于 1898 年 1 月动工,12 月通车营业。时距英人擅筑吴淞铁路已经 22 年了。

清政府最初筹建沪宁铁路拟以官督商办的方式,最终不得不举借外债。其中的原因,高志斌、王国平《晚清政府借外债修筑沪

---

① 《南京史志》,1999 年第 1 期。

宁铁路述论》①一文做了较为深刻的剖析,主要观点如下:

第一,甲午战后,清政府面临严重的财政危机,沪宁铁路官款难筹。清政府在甲午战争中的大量军费开支及战后对日本的巨额赔款,使清政府在战后出现了前所未有的财政危机。正如清政府户部奏折所反映,"方今国用匮绌,既异乎寻常……罗掘已空,供应何恃?"②张之洞提出建筑沪宁铁路计划时,考虑到清政府的财政状况,提出以官督商办的方式兴筑沪宁铁路。尽管如此,原计划沪宁铁路筑路经费 700 万两白银的一半由官筹拨,仍难以凑足,历经半年多,仅得 300 万两。

第二,甲午战后,在铁路建设资金的筹措上,清政府面临着商股难集的被动局面。当清政府在甲午战后自感发展工商实业力不从心之时,曾一再试图利用民间商股。如 1895 年 12 月的一份上谕中明确指出,各省富商如有集股至千万两以上者,准其设立公司承办铁路,一切盈亏政府不参与,若有成效,政府必将给予奖励等。但是,由于华商资金有限,更因华商对商办铁路缺乏信心,故而响应者寥寥。当张之洞以官商督办方式兴办沪宁铁路面临官款难筹的局面时,他感到极其被动。

第三,《马关条约》签订以后,西方列强纷纷向中国输出资本,为中国铁路建设提供了筹资渠道。《马关条约》签订后,西方国家以资本输出代替以前的商品输出,攫取在中华修筑铁路的特权,大肆向中国提供各种形式的贷款。尽管举借外债需要付出高昂的代价,但是对于资金严重短缺的清政府来说,无疑是一根救命草。

第四,清政府"借款筑路政策"的确立,为沪宁铁路外债的筹措打开了方便之门。最初张之洞筹议沪宁铁路时,力图避免洋债、洋股,以防止利权外溢。但是,官款难筹、商股难集,以官督商办的

---

① 高志斌、王国平:《晚清政府借外债修筑沪宁铁路述论》,《江海学刊》,2000 年第 3 期。

② 朱寿朋:《光绪朝东华录》(四),中华书局,1986 年,第 3728 页。

方式兴筑沪宁铁路实在困难。无奈,他只好建议清政府成立铁路总公司,由总公司出面借洋款修筑铁路。1896 年 10 月 20 日,清政府宣布实行"借债筑路"政策,决定将沪宁铁路交由铁路总公司筹办。至此,困扰沪宁铁路建设的资金问题得以解决。

## 第二节　英国夺取沪宁铁路的承办权

英国的经济势力侵入中国最早,远在清咸丰年间就有在中国创办铁路的意图。甲午战争后,英国视长江流域为其在华势力范围,而长江三角洲地区则为英国势力范围的核心区域,一向被视之为禁脔。

1896 年 3 月,德华银行和汇丰银行承办中日战后第二次大借款时,曾有分享在华让与权的协定,因此,这两家银行欲联合兜揽建筑沪宁铁路。但是,在中德议结胶济铁路条约后,德国取得了胶济、胶沂两路的承办权,汇丰银行便退出这一联合而单独行动。事实上,英国从 1876 年擅筑吴淞铁路失败后,其争夺长江下游地区铁路修筑权的活动就一直没有停止过,只是为了阻止沙俄扩张到其势力范围,才把注意力集中到华北和东北。英国在长江流域特别是在上海区域内已经集聚了无可比拟的侵略势力,尤其是大部分长江航运权已经操纵在其手中,这为英国夺取长江三角洲地区的铁路修筑权奠定了基础。

1897 年 4 月至 5 月间,恭佩珥代表中英公司争夺芦汉铁路承办权失败后,英国便极力谋取沪宁铁路及沪杭甬铁路建筑权。张之洞、盛宣怀等认为,"断不能使英独向隅",沪宁、苏杭两路"迟早必办,莫如应酬英商,一气合成"。① 盛宣怀在同比利时银公司草签芦汉借约时,恭佩珥要求借英款修建,盛宣怀立即答应苏沪间铁路可以商量。英国驻华使馆即抓住这个时机,由英国代办霍必澜

---

① 宓汝成:《帝国主义与中国铁路 1847—1949》,上海人民出版社,1980 年,第 79 页。

把这一铁路问题作为中英外交交涉的一个重要项目,要求由英国承办中国铁路的修筑权。5 月,霍必澜向总理衙门提出沪宁、沪杭铁路借英国款修建的要求,同时,英国公使又以俄、德、法、美等国筹办中国铁路为由,强行要求英国承办沪宁铁路。对此,总理衙门并未拒绝,最终清政府只得商借英款。

1897 年底,德国借口教案侵占胶澳,并拒不撤兵。张之洞因此改变了官商合办沪宁铁路的主意,提议让德国揽办南京至上海铁路,以抵消德国在山东建铁路的要求。德国公使闻讯后,既不放弃在山东筑路的要求,又力揽宁沪铁路的筹建。

英国不甘示弱,1898 年 4 月,英国指使驻华公使依据最惠国待遇和利益均沾的成规向清政府要求承揽建造沪宁铁路。5 月,德、英两国公使相继向总理各国事务衙门索办沪宁铁路,两国开始争夺沪宁铁路的承办权。由于中德议接《胶澳条约》只有两个月,德国就已经得到了山东铁路的修建权,遂忙于经营山东,便不再参与竞争。英国紧紧抓住沪宁铁路不放,最终清朝政府答应由英商怡和洋行派人与盛宣怀商议借款条件。5 月 13 日,怡和洋行同盛宣怀达成了借款协议,允准英商出资承办此路,并做了草签,另附专条,准许英国公司日后接着建造从浦口到信阳的铁路,以便与芦汉铁路连接。这样,一切只待签订正约了。然而,英国得寸进尺,怡和洋行进一步要求沪宁铁路改由华洋合股公司承办。对此,清政府以不符合原议为由给予拒绝。但是,英方丝毫不顾及中国的态度和抗议,胁迫清政府出让了包括沪宁铁路在内共 5 条铁路①的承办特权。沪宁铁路的承办权就这样被英国轻易取得。

1899 年,英国因倾全力在南非发动征服荷兰人后裔布尔人

① 英国五路之起源,即 1898 年 7 月 5 日,英国以法获龙州滇越铁路、俄获东清铁路、德获胶济铁路为藉口均势,向总理衙门要求修造铁道 5 条:一由天津至镇江,二由河南山西至长江,三由九龙至广州,四由浦口至信阳(此为推广沪宁线),五由苏州至杭州或延至宁波。7 月 21 日,总理衙门照复,九龙、浦信、苏杭甬三路,已经由铁路总公司盛大臣与英商妥议办法等。谢彬:《中国铁道史》,上海中华书局,1929 年,第 93 页。

(Bour)的战争,遂使议订沪宁铁路正式合同问题被搁置起来。1902年8月,英国政府指使其驻上海前总领事璧利南(B. Brenan),以中英银公司(汇丰银行与怡和洋行联合组成)①代表的身份,向清朝政府督办铁路大臣盛宣怀提出沪宁铁路详细合同草案。在谈判过程中,清政府明知英方所递条款有损中国的利益,但是在英国的强烈要挟下,除对条文措辞做了一些妥商和磋议外,仍接受了英国的全部要求。

这次订约谈判的时间较长,直至 1903 年 7 月 9 日,盛宣怀才与中英银公司代理人璧利南在上海正式签订《沪宁铁路借款合同》。合同共 25 款,多参照粤汉路借款合同。其主要内容有:英国对华贷款总额不逾 325 万英镑,9 扣实付,年息 5 厘,贷款期限长达50 年;中国借款满 25 年后方可还本,若提前还本,需增还本金 2.5%,且借款时间至少满 12 年半;中国须购买外国器材,且由英方代理,按购货价值的 5% 收取佣金;设立沪宁铁路总管理处,除总工程师(英人充任)外,另由中英双方各派二人。根据合同,英国放弃承办的名义,仅由英籍工程师实操大权。实际上,英国人夺取了沪宁铁路的承办权。

根据《沪宁铁路借款合同》,英国聘任了以总工程师格林森(A. H. Collinson)为首的工程技术人员。根据英籍工程师玛理逊(G. J. Morrison)1898 年的勘测,沪宁铁路分四段进行设计:上海至苏州为第一段,苏州至常州为第二段,常州至镇江为第三段,镇江

---

① 中英银公司, British and Chinese Corporation Ltd。英国政府因汇丰银行(Hongkong and Shanghai Banking Corporation)附有德商股本,与德财团关系太深,对华侵略,诸多未便,故自中日战后,厉行势力范围政策之时,乃令汇丰银行排除德股,另与怡和洋行合资,共同设立一中英银公司。该公司于 1898 年 5 月在伦敦注册,资本 152 万英镑。凡英在华所获铁道利权,特许该公司独占经营,盖以汇丰银行与怡和洋行对于铁道兴筑均无经验,令其承办采买铁道材料诸事,选任工程师,担任各项铁道工程。总公司在伦敦,分公司设在北京与香港。谢彬:《中国铁道史》,上海中华书局,1929 年,第41 页。

至南京为第四段。1904年夏季,定线方案及工程预算得到批准。

沪宁铁路沿线地处长江下游平原,四段同时开筑,进展颇为顺利。1905年4月25日工程正式开工,并在上海举行了开工典礼。同年10月通车至南翔,1906年7月18日通车至无锡,1907年5月15日通车至常州,10月15日通车至镇江,1908年3月通车至南京。1908年4月1日,全线通车。沪宁铁路的建设历时三年,比借款合同中所定工期缩短了两年。

## 第三节　英国攫取沪宁铁路的权益

西方国家在中国修建铁路,不是为了促进中国社会发展,而是为了攫取中国丰富的资源,获取超额利润,享有种种特权,控制中国的政治、经济和军事命脉。《沪宁铁路借款合同》的签订使英国攫取了沪宁铁路的种种权益。

### 一、英国窃取沪宁铁路的管理权

英国人在商订正式借款合同中,放弃了窃取沪宁铁路管理权这个露骨的要求,采用了比较隐蔽的手法,即只在合同中规定设立一个铁路总管理处。这使其无承办之名,而享有承办之实的权益。

《沪宁铁路借款合同》规定由督办大臣在上海设立管理机构——沪宁铁路总管理处。管理处设有5名成员,中国人2名,英国人3名(包括英籍总工程师1名)。合同规定每次议事,全由英国人决断。这正如唐绍仪所说,"沪宁合同吃亏比京汉干支路为甚,其最棘手者在设立总管理处";"每届会议,彼众我寡,已占低著。若华员不谙英文,会议时不能逞其辩舌,机宜坐失";而"谙英文者,亦必须明敏坚韧,始克胜任"。① 这种人事安排使得沪宁铁

---

① 《度支部农工商部邮传部奏复沪宁铁路借款折》,《东方杂志》,1906年第12期,第232页。

路的建造工程为英国人所控制,一切建筑、财政和管理大权从一开始就旁落于英国人之手,中国人处于无权的地位。

当时《申报》上登载的一篇时评《宁沪铁路开工消息》,即反映了这一情况:"闻此铁路定于八月开工,按此铁路,共借英金三百三十余万磅,虽由督办派员四人以为总办,然一切财政权、购料权,皆在外人手中,名为以运费收入者抵偿债务,实不啻为外人设也,且中国委员度无通晓管理铁路之人,能于冥冥中操持国权,不使失坠乎,然则不过尸居坐食,每月略得薪水而已,至所谓六十年后归还中国者,以宁沪及经过各地之繁庶,每日往来之车,必不下二三十起,铁路受此摩擦,六十年后,不可复用,而将再造,是亦虚语耳,鸣呼,往事已矣,深愿来者加之意也。"①

中国在沪宁路上失权过多,引起朝野不满。清政府与中英银公司多次谈判,最终,英国人才同意商议改订沪宁铁路管理章程,将沪宁铁路总管理处改为沪宁铁路局,设立沪宁铁路管理局,总办(1913年以后改称局长)为华员,主持路局事务。但是,沪宁铁路的管理实权仍握于英籍总工程师之手。除总务处处长外,管理局内各主管处处长等关键之职,如工务、车务、机务、材料等处的处长及总会计,仍由英国人充任。每月各处办理业务的报表,除总会计可直接报给总办外,其余均经由洋总管转报总办。这次整顿,丝毫没有触动英国的既得利益,但邮传部却自诩为"主权不失,财政有裨,较之原订合同,已夺补救"。②

由于沪宁铁路管理权的丧失,中国自己用官款建成的淞沪铁路也转交沪宁铁路局管理,成为沪宁铁路的支线,其管理和进款均由英国人控制。

---

① 《宁沪铁路开工消息》,《东方杂志》,1904年第5期。
② 关赓麟:《交通史路政编》第11册,交通铁道部交通史编撰委员会编印,1937年,第3081页。

## 二、英国攫取沪宁铁路的高额利润

英国不仅迫使清政府借英款来修建沪宁铁路夺取了沪宁铁路的承办权和管理大权,而且通过种种途径来攫取沪宁铁路的高额利润。这表现在以下几个方面:

从借款总额来看,英方获利丰厚。《沪宁铁路借款合同》规定英国银公司贷款给中国铁路总公司,其金额总数不得逾325万镑。这里的借款总数只是一个限额、虚数,并非工程实际所需。这种情况在正常的国际经济合同中本无可厚非,但问题在于:根据当时中国铁路工程界人士估算,筑造沪宁铁路只需借款225万英镑。就是说,沪宁铁路工程实际所需款数与合同规定的限额之间有着100万英镑的巨大差额。这个差额的产生,是中英银公司为了达到多借款给中国、多捞取好处的目的,英方在制订铁路工程估单时有意抬高工程建设的标准、盲目增加工程的预算所致。这个差额的存在,为工程建设过程中营私舞弊行为的产生和筑路续借款的筹借埋下了祸根。尤其使中英银公司获得了超额的折扣实惠,因为合同规定每百镑虚数实收90镑。这样,在1904年沪宁铁路225万镑的借款债票发行以后,中英银公司就轻而易举地获得了22.5万镑的折扣实惠。[1] 后来沪宁铁路局添置车辆,英方也不忘捞好处。1913年10月,沪宁铁路因添置机车车辆需要资金,英方遂援用《沪宁铁路借款合同》第7款有关购地借款的规定,假借购地名义,提出"再向中英银公司借款15英镑,按九二折扣交款,年息6厘,借期10年。这笔借款的本金、利息、行佣共计222 555英镑,英方又获取如此巨利"。[2]

---

① 高志斌、王国平:《晚清政府借外债修筑沪宁铁路述论》,《江海学刊》,2000年第3期。

② 关赓麟:《交通史路政编》第11册,交通铁道部交通史编撰委员会编印,1937年,第3391页。

　　从借款的偿还期限和利息方面来看,沪宁铁路借款的偿还期限比较长。根据《沪宁铁路借款合同》规定,还款自签约之日起,以 50 年为期,"若与未满 25 年之前取赎,则每百加二厘半"。中英银公司通过这种方式企图尽量延长英国对沪宁铁路的控制,以及获得尽可能多的利息收入。按照合同规定,借款利息按虚数周年 5 厘算,每半年结算一次,明显高于同时期欧美资本市场 3% 以下的长期利率。由于借款期限比较长,因而沪宁铁路每年要付给英国大量的债息。另外,利息为年利 5 厘,贷款按 9 折交付,付息则按虚数;汇丰银行经营还本付息业务,按每 1 000 镑收取 25 镑行佣。因此,在 50 年借款期内,沪宁铁路应还本金 2 900 000 英镑,利息 5 510 000 英镑,行佣 21 025 英镑,共计 8 432 025 英镑。这远远超过了实际借款的数额 290 万英镑,而是合同规定借款虚数 290 万镑的 1.84 倍,是扣除折扣以后实得路款的 2.1 倍。同时,中英银公司为了减少利息风险,及时回收利息,在合同内对利息支付方式又做了具体规定。如造路期内借款应付之利息,应由借款本银内交付;铁路工程告竣后,利息"均由铁路进款支付";若进款不敷归还利息,则"应由中国总公司设法补还";如果总公司无法凑补,则"应由督办大臣奏明,设法以别项补足还清"等。[①] 这些规定充分保障了英方的利益,却让中方承担了全部的风险,中方的负担日甚一日。

　　从发行的债票来看,沪宁铁路的债票分两次发行,第一次在 1904 年 7 月 6 日,发行了 225 万英镑,按九扣,实收数为 202.5 万英镑(折合 19 839 268 银元)。依据英国工程师的预算,此数已足敷建筑沪宁铁路之用。若就 1906—1907 年间浙、苏两省商办的沪杭甬铁路的建筑成本来看,沪宁铁路应该比关内外铁路的建筑成本还要低。因此,此数额对于建筑沪宁铁路是绰绰有余的。然而,

---

　　① 高志斌、王国平:《晚清政府借外债修筑沪宁铁路述论》,《江海学刊》,2000 年第 3 期。

中英银公司仍然要求发行第二次的 100 万英镑债票。这激起了江苏绅商学界的强烈反对，他们遂于 1905 年 10 月间上书清政府："沪宁铁路以 570 里之路工，借 3 500 万元之外债，每里合 4 万两上下，比常价每里需银万两者，浮逾四倍。"为了保全江苏社会经济命脉，他们强烈要求将沪宁铁路收回自办，而盛宣怀"知众怒难犯……对众声明补救四款，图缓众颜：（一）减少借款 100 万镑；（二）赎路每 2.05% 可以不加；（三）购地之 25 万镑不续出小票（即债票）；（四）限三年完工，以免虚靡利息"等。经过江苏绅商、沪宁路局与中英银公司的斗争与交涉，最终，1907 年 1 月 17 日发行的第二次沪宁铁路债票只有 65 万英镑，按九五五扣，实收 620 750 英镑（折合 5 858 628 银元），加上前面已经提到过的 1913 年发行的购地债票 15 万英镑，按九二扣，实收 13.8 万英镑（折合 1 635 028 银元），三次债票共收款 2 783 750 万英镑（折合 27 332 924 元）。此外，中国政府还拨付官款 6 632 105 元。以上总计投入沪宁铁路的资金共达 33 965 029 元，实际建筑费为 29 547 026 元。[1]

从购料来看，沪宁铁路的购料权掌握在怡和洋行手中。沪宁铁路所需的建筑材料，如钢轨、钢梁等，不先自汉阳铁厂购买，均购自英国，且又多高价购进。从 1904 年 11 月开始，欧洲的钢价不断上涨。可是中英银公司并不抓紧时机及早一次将钢轨购足，而是故意分作三次采购，坐待钢轨涨价，使英国钢铁资本家牟取暴利，亦使公司自身夺得按料款 5% 计算的购料酬劳费。同时，工程费用亦随之增加，中国不得不多借债。据英籍总工程师格林森记载，"1904 年 10 月，购了 100 英里，每吨价 4 英镑，1906 年 3 月，购了 100 英里，每吨价 6 英镑 7 先令 6 便士；1907 年 5 月，又购了 100 英里，每吨价 6 英镑 12 先令 6 便士。第二、三次价格较 1904 年初次约贵 63%"；沪宁路"共用钢梁 1 875.25 吨，……1904 年 9 月中所

---

① 《江苏京官请商部代奏沪宁铁路事呈文》，《申报》，1905 年 9 月 12 日。

购者,每吨价 9 镑 6 先令 6 便士;1906 年 8 月为 10 镑 12 先令 6 便士;1907 年 1 月为 11 镑 11 先令",三年时间还不到,钢梁就涨价 24%。① 又,沪宁铁路所用枕木,一般的洋松木即可,然而英方为了谋取更多的利益,却花巨款进口昂贵的澳大利亚硬木,即茄拉枕木(Jarrah sleeper),较之其他各路一般采用的美、日松木枕远为昂贵,这样,英国可得购料费的 5 厘,可谓利润丰厚。

从建筑过程来看,英国人从沪宁铁路的建筑过程中所得的利益,除借款九扣获利 1/10,即 225 000 镑外,利息 5 厘,数额不小。清末,沪宁铁路共需建筑成本 2 789 500 镑,约合规银 2 200 余万两,平均每里为 34 122 两,比张之洞最初估计 700 万两约多出两倍半,度支部只好允其再借。所借款为 9.55 扣,英方又获利 4.5%,计 29 250 镑。② 中英银公司为了达到贷款额度,得到更大的利润,故意抬高沪宁铁路的标准。沪宁铁路为单线,英方却把上海至苏州的 86.3 公里路段,"都按复线建筑,比较单线桥工多费 2/5,土方多费 5/12"③。而沪宁仅双轨路工,"每里需 3 万 3 828 两,苏锡单轨每里需 2 万 2 270 两,而购地费 90 万两及借款利息 48 万两,尚在外,其昂贵实我国铁路界所未见,盖英国故意滥用款项,浮报帐目,使 50 年之后,息亏本缺,不能赎回,以达其经营长江之目的"。另外,英方所估钢轨价目,"每吨 52 两,而其购轨实价,每吨英金 4 镑,仅合银 28 两,即此一端已,可见其估价之倍算矣,现据资本照算,平均每里需四万七千零十四两"。④ 沪宁铁路全部造价为 2 954 万余元,平均每公里造价高达 9 万余元,而稍后建成的商办沪杭甬铁路每公里造价仅为 3.5 万元。⑤ 地理条件相似,而建筑费如此悬殊。

① 格林森:《沪宁铁路工程报告》,《东方杂志》,1908 年第 9 期。

② 王树槐:《中国现代化的区域研究——江苏省(1860—1916)》,台北"中央"研究院近代史研究所,1984 年,第 343 页。

③ 《江苏京官请商部代奏沪宁铁路事呈文》,《申报》,1905 年 9 月 12 日。

④ 曾鲲化:《中国铁路现势通论》,化华铁路学社,1908 年,第 231 页。

⑤ 谢彬:《中国铁道史》,上海中华书局,1929 年,第 356 页。

沪宁铁路"成本之巨,为世界各国所罕有"。① 足见沪宁铁路建筑过程中靡费之多,导致原借之款不够用。1905 年 10 月,江苏士绅电请商部撤换盛宣怀,清政府遂改派唐绍仪办理沪宁铁路事宜。唐绍仪上任后,洋司账莫立士谓共需费 3 136 000 两,中英银公司代表濮兰德希望再借百万镑,唐绍仪未允,只再借 65 万镑。② 前后比较,相差之巨,靡费之甚,可见一斑。

### 三、英国侵占沪宁铁路的营业余利

沪宁铁路绵延在素称富庶的江南鱼米之乡,沿线人口稠密、物产富饶。上海是中国最大的经济中心,苏州、镇江、南京是著名的通商口岸,无锡则是中国缫丝工业中心。沪宁铁路每隔 500 米就经过一个市镇或村庄,这些市镇和村庄距离铁路都在 1/4 里之内。英国人认为这是中国最赚钱的一条线路,必然紧紧抓住分占余利的机会来谋取最大利润。

按照资本主义企业经营的一般原则,企业余利应归股东所得,债票持有者只能取得利息,不能分享余利。然而,根据《沪宁铁路借款合同》的规定,英方可以以分取余利的方式来获取营业进款的利润。这样,不管铁路营业状况的好坏,英国人都能分到 1/5 的余利。合同还规定,若中方赎回余利凭票,则须先偿付应分之余利,再按照票面价值 100 镑赎取。沪宁铁路"前后共用去 3 850 000 镑,英得余利 770 000 镑",并且从债票发行之时就发给余利凭票,期限50 年。③

又,中英银公司以曾为中国提供借款为由,承办各项材料,有每日抽五之利益。行车以后,营业所入纯利应以 1/5 归银公司,于

① 王树槐:《中国现代化的区域研究——江苏省》,台北"中央"研究院近代史研究所,1984 年,第 343 页。
② 同①。
③ 凌鸿勋:《中国铁路志》,台北畅流半月社,1954 年,第 104 页。

是即"照借款 1/5 之数,预先发给余利凭票,其初又九折交付,(按此系指初次所借款)银公司以借款之经手,不费一钱,坐获百分中三十五分之大利,而年息五厘之付还资本家者不计焉,诚为我国铁路借款,丧失利权之最大者"。又,该铁路不但行车进款,不敷开支,即借款利息,亦非部拨不能按期照付。付息之期将届,该路所订借款条约,诸多损失。① 这是英国对中国极端残酷剥削的实证。

## 四、英国侵犯沪宁铁路的税务权

西方列强直接或间接地控制并经营中国铁路,其本身就是对中国行政主权的严重侵犯。他们还进一步侵犯中国的其他主权,如税务权。中国与西方列强签订铁路借款合同时,对进口铁路器材基本上都给予免纳关税和厘金的特惠。如沪宁铁路借款合同就载有免税的文字。但是,这些免税都是暂免,并非永久免税。而西方列强在实际的操作过程中不仅要求永免,还肆意滥用免税特惠。20 世纪初,沪宁铁路外籍人员从英国购入的私人用品,基本都是由沪宁铁路管理局以铁路所需物品为由购买,并由英国控制下的海关入关,免税特惠。这种情况一直持续到 20 世纪 20 年代。

本来,中国创办铁路的内在因素纯粹在于巩固国防,然而由于外资的侵入蚕食,以及西方列强的侵略,铁路的筹建反而变质为加速中国殖民地化的手段。纵观全球,对于西方国家的财政资本侵入落后国家所引起的此种可悲结果的必然性,伊里契予以透彻地分析,"在殖民地,没有自己的资本,或者几乎没有这种资本。在财政资本的环境下,殖民地要获得这种资本,除了接受政治的屈服条件以外,是不可能的"。他还进一步指出,"一部中国铁路发展史,就是一部帝国主义在华掠夺战的缩影,它无情地暴露了财政资本的真面目和整个中国民族政治经济生活的复杂性和矛盾性"。②

---

① 《中国纪事》,《国风报》,1911 年第 5 期。
② 陈晖:《中国铁路问题》,上海新知书店,1936 年,第 19 页。

# 第三章　沪宁铁路的经营

## 第一节　沪宁铁路的运输概况

### 一、沪宁铁路的运输设施

铁路交通的运输设施是影响其营运好坏的重要条件,优良、齐全的运输设施能提高营运收益。铁路交通是一个综合性的庞大事业,拥有大量的技术设备。其中,为完成客货运输任务所必需的基本设施主要有线路、沿线车站、站内信号、电报、电话等。

1. 线路

铁路线路要承受机车、车辆和列车的重量,引导它们的走行方向,所以是列车运行的基础。线路由路基、桥隧和轨道三部分组成,而路基是轨道的基础,直接承受轨道的重量、机车车辆及其载荷的压力。

（1）路基

沪宁铁路地势复杂。自上海至丹阳虽皆为平地,但是河道密布。丹阳以西,地面呈波浪形,并逐渐增高;镇江地区线路渐低,地势较平坦;自镇江至龙潭,线路均在山脚绕行,山下地势较低;至南京下关车站,为长江南岸低洼之地,须填土高至 0.75 米;自龙潭至南京下关附近,地面崎岖,故土方甚高,铁路轨面比上海江海关的水平面高出 45.64 米。

沪宁铁路线路的最大坡度在龙潭站东面,初建时为 5‰,后来

变为 6.3‰;最小曲线半径靠近南京站,初建时为 582 米,后来变为
520 米。路堤边坡为 1:1.5;路堑底面宽,双线为 11.58 米,单线
为 7.77 米;路堑边坡为 1:1.5(镇江附近为 1:3)。上海至苏州
为双线路基,苏州至南京为单线路基;路堤顶面宽,双线为 9.14
米,单线为 5.33 米。

（2）轨道

沪宁线路铺设初期,所用钢轨每米重 42.16 公斤(采用重轨
可增加线路强度和稳定性,减少维修量,对提高线路的年通过量
具有重要意义),标准长度为 10.97 米。钢轨下面铺设的轨枕为
木枕,用澳大利亚硬木制成,其外形尺寸有 130 毫米 × 250 毫
米 × 2 740 毫米和 130 毫米 × 250 毫米 × 2 670 毫米两种。每公
里正线铺设枕木 1 280 根(1936 年增至 1 440 根),站线铺设
1 100 根。道床厚度为枕下 250 毫米。道岔在到发线上使用 10
号,在站线上多数为 8 号,1948 年下半年又将 10 号道岔更换为
12 号道岔。

从上海至苏州段的土方桥涵及炮台山山洞,均为双轨铺设,宽
约 30 米;其余干支线均为单轨。沪宁铁路的支线淞沪铁路,自上
海北站起,经天通庵、江湾、张华浜、蕴藻浜、吴淞镇至炮台湾,属于
单轨,共 7 站,长 16.90 公里。

（3）桥梁和涵洞

沪宁铁路穿越江南水网地区,桥梁和涵洞众多为其特色。初
建时有钢梁桥 257 座、圬工桥 45 座、木桥 1 座,跨越水面总长为
1 785 米。涵洞共 434 座,上海至无锡之间有 164 座,其断面面积为
185 平方米。桥梁的设计载重等级,最大为古柏氏 E—35 级,最小
为古柏氏 E—32 级,其中横跨青阳江上的钢桥为最大的桥梁,长
62.5 米。丹阳以西,为宁镇山脉的丘陵地带,地势稍有起伏。镇
江的炮台山凿有隧道,是沪宁路唯一的一座隧道,长 666 米。隧道
内按双线布置,轨面至拱顶高 6.477 米,轨面处的宽度为 8.306
米。图 3-1 为沪宁铁路图。

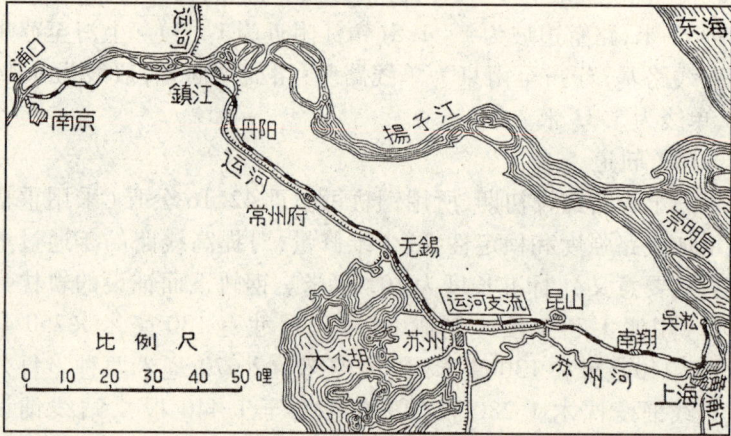

图 3-1　沪宁铁路图

资料来源：[英]肯德：《中国铁路发展史》，生活·读书·新知三联书店，1958年，第125页。

2. 车站

沪宁铁路沿途设有上海、南翔、安亭、昆山、唯亭、苏州、浒墅关、周泾港、无锡、洛社、横林、常州、奔牛、丹阳、镇江、下蜀、栖霞山、南京等站点。1907年底，沪宁铁路车站仅有26个，后有所增加，至1920年增至47个。车站的数量居全国第四，仅次于京汉铁路的132站、京奉铁路的97站、津浦铁路的96站。沪宁铁路平均每百里所有站数为11.71站，为全国车站最密集的线路。①表3-1是沪宁铁路沿途各站及各站之间距离的统计情况，藉以作证。

---

①　《国有各路路线及车站数》，《交通部国有铁路1920年会计统计总报告》，北洋政府交通部档案，中国第二历史档案馆藏，全宗号1056，案卷号20。

#### 表 3-1　沪宁铁路沿途各站

| 站名 | 距离（公里） | 站名 | 距离（公里） |
|---|---|---|---|
| 上海北站 |  | 洛社 | 142.00 |
| 真如 | 7.56 | 横林 | 150.27 |
| 南翔 | 17.25 | 戚墅堰 | 156.28 |
| 黄渡 | 23.41 | 常州 | 167.39 |
| 安亭 | 30.99 | 奔牛 | 185.01 |
| 陆家浜 | 42.36 | 吕城 | 192.62 |
| 恒利 | 48.24 | 陵口 | 202.71 |
| 昆山 | 51.66 | 丹阳 | 212.12 |
| 正仪 | 62.38 | 新丰 | 220.27 |
| 唯亭 | 68.86 | 渣泽 | 232.09 |
| 外跨塘 | 77.72 | 镇江旗站 | 242.04 |
| 官渎里 | 83.47 | 高资 | 254.77 |
| 苏州 | 86.33 | 下蜀 | 266.48 |
| 浒墅关 | 98.65 | 龙潭 | 277.56 |
| 望亭 | 107.33 | 栖霞山 | 287.54 |
| 周泾港 | 117.82 | 尧化门 | 296.38 |
| 无锡旗站 | 123.67 | 太平门 | 303.58 |
| 无锡 | 128.54 | 神策门 | 306.44 |
| 石塘湾 | 138.94 | 南京下关 | 311.04 |

资料来源：谢彬：《中国铁道史》，上海中华书局，1929 年，第 64 页。

　　为了方便旅客乘车，沪宁铁路沿线各站都设有旅客站台，各站台高 0.68 米。上海、南翔、昆山、苏州、无锡、常州、丹阳、镇江和平门等站设有天桥。上海、昆山、苏州、浒墅关、无锡、横林、戚墅堰、常州、奔牛、丹阳、镇江和南京等站又建有货物仓库。麦根路、苏州、无锡、常州、南京江边等站还设有轨道衡。

此外,沪宁铁路沿线的上海、昆山、苏州、无锡、常州、丹阳、镇江、龙潭和南京均有给水站。上海、常州和南京等站设有机务段;无锡和镇江站设机务折返段。各段都有机车库,库内铺设库线。上海机务段的机车库可容纳机车36台;常州机务段的机车库可容纳机车9台;南京机务段的机车库可容纳机车15台;无锡和镇江机务折返段的机车库较小,分别容纳机车6台和4台。

3. 站内信号

铁路信号设备是保证铁路行车安全和提高运输效率所必需的技术设备。沪宁线自1912年开始装设上下行进站及外进站信号机。信号机的型式与京奉路的信号机相同。后来,在外进站信号机的臂板下面又增加了一个臂板,称为"远距号志"。后来,该线的外进站信号机拆除,原来的臂板信号机改为日式钢管圆柱臂板信号机,只有上海、镇江、南京等三站保留了原设备。同时,上海至苏州各站加装了臂板式出站信号机,并在南京、上海、镇江及南京调车场装设了电气色灯信号,在南京站场装设了电气色灯调车信号。

4. 电报和电话

沪宁铁路运营初期,沿线各站以电报联系行车。后来,采用路签路牌办理行车。路签为轴式,包括铜制路签一具和铁制路签数具,其数目不定。每个路签上均刻有两端车站的名称,相邻区间的路签式样各不相同,有三角形、四方形、长方形、圆形及钥匙形灯。1912年12月,上海至苏州间首先安装了电气路签机。1918年至1920年,苏州至南京各站相继装齐。在华中铁道株式会社管辖期间,电气路签机改为电气路牌机。

沪宁线路上的电报,初期由电报局装设,1910年下半年改为自行架设电报线。全线仅设1对,1917年又增设1对。

1912年开始扩充电话,电话线为双铜线,上海站设50门交换机。1913 年至 1918 年,镇江和南京站也陆续装设了电话。1921
年,全线架设硬铜电话线 1 对,各站和机务段都装设了电话机。
1937 年,全线增架硬铜电话线 1 对。这样,该线的电话线 1 对为行
车调度专用,1 对为配车调度之用。沪宁铁路沿线的运输设施为
沪宁铁路运输的畅通及效率的提高提供了保障。

### 二、沪宁铁路的车辆

车辆是运送旅客和货物的重要工具,车辆的种类和数量是影
响铁路营运的重要因素。铁路车辆可分为客车和货车两大类。沪
宁铁路客车为木质及钢皮车体,分为头等、二等、三等及行李、邮政
车和餐车等,大多购自美国和英国。后来,又陆续购进和改造了一
批,车内座椅改为木质硬座及软垫座席。随着乘客的不断增多,沪
宁铁路局还把有些货车改为四等客车。沪宁铁路货车有有盖与无
盖两大类,有篷车、边车、平车、守车、油柜车、火油车、牲口车、载马
车、水车等,还有数量较多的英国式和美国式的二轴小型车,也有
少量四轴车。①

机车是客货列车的动力。按原动力来分,机车可分为蒸汽机
车、内燃机车及电力机车;按运输中的不同用途区分,则分为客运
机车、货运机车和调车机车等。沪宁线路建成初期,使用的机
车是蒸汽机车,有 4—4—0 式(American)、4—4—2 式(Atlantic)、
0—6—0 式(Six-Wheels Switcher)、4—6—0 式(Ten Wheels)、2—
4—2 式(Colombia)等。

1905 年 10 月,沪宁铁路通车至南翔,客车有 52 辆,不久增至
106 辆;货车有 262 辆。1907 年底,沪宁铁路车辆中机车有 20 辆,
客车 198 辆,货车 331 辆;淞沪铁路机车 3 辆,客车 19 辆,货车 5

---

① 江苏省地方志编纂委员会:《江苏省志·交通志·铁路篇》,方志出版社,2007
年,第 110 页。

辆。沪宁铁路共计有机车 23 辆,客车 217 辆,货车 336 辆。[①] 1908
年,沪宁铁路全线贯通时,有机车 27 辆,南京机车房(机车段)配机
车 7 辆(客货 B、C 型共 5 辆,调车用 2 辆)。1915 年,机车增至 54
辆,南京机车房增为 13 辆,多购自美国和英国。

　　1920 年,沪宁铁路客车机车有所减少,为 23 辆,数量仅次于
京汉的 47 辆、津浦的 38 辆,与京奉数量相同,居全国国有铁路第
三;货运机车 16 辆,居全国第六;倒车机车 4 辆,相对他路较少。
沪宁铁路机车总数 43 辆,居全国第六,较 1907 年增加了 20 辆。
沪宁铁路线路较短,机车车辆不算太多,但是,平均每百里所有辆
数为 10.74 辆,居全国第三。沪宁铁路客货车辆数量为 596 辆,居
全国第七,次于京奉铁路、京汉铁路、津浦铁路、京绥铁路、正太铁
路和沪杭甬铁路。沪宁铁路平均每 10 里有车辆 14.89 辆,亦居全
国第七位。

　　1922 年,沪宁铁路客车总数为 120 辆,比 1920 年增加 11 辆,
比沪杭甬铁路客车总数少 15 辆。沪宁铁路的三等客车辆数量比
头等寻常、二等寻常及其他客车都多,共 92 辆,沪杭甬铁路为 101
辆;沪宁路每百里之辆数为 28.1 辆,比沪杭甬路多 1.3 倍。沪宁
铁路的头等客车辆数量为 10 辆,比沪杭甬路同类车辆多 6 辆;沪
宁铁路载客人数为 402 人,沪杭甬铁路仅为 212 人,载客人数比沪
杭甬多了近 2 倍。二等客车数量两路相当,载客人数亦相当。
1922 年沪宁铁路货车总数为 588 辆,比 1921 年减少了 10 辆。因
有运河与之竞争,采用铁路运输的货物较少,因而导致货运车辆相
对较少。尽管如此,沪宁铁路的货车车辆总数和载重总数仍比沪
杭甬铁路多。[②]

---

　　①　曾鲲化:《中国铁路现势通论》(下),化华铁路学社,1908 年,第 13 页。
　　②　数据根据国有各路客车类别表整理得出。《交通部国有铁路 1915 年和 1922
年会计统计总报告》,北洋政府交通部档案,中国第二历史档案馆藏,全宗号 1056,案卷
号 16。

1922 年,全国国有各路机车总数为 992 辆,比 1921 年增加了 108 辆,每百公里机车平均辆数为 11.73 辆。美国 1922 年每百公里机车为 17 辆,日本 1921 年每百公里为 32 辆,印度 1915 年每百公里为 15 辆。而沪宁铁路 1922 年机车辆数为 53 辆,每百里机车之平均辆数为 11.67 辆,此数与全国平均数相当。① 可见,沪宁铁路的客货车辆数量、机车数量均居全国国有铁路的前列。

### 三、沪宁铁路的运输力

铁路运输能力的强弱是其运营好坏的重要因素,运输能力愈强,运营收益愈大。下面主要从列车吨数、行走里程、载客情况方面来分析沪宁铁路的运输力。

从列车吨数来看,1915 年沪宁铁路列车平均吨数为 287 吨,沪杭甬铁路仅为 149 吨,当时全国国有铁路的平均吨数为 206 吨;沪宁铁路货运机车的平均挽力为 10.25 吨,全国的平均数为 9.96 吨。可见,沪宁铁路的列车平均吨数及货运机车的平均挽力均高于全国国有铁路的平均数。而同时期,澳大利亚列车平均吨数为 105 吨,奥地利为 196 吨,印度为 189 吨,日本为 116 吨,美国为 445 吨,法国为 147 吨,德国为 240 吨。从世界范围内来看,1915 年,沪宁铁路列车平均吨数仅仅低于美国的 445 吨,位居世界第二,居全国铁路之首。②

从列车每英里进款净数来看,1915 年,沪宁铁路每英里进款净数为 4 263 元,居全国铁路第五位,仅次于京奉铁路、京汉铁路、广三铁路和京张铁路。当年,中国铁路每英里进款净数为 7 921 元,澳大利亚为 1 732 元,奥地利为 3 937 元,加拿大为

---

① 《各路车辆、营业里数及各路机车类别表》,《交通部国有铁路 1915 年和 1922 年会计统计总报告》,北洋政府交通部档案,中国第二历史档案馆藏,全宗号 1056,案卷号 16。
② 《各国列车平均吨数表》,《交通部国有铁路 1915 年和 1922 年会计统计总报告》,北洋政府交通部档案,中国第二历史档案馆藏,全宗号 1056,案卷号 16。

2 540元,法国为5 576元,德国为6 678元,印度为2 870元,日本为5 492元,英国为10 807元,美国为3 930元。① 中国铁路每英里进款净数仅次于英国,位居世界第二;沪宁铁路的进款净数位居全国国有铁路的第五。然而,以中国全局来看,铁路每英里收入之数,成绩甚优,即与各国铁路相较,"亦未尝落人后也",详见表3-2、表3-3。

### 表3-2　各国铁路每英里客货进款表

元

| 国别 | 客运进款 | 货运进款 | 营业进款总数 |
|------|---------|---------|------------|
| 中国 | 6 211 | 9 693 | 16 861 |
| 澳洲 | 3 969 | 11 262 | 16 169 |
| 加拿大 | 2 199 | 6 040 | 8 751 |
| 法国 | 4 814 | 7 955 | 15 190 |
| 德国 | 6 292 | 13 950 | 22 285 |
| 印度 | 1 982 | 3 536 | 5 953 |
| 日本 | 4 788 | 4 943 | 10 577 |
| 英国 | 9 684 | 13 689 | 28 645 |
| 美国 | 2 871 | 9 048 | 12 859 |

资料来源:《中国铁路与世界他国比较》,《交通部国有铁路1915年份会计统计总报告》,北洋政府交通部档案,中国第二历史档案馆藏,全宗号1056,案卷号16。

---

① 《各国每英里进款净数比较表》,《交通部国有铁路1915年和1922年会计统计总报告》,北洋政府交通部档案,中国第二历史档案馆藏,全宗号1056,案卷号16。

表3-3　国有铁路营业用款成分表

%

| 路别 | 营业用款占收入的百分比 | |
|---|---|---|
| 京汉 | 42 | |
| 汴洛 | 46 | |
| 京奉 | 49 | |
| 京张 | 53 | |
| 广三 | 56 | |
| 张绥 | 58 | |
| 沪宁 | 59 | |
| 道清 | 60 | |
| 津浦 | 62 | |
| 正太 | 63 | 由是以观中国铁路营业用款之成分,较之各国并不为巨,且中国各路,多系新筑者,国内实业状况复幼稚,更足见营业支出不为巨也。 |
| 株萍 | 69 | |
| 沪杭甬 | 77 | |
| 吉长 | 84 | |
| 广九 | 99 | |
| 漳厦 | 24 | |
| 国有铁路平均 | 53 | |

资料来源:《各路营业用款成分表》,《交通部国有铁路1915年份会计统计总报告》,北洋政府交通部档案,中国第二历史档案馆藏,全宗号1056,案卷号16。

从车队走行里程来看,沪宁铁路营业里程属于全国国有铁路中较短者,仅400.34里。京汉铁路为1 688.00里,京奉铁路为1 318.00里,津浦铁路为1 106.81里。然而,沪宁铁路的车队走行里程,1920年合计为2 995 370.17里,仅次于京奉铁路、京汉铁路、津浦铁路,位居全国第四;机车车辆的走行里为3 208 919.36里,亦位居全国第四。①

从机车行驶里程来看。1912 年法国铁路的每辆机车所行公里数为 36 772 公里，1914 年英国每辆机车所行公里数为 40 583 公里，1921 年日本每辆机车所行公里数为 45 350 公里，1922 年，美国每辆机车所行公里数为 38 500 公里。而早在 1912 年，沪宁铁路每机车行驶公里数就已经为 66 880 公里（超过 10 年后的美国），1915 年为 58 971 公里，1918 年为 75 057 公里，1920 年为 66 880 公里，1921 年为 54 277 公里。即使在战争时期的 1922 年，仍为 54 242 公里。这一数字远远超过同时期西方国家的机车行驶里程。沪宁铁路的机车行驶公里数居全国之首。

从列车的运输能力来看。1920 年沪宁铁路客车载客人数为 8 051 002.00 人，居全国国有铁路第一，客车收入位居全国第二（票价低之故）；沪宁铁路的平均一人所走里程为 29.22 里，此数较其他各路少；沪宁铁路的平均营业一里一日之人所走里程为 1 609.88 里，仅次于京奉铁路的 1 779.96 里，居全国第二。沪宁铁路的旅客运费为 3 665 145.53 元，仅次于京奉、京汉、津浦铁路，居全国第四；其平均营业一里一日之客车收入为 27.56 元，仅次于京绥铁路的 51.98 元，居全国第二，而当时全国平均数仅为 15.26 元；沪宁路旅客一人之运费为 0.50 元，比其他各路费用都小，全国铁路平均数为 1.05 元；沪宁铁路一人一里之运费为 0.001 元，与全国平均数相同。沪宁铁路的货车装运吨数为 1 398 552.00 吨，延吨里为 189 017 520.00 里，均居全国第五；平均一吨货物所走里程为 135.15 里，居全国第七；平均营业里一里一日之吨数为 1 293.64 吨，居全国铁路中间位置。其货车运费收入为 2 012 100.43 元，平均营业一里一日之货车收入为 13.77 元，而货物一吨之运费为 1.17 元，与全国各路相比较少，全国平均数是 2.39 元；一吨一

---

① 《国有各路平均营业里及车队车辆走行里》，《交通部国有铁路 1920 年会计统计总报告》，北洋政府交通部档案，中国第二历史档案馆藏，全宗号 1056，案卷号 20。

里之运费为 0.003 元,全国平均数为 0.001 元。① 综上所述,沪宁铁路的运输力较强,居全国前列。

## 第二节　沪宁铁路的客货运营

### 一、沪宁铁路的货运

铁路的出现逐渐改变了中国传统的交通方式和货物的流向,"机关车(指火车)既出,运送界大受其影响。从前运送方法以用人为最早,由手提而背负而肩挑,次用兽用牛马乘负或拖载而行,故手拖车为运送器具中最古之物。更进而用风与水之自然力,较人力、兽力之迁缓,可谓形长足之进步矣。然,拟诸用煤气之机关,以极少之时间运最多最大之客货,而运费又甚低廉,则其比例之差不啻千万倍矣。……美哉! 诸子导世界之文明,造人类之幸福,其功诚不在禹下矣"。② "铁路之於中国,如旭日之初升,如国家之筋络然,……铁路命脉在于运输,故观其铁路营业之盛衰,必先视其运输成绩之优劣。"③

#### (一) 沪宁铁路沿线货物的分类及运价

##### 1. 沪宁沿线物产丰富

沪宁铁路穿越江苏南部,跨越长江三角洲最重要的地区,这一区域历来是中国繁华富庶之地。这一地区属于亚热带湿润气候区,气候温和,四季分明,平均气温在 15℃ 左右,降雨量在 1 035 ~ 1 090 毫米之间,年无霜期 220 ~ 230 天,日照 1 733 ~ 2 062 小时。全区境内河川纵横交织,土壤自然肥力较高,物产丰富。从行政区

---

① 《沪宁路与其他各路运输力》,《交通部国有铁路 1920 年会计统计总报告》,北洋政府交通部档案,中国第二历史档案馆藏,全宗号 1056,案卷号 20。

② 曾鲲化:《中国铁路史》(上),北京新化会宅,1924 年,第 5 – 6 页。

③ 曾鲲化:《中国铁路现势通论》(下),化华铁路学社,1908 年,第 1 页。

划讲,这一区域属江苏省南部地区;从地理位置看,它东临东海,北接长江,东是全国最大城市的上海,西为江苏首府、六朝古都南京,钟天地之灵气,得交通之便捷,自古物阜民丰,物产丰富。沪宁铁路沿线物产富饶,详细情况见表3-4:

表3-4　沪宁沿线著名物产一览

| 货名 | 产量(全年) | 附　记 |
|---|---|---|
| 绸缎 | 150 000 匹 | 苏州施和记延龄厂等所出之绸缎约5万匹,行销上海约4万匹;丹阳裕大久大纶昌绸庄所出之绸约10万匹,行销上海约8万匹 |
| 布匹 | 13 365 000 匹 | 以上海三友社出品最多,年约50万箱;常州之大成利源等厂次之;无锡、苏州又次之 |
| 丝 | 28 000 斤 | 以无锡出产最富,厂名繁多;镇江之永利、大纶两厂所产亦不少 |
| 丝绵 | 7 500 斤 | 周迳巷所产较多 |
| 棉纱 | 21 500 包 | 苏州苏纶出产较多,无锡次之 |
| 蚕茧 | 86 000 石 | 无锡产最多,石塘湾、奔牛、横林等地次之 |
| 蚕种 | 310 000 张 | 镇江中国合众蚕桑改良会所产 |
| 米 | 153 250 吨 | 无锡出产最多,丹阳、常州次之 |
| 麦 | 320 250 吨 | 无锡、常州出产最多;奔牛、丹阳、苏州、陵口等地次之 |
| 豆 | 41 000 吨 | 奔牛最多,常州次之 |
| 杂粮 | 300 吨 | 陵口所产 |
| 面粉 | 8 078 000 袋 | 无锡最多,南京次之,镇江、上海又次之 |
| 麸皮 | 70 000 袋 | 镇江贻盛厂出产 |
| 牛 | 50 000 头 | 丹阳产 |
| 猪 | 20 000 口 | 奔牛产 |
| 鸭 | 1 500 只 | 丹阳产 |
| 豆油 | 41 000 吨 | 奔牛最多,常州次之,陵口又次之 |

| 货名 | 产量(全年) | 附 记 |
|---|---|---|
| 罐头 | 100 000 件 | 上海泰丰等厂出产 |
| 汽水 | 500 000 瓶 | 上海屈臣氏等厂出产 |
| 铅矿砂 | 550 吨 | 下蜀利民公司出产 |
| 石灰 | 562 000 石 | 龙潭出产最多,南京、苏州次之 |
| 水泥 | 1 000 000 桶 | 龙潭中国水泥厂出产最多,上海龙华水泥厂次之 |
| 砖 | 38 140 000 块 | 南京出产最多,昆山次之,下蜀、上海又次之,上海泰山公司所出产瓷砖可为装饰墙面之用 |
| 瓦 | 4 500 000 块 | 上海震亚厂最多,昆山震苏厂次之 |
| 火柴 | 1 032 000 箱 | 上海荧昌厂出产最多,镇江、苏州次之 |
| 蚊烟香 | 500 箱 | 镇江家庭工业社分厂出品 |
| 纸板 | 8 650 吨 | 浒墅关大华厂出产最多,苏州竟成厂次之 |
| 连史纸 | 200 000 件 | 上海龙章造纸厂出品 |
| 卷烟 | 2 234 000 箱 | 以上海南洋公司出品最多,华成公司次之 |
| 各色热漆 | 100 000 罐 | 上海振华厂出品 |
| 肥皂<br>香皂 | 1 000 000 箱 | 上海固本等厂出品 |
| 化妆品 | 300 000 箱 | 上海家庭工业社出品 |
| 套鞋 | 200 000 箱 | 上海大中华等厂出品 |

资料来源:铁道部业务司:《中国铁道便览》,商务印书馆,1934 年,第133 – 136 页。

### 2. 沪宁铁路运输货物分类

近代中国铁路运输初期,货运较为混乱,铁路货物的分类国内各铁路并不统一。关内外铁路的货物一般分头、二、三等,以及危险、例外一、例外二,共 6 种;京汉铁路分头、二、三、四、五、六等,以及危险、例外一、例外二、例外三,共 10 种。淞沪铁路开通之后,初期的货运商品没有分类,丝绸、茶叶、糖、毛皮、陶器、米谷、豆油、金针菜、瓜子、胡麻等是输出大宗;洋药、布匹、洋油、铜、铁、海物、烟叶、洋杂货、洋沙糖、洋火等是输入大宗。

沪宁铁路建成通车,即开始办理货物运输。为了加强货物运输的管理,1907 年,沪宁铁路局把铁路运输的货物分 4 个等级,即一、二、三、四等,并且按照等级收费。1908 年,把货物种类分得更加细致,分头、二、三等,危险、例外一、例外二、例外三、例外四,共 8 种(具体见表 3-5)。如二等货物有篮筐、柳枝、竹件、鱼虾、蔬菜、水果、五谷、米麦、种子、面粉、木柴、木料、焦碳、盐、木炭、草席、花生、铅、瓦器、水缸、盘碗等,羊毛、生牛皮、厨房铁锅等,铁条、铁钉、铜钱、铜块等;三等货物有煤炭、石块、灰、碎石、砖、瓦、沙泥、兽骨、洋灰(细棉土)、空木桶、炉灰、青石片等;危险货物有火药、炸石火药、药棉、炸药、焰火、鞭炮、枪子、炸性火药、矿油、矿属酸类、松香油、石油等;例外一种货物主要是新闻纸等;例外二种货物主要是骡、驴、牛、马、绵羊、山羊和猪等;例外三种主要是寻常包裹物等;例外四种主要是鲜鱼、水果等。①

表 3-5　沪宁铁路现行货物之等第

| | 沪宁铁路 |
|---|---|
| 头等货 | 凡以下所未列之货物皆隶此类 |
| 二等货 | 篮筐、柳枝、竹件、鱼虾、蔬菜、水果、五谷、米麦、种子、面粉、木柴、木料、焦碳、盐、木炭、草席、花生、铅、瓦器、水缸、盘碗等类,羊毛、生牛皮、厨房铁锅类,铁条、铁钉、铜钱、铜块 |
| 三等货 | 煤炭、石块、灰、碎石、砖、瓦、沙泥、兽骨、洋灰(细棉土)、空木桶、炉灰、青石片 |

---

① 沪宁、津浦、陇海三路运营初期的鲜活货物运输只限本路到发,并由货商派员押运自理。1923 年前后,沪宁路开始有冷藏车。曾鲲化:《中国铁路现势通论》(下),化华铁路学社,1908 年,第 21－26 页。

续表

| | 沪宁铁路 |
|---|---|
| 四等货 | |
| 五等货 | |
| 六等货 | |
| 危险货 | 火药、炸石火药、药棉、炸药、焰火、鞭炮、枪子、炸性火药、矿油、矿属酸类、松香油、石油 |
| 例外一种 | 包件专章第二条运送新闻纸 |
| 例外二种 | 生物三级一级骡、驴、牛、马,二级绵羊、山羊,三级猪 |
| 例外三种 | 包件专章第三条运送寻常包裹物 |
| 例外四种 | 包件专章第四条运送鲜鱼、水果 |

　　资料来源:曾鲲化:《中国铁路现势通论》(下),化华铁路学社,1908 年,第 21 – 26 页。

　　然而,在实际运输过程中仍存在一些问题。有人针对沪宁铁路"头等项下注明云,凡未列入二三等者,皆隶此类"的规定提出质疑,认为沪宁铁路:"自以为适当也,岂如全无界说。二三等,表中所列货名,又寥寥无几,若一概归入头等,不惟自乱等级,恐客商亦不能承认,如各种矿物、车桥、棺柩、农工商用器具等,皆多而且贱之物也。该公司二三等货中,并未列入,亦将以头等货照算乎?"[①]可见,沪宁铁路的货物分类虽然较为齐全,但仍不够准确。1915 年,沪宁铁路局将货物重新归类,分为农产品、禽畜产品、矿产品、森林产品、制造品、他路材料、本路材料共 7 种,其中本路材料主要指本路所应用的煤、炭、料、木、铁轨、枕木等。经过调整,沪宁铁路货物运输较之前有所进步。其中,农产品到 1922 年已约占整个货运的 60%,全国铁路农产品运输的数量以沪宁路为最多。

　　3. 沪宁铁路货物运价

　　清末,铁路运输初期,关于货物的运价,邮传部没有统一规定,

---

　　①　曾鲲化:《中国铁路现势通论》(下),化华铁路学社,1908 年,第 28 页。

因此,全国铁路货物分类各不相同,其运价自然千差万别。因"宁沪(即沪宁铁路)经过各地之繁庶,每日往来之车,必不下二三十起"①,为了促进铁路运输,沪宁铁路局 1907 年制定了货运价格。每个等级均有最高运价和最低运价。以每里每担为例,"一等货物,最高运价为银元半分,最低运价为银元一厘二毫半;二等货物,最高运价为银元 1/3 分,最低为银元一厘二毫半;三等货物,最高运价为银元二厘五毫,最低为 1/13 分;四等货物最高运价为银元二角,最低运价为银元一厘二毫半"。② 沪宁铁路货物运价总体上低于全国其他铁路,以 1908 年与关内外铁路、京汉铁路货运价格(照一吨一里计算)比较为例(见表 3-6):头等货物,沪宁铁路为一分六厘六,关内外铁路为一分六厘六,京汉铁路为五分七厘七,全国平均统计为三分一厘;二等货物,沪宁铁路为一分一厘六,关内外铁路为一分六厘六,京汉铁路为三分一厘一,全国平均统计为一分八厘;三等货物,沪宁铁路为五厘八毫三,京汉铁路为二分一厘,关内外铁路为五厘八毫三,全国平均统计为一分一厘。③ 可见,沪宁铁路的货物运价比较低,总体上低于全国各路平均数,且远远低于京汉铁路的货物运价。

关于生兽类的货运价格(见表 3-7),沪宁铁路仅骡、驴、牛、马的运价高于京汉铁路及关内外铁路,也高于全国铁路运价的平均值,其他各类货物的运价均低于其他各路,也低于全国各路运价的平均价。如 15 斤以上的猪,沪宁铁路的运价仅一厘六毫六,而京汉铁路为五厘,全国平均价是二厘七毫七;绵羊、山羊,沪宁铁路的运价为一厘六毫六,而京汉铁路为四厘等。

---

① 《宁沪铁路开工消息》,《东方杂志》,1904 年第 5 期。
② 四等货二角可能是二厘之误,但查原始资料,仍为二角,四等货系炸裂危险品。江苏省地方志编纂委员会:《江苏省志·交通志·铁路篇》,方志出版社,2007 年,第 148 页。
③ 曾鲲化:《中国铁路现势通论》(下),化华铁路学社,1908 年,第 56 页。

表3-6　沪宁路与关内外、京汉路货运价比较(照一吨一里计算)

| 等别<br>线路 | 头等 | 二等 | 三等 | 四等 | 五等 | 六等 | 危险 | 摘要 |
|---|---|---|---|---|---|---|---|---|
| 关内外<br>铁路 | 一分<br>六厘六 | 一分<br>一厘六 | 五厘<br>八毫三 | | | | 六角<br>六分六 | |
| 京汉<br>铁路 | 五分<br>七厘七 | 三分<br>一厘一 | 二分<br>一厘 | 一分<br>七厘三 | 一分<br>四厘一 | 一分<br>〇七毫 | | 危险<br>品在<br>头等<br>货内 |
| 沪宁<br>铁路 | 一分<br>六厘六 | 一分<br>一厘六 | 五厘<br>八毫三 | | | | 六角<br>六分六 | 另有<br>包件<br>专章 |
| 平均 | 三分<br>一厘 | 一分<br>八厘 | 一分<br>一厘 | 一分<br>七厘三 | 一分<br>四厘一 | 一分<br>〇七毫 | 六角<br>六分六 | |

资料来源:曾鲲化:《中国铁路现势通论》(下),化华铁路学社,1908年,第57页。

表3-7　沪宁路生兽类运价(照一匹一厘计算)

| 线名 | | 关内外铁路 | 京汉铁路 | 沪宁铁路 | 平均 |
|---|---|---|---|---|---|
| 骡驴<br>牛马 | 大 | 一分 | 一分二厘五 | 一分六厘六 | 一分三厘余 |
| | 小 | | 七厘五毫 | | 七厘五毫 |
| 绵羊山羊 | | 一厘六毫六 | 四厘 | 一厘六毫六 | 二厘四毫四 |
| 华狗　洋狗 | | 无 | 四厘 | 无 | 四厘 |
| 猪类 | 大 15 斤以外 | 一厘六毫六 | 五厘 | 一厘六毫六 | 二厘七毫七 |
| | 中 15 斤以内 | | 四厘 | | 四厘 |
| | 小 8 斤以内 | | 三厘五毫 | | 三厘 |

注:按禽类各路未见明文,惟京汉有活禽死鸟之分,活禽照二等货算,死鸟照四等货算。

资料来源:曾鲲化:《中国铁路现势通论》(下),化华铁路学社,1908年,第55、56页。

清末民初,虽然政权频频更迭、时局动荡,但是江苏地区产业仍日渐发达。尤其是第二次世界大战期间,西方列强无暇东顾,国内民族工业乘隙发展,江苏地区经济日益繁荣,客货运输量亦随着沪宁铁路局政策的调整而大幅增长。为了提高沪宁铁路的营运效率,1918 年 6 月,沪宁铁路局又将货物运价进行了调整,改为以每公里 50 公斤为单位的运价,见表 3-8:

表 3-8　1918 年沪宁铁路每公里 50 公斤运价表(保险费由货主自理)

| 等第　　货物 | 每公里 50 公斤运价 | |
|---|---|---|
| 一等货 | 银元"三分之一"分 | 即三厘三毫三丝 |
| 二等货 | 银元"九分之二"分 | 即二厘二毫二丝 |
| 三等货 | 银元"十五分之二"分 | 即一厘三毫三丝 |
| 四等货 | 银元"十二分之一"分 | 即八毫一丝 |
| 五等货 | 银元"三十三分之二"分 | 即六毫一丝 |
| 六等货 | 银元"二十一分之一"分 | 即四毫八丝 |

资料来源:江苏省地方志编纂委员会:《江苏省志·交通志·铁路篇》,方志出版社,2007 年,第 149 页。

1918 年,沪宁铁路的货物最高运价与 1907 年相比有所降低,最低运价略有提高。如 1907 年,每里每担一等货物最高运价为半分,最低运价为一厘二毫半;到了 1918 年,每公里 50 公斤一等货最高运价为 1/3 分,最低运价为三厘三毫三丝。同时,沪宁铁路局还增加了五等和六等货物的列别及其详细的运价。1920 年 7 月,沪宁铁路局将糖、猪、牛等货物制定了特价,具体如下:

用三十吨车运糖之特价如下:
沪宁运糖特价
上海北站至苏州　　　每车十七元
上海北站至无锡　　　每车二十三元

上海北站至常州　　　每车二十五元

上海北站至南京　　　每车三十九元。①

用三十吨车装猪或牛,每车装载不得过七十头,每头运价如下:

镇江至苏州或麦根路或上海北站　四角五分

镇江至无锡　　　　　　　　　　四角

吕城至苏州或唯亭　　　　　　　四角

新丰无锡或中间站至上海北站　　四角

南京至横林　　　　　　　　　　四角五分

丹阳至苏州　　　　　　　　　　四角

镇江至横林　　　　　　　　　　三角五分

南京下蜀间各站至上海北站　　　九角

规定在未经开明之各站,装猪运送,每头每公里收七厘半,每车起码收费十五元。

而每头牛的运费,具体如下:

南京至苏州以上各站往返　　　各二元

镇江至苏州以上各站往返　　　各一元五角

丹阳至苏州以上各站往返　　　各一元二角五分

常州至苏州以上各站往返　　　各一元

南京直达苏州　　　　　　　　一元五角

镇江直达苏州　　　　　　　　一元二角五分

丹阳直达苏州　　　　　　　　一元一角

南京直达常州　　　　　　　　九角

南京直达横林或无锡　　　　　一元二角五分

又规定未经载明价目之各站,按每头每公里收费一

① 关赓麟:《交通史路政编》第 1 册,交通铁道部交通史编撰委员会编印,1937年,第 2326 页。

分,每车起码十五元。①

　　沪宁铁路货物运价普遍低于其他各铁路运价,1921 年,沪宁铁路局仍对货物运价再次做了调整,将货物运价略有提高,仅对大吨位、整车、长距离货物运价给予折减。如布匹,1921 年 1 月,沪宁铁路局规定,"凡运匹头货,由上海北站或麦根路至南京或南京江边,每件重量不逾 270 公斤者收费四角,惟须每年能包运至 5 万件或 5 万件以上者,方得照此特价付费,并不得有回扣"②。1923年 2 月,沪宁铁路局对牛的运价有所调整,以用整车装运者每头运价,如下:

　　　　特减运价规则,每吨运价:
　　　　南京至苏州以上各站往返　　　　各二元二角
　　　　镇江至苏州以上各站往返　　　　各一元六角五分
　　　　丹阳至苏州以上各站往返　　　　各一元四角
　　　　常州至苏州以上各站往返　　　　各一元一角
　　　　南京直达苏州　　　　　　　　　一元六角五分
　　　　镇江直达苏州　　　　　　　　　一元四角
　　　　丹阳直达苏州　　　　　　　　　一元二角
　　　　南京直达常州　　　　　　　　　一元
　　　　南京直达横林或无锡　　　　　　一元四角③

　　1923—1925 年,沪宁铁路局随着市场的变化对货运价格又有所调整。1930 年,鉴于零散货物以公斤计算比整车运输高出太多(为 148% ~428% ),小本生意的运商负担太重,沪宁路局才改为

---

　　①　关赓麟:《交通史路政编》第 1 册,交通铁道部交通史编撰委员会编印,1937年,第 2331、第 2334 - 2345 页。

　　②　同①,第 2305 页。

　　③　同①,第 2334 - 2345 页。

二级运价、公斤运价和整车运价,公斤为整车运价的 13%。① 这些货物运价的调整极大地便利了客商,吸引了大批货物改为铁路运输,从而提高了沪宁铁路的货运运量及收入。铁路加速了沿线地区资源的流动,从而促进了江苏经济的发展。

（二）沪宁铁路的货运收入

沪宁铁路货运初期,经营较为冷清,亏损较多。沪宁铁路局采取了种种优惠政策。1912 年之后,沪宁铁路集散的货物种类及运输属区不断扩展,货物进出的地区也随之扩大了,沿江苏地区利用沪宁火车运输的物品逐渐增多。长三角地区逐渐成了洋货入口、土货出口的重要基地,货物源源不断进出,沪宁铁路堪与长江航道相媲。随着江苏经济的发展,货源渐裕,沪宁铁路运营渐渐有了盈余。

沪宁铁路的营业进款逐年增加,1912 年为 2 675 943 元,1913 年为 3 027 356 元,1914 年为 3 197 337 元,1915 年为 3 418 058 元,1916 年为 3 818 270 元;进款净数（包括折旧费）1912 年为 971 149 元,1913 年为 1 150 026 元,1914 年为 1 210 877 元,1915 年为 1 394 404 元,1916 年为 1 914 254 元（见表 3-9）。

表 3-9　沪宁铁路 1912—1916 年的营业情况

| 年　度 | 1912 | 1913 | 1914 | 1915 | 1916 |
|---|---|---|---|---|---|
| 营业进款(元) | 2 675 943 | 3 027 356 | 3 197 337 | 3 418 058 | 3 818 270 |
| 营业用款(元) | 1 704 794 | 1 877 330 | 1 986 460 | 2 023 654 | 1 904 016 |
| 营业用款占营业进款百分比(%) | 63.71 | 62.01 | 62.13 | 59.20 | 49.87 |
| 进款净数(包括折旧费)(元) | 971 149 | 1 150 026 | 1 210 877 | 1 394 404 | 1 914 254 |

① 江苏省地方志编纂委员会:《江苏省志·交通志·铁路篇》,方志出版社,2007 年,第 149 页。

续表

| 年　　度 | | 1912 | 1913 | 1914 | 1915 | 1916 |
|---|---|---|---|---|---|---|
| 借款利息 | 金镑 | 145 362 5 | 145 362 5 | 145 385 | 154 385 | 154 385 |
| | 每金镑之银元率 | 9.56 | 10.05 | 11.70 | 11.67 | 8.54 |
| | 银元 | 1 390 376 | 1 460 817 | 1 808 178 | 1 801 593 | 1 318 358 |
| 进款净数占抵押债券百分比(％) | | 3.50 | 3.94 | 3.36 | 3.88 | 7.35 |

资料来源:京沪沪杭甬铁路管理局:《沪宁洋总管呈局长函译》,《两路与中英公司交涉向印度政府续借洋员在两路任职及洋员要求加薪》,中国第二历史档案馆,全宗号457,案卷号520。

　　1918 年,铁路联运事务处成立。1920 年,全国铁路实行货物联运,各路进款皆因之激增。沪宁铁路的货物运输亦因之有了大幅度提高,普通商货运输吨数已达 1 282 307 吨,仅次于京奉铁路和京汉铁路,居于全国国有铁路的第三;加上公用物运输吨数的116 245 吨,总计为 1 398 552 吨,仅次于京奉、京汉和津浦铁路,居于全国第四。延吨里的商货总计为 173 942 482 吨,次于京汉和京奉铁路,居于全国第三。沪宁铁路平均每吨货物运费比全国其他铁路较低,仅 143.87 元,平均每千元中商货的运费为 971.24 元,低于京汉、京奉、津浦和京绥铁路;公用物的运费也低,为28.76元。其货运收入全年总额为 2 012 100.43 元,次于京奉、京汉、津浦和京绥铁路,居全国第五,但是其平均每日每里货车收入较少。沪宁铁路的杂收入总额为 165 365.00 元,居全国第六,次于津浦、京绥、京奉、京汉和沪杭甬铁路。[①] 1922 年,国有铁路因"支出浩繁较上年稍有逊色,沪宁营业方面获纯益为 140 余万元,仅次于京汉和津

---

　　① 《第16表国有各路收入类别》,《交通部国有铁路1920年会计统计总报告》,北洋政府交通部档案,中国第二历史档案馆藏,全宗号1056,案卷号20。

浦铁路,位居全国第三"。①

## 二、沪宁铁路的客运

江苏地区名胜较多,南京、镇江、无锡、苏州、上海等地风景可谓甲天下,因此,沪宁铁路通车后,客运一直呈旺盛之势。

### (一)沪宁铁路列车开行

1905 年 10 月,沪宁铁路通车至南翔后,即开行旅客列车。当年输送旅客 12.2 万多人。1908 年 4 月沪宁铁路全线通车时,有37 个车站办理客运业务,客运量逐年上升,至 1923 年则高达1 083.78万人②,将近初期运送人数的 90 倍。

随着旅客的不断增多,沪宁铁路的客车开行次数在不断调整。沪宁铁路通车至南翔,即开行首趟试运混合列车 1 对。1906 年,通车至苏州,开行沪苏段区间客车 2 对。此后,随着铁路修建、延伸,建成一段即运营一段。沪宁铁路上海至镇江之间的客车,每天来往各两次,分快车、慢车两种。快车自上海 12:32 发车,18:38 至镇江,镇江 11:30 发车,17:36 至上海;慢车自上海 8 点发车,15:26至镇江,镇江7:51 发车,14:55 至上海。上海至无锡间每天来往各一次,上海至常州间亦如此。

1908 年 4 月,沪宁铁路全线通车后,每日运行的旅客列车为上海南京间 3 对(客车 2 对、混合列车 1 对),上海—常州、上海—苏州、上海—南翔和南京—常州各 1 对。沪宁间的快车仅在南翔、昆山、苏州、无锡、横林、常州、奔牛、丹阳、镇江、龙潭等站停靠,全程运行 7 小时 26 分钟。1912 年,沪宁间开行特快 1 对、快车 2 对(夜快 1对)、慢车 1 对、区间车 5 对(沪苏 3 对、沪常 1 对、常宁 1 对)。

---

①　《沪宁铁路》,《交通部国有铁路 1915 年和 1922 年会计统计总报告》,北洋政府交通部档案,中国第二历史档案馆藏,全宗号 1056,案卷号 16。
②　江苏省地方志编纂委员会:《江苏省志·交通志·铁路篇》,方志出版社,2007年,第 116 页。

### （二）沪宁铁路车票

清末，全国铁路车票还没有统一，各路有各自的车票。车票等级以车票颜色来判断，当时各铁路的车票等级颜色也不尽相同。关内外铁路的车票，头等为白色，二等为蓝色，三等为红色；京汉铁路的头等票为红色，二等为黄色，三等为蓝色，后改为南段用白，北段用蓝；沪宁铁路头等票为黄色，二等为绿色，三等为红色。①

中国铁路车票不仅颜色繁多，而且票价也各异。时人评论，中国铁路票价"实为管理方面一极不易解决之问题，而客运各等票价，尤为不易鉴定，客运不似货运，货运价格，大都商界已能了然，而客运价格，非管理员司精心规定，甚难得相当之支配"。②

1907 年，沪宁铁路局在制订货物运价的同时也议订客运价格，客运车票按头等、二等和三等车定价，以每公里为计算单位，头等车票 0.06 元，二等车票 0.03 元，三等车票 0.02 元。同年 6 月，增设四等车，票价为 0.007 5 元。1921 年 1 月，沪宁铁路局为了吸引更多的旅客，改票价为头等车票 0.03 元，二等车票 0.015 元，三等车票 0.007 5 元，四等车票 0.005 元。沪宁铁路的票价低于当时全国铁路统一价格（全国统一票价为每公里三等车票为 0.017 元）。进入 20 世纪 30 年代，沪宁铁路局又将三等车票价改为 0.015元。其后，沪宁路票价基本上维持头等车票 0.037 5 元，二等车票 0.025 元，三等车票 0.012 5 元，四等车票 0.008 元。③

沪宁铁路局还发放了一些免费车票及半价票，发放对象一般是铁路局办公人员、军人及儿童。关于儿童乘车的免票年龄，全国没有统一规定，各路关于儿童免票年龄标准不一。"谓小孩乘车半价，各路自为风气显见分歧，有以三岁至十岁，有以四岁至十二岁，

① 曾鲲化：《中国铁路现势通论》(下)，化华铁路学社，1908 年，第 6 页。

② 《路政》，《交通部国有铁路 1915 年和 1922 年会计统计总报告》，北洋政府交通部档案，第二历史档案馆藏，全宗号 1056，案卷号 16。

③ 江苏省地方志编纂委员会：《江苏省志·交通志·铁路篇》，方志出版社，2007 年，第 132 页。

有以六岁至十二岁者,各路不一。"①沪宁铁路载运小孩年龄及其票价情况是:"三岁以下免票;三岁以上十二岁以下半费;沪杭甬铁路是四岁以下免票,十二岁以下半票。"②

### (三) 沪宁铁路的客运收入

沪宁铁路客车自 1905 年 4 月开始营业起,收入逐年上升。1915 年旅客运输收入为 2 507 000 元,1916 年为 2 739 499 元,1917 年为 2 923 234 元。③ 1920 年 1 月,沪宁铁路所载人数为 653 209 人,居全国铁路之首,沪杭甬铁路居第二;其运费收入为 285 020.72 元,居全国各路中第四,仅次于第一的京奉路 838 628.97 元、第二的京汉路 720 473 元、第三的津浦路 483 087 元,沪杭甬铁路则位居第五。沪宁路当年所载人数总计为 8 051 002 人,居于全国第一(二等车及三等车的载客人数居全国各路第一),沪杭甬铁路第二;其运费收入总额为 3 665 145.53 元,居全国第四,次于第一的京奉铁路、第二的京汉铁路、第三的津浦铁路,沪杭甬铁路为第五。这一年,沪宁铁路客车收入总额为 4 027 147.77 元,居全国各路第四,第一为京奉铁路 10 891 017.02 元,第二为京汉铁路 8 537 317 元,第三为津浦铁路 6 585 862 元,沪杭甬铁路位居第五;沪宁铁路平均每日收入为 11 033.28 元,居全国各路第四,沪杭甬铁路位居第五;沪宁铁路平均每日每里收入为 27.55 元,位居全国第一位。当年,沪宁铁路的客运进款较 1919 年增加 476 000 元,而沪杭甬铁路仅增加 195 000 元。④

据交通部统计,1921 年沪宁铁路起运旅客人数为 8 586 486

---

① 关赓麟:《交通史路政编》第 1 册,交通铁道部交通史编撰委员会编印,1937年,第 1623 页。

② 同①。

③ 王树槐:《中国现代化的区域研究·江苏省(1860—1916)》,台北"中央"研究院近代史研究所,1984 年,第 347 页。

④ 第 16 表"国有各路收入类别",《交通部国有铁路 1920 年会计统计总报告》,北洋政府交通部档案,中国第二历史档案馆藏,全宗号 1056,案卷号 20。

人,1922 年为 10 246 289 人(比京汉铁路多了近 700 万人),连续
两年均居全国铁路之首。而沪杭甬铁路,1922 年为 6 006 654 人,
1921 年为 5 168 036 人,均居全国第二。① 另外,沪宁铁路的载运
旅客数亦超过起运旅客数,载运旅客为 10 449 949 人,也是全国各
路中人数最多的。1922 年,沪宁铁路的载客人数及其进款最多的
是三等车,后依次为四等、二等、头等车,收入均高于沪杭甬铁路。
沪宁路每公里平均客运收入为 7 156 元,居全国第二,仅次于广三
铁路的 16 529 元,位居第三的为京奉路,第四为广九路,第五为沪
杭甬路。② 这一年,沪宁路每公里旅客进款为 14 083 元,1921 年为
12 629 元,1920 年为 11 338 元,1919 年为 8 700 元,1918 年为
7 165 元。③ 可见,沪宁路的旅客进款是逐年增加的。1926 年,尽
管有战争的影响,沪宁路的客运收入 6 月份仍达到 468 819 元,比
上一年 6 月份增加 44 278 元。④ 沪宁铁路的客运量及进款均居全
国各铁路之前列。

### 第三节　沪宁铁路的经营理念

清末民初,铁路在中国是一个新鲜事物,其经营更是一项崭新
的事业,多数铁路经营亏损。而在众多铁路中被誉为"中华模范
路"的沪宁铁路是国有铁路中的模范,值得深入研究。

1905 年沪宁铁路通车,即开行客货运输,客运呈旺盛之势。
然而,通过沪宁铁路运输的货物却很少,货运颇显冷清。同时,

---

① 第 19 表"本路起运旅客详细表",《交通部国有铁路 1920 年会计统计总报告》,北洋政府交通部档案,中国第二历史档案馆藏,全宗号 1056,案卷号 20。
② 《各路每公里客运收入比较》,《交通部国有铁路 1915 年和 1922 年会计统计总报告》,北洋政府交通部档案,中国第二历史档案馆藏,全宗号 1056,案卷号 16。
③ 副表 51"每公里旅客进款",《交通部国有铁路 1915 年和 1922 年会计统计总报告》,北洋政府交通部档案,中国第二历史档案馆藏,全宗号 1056,案卷号 16。
④ 《沪宁铁路之收入》,《中外经济周刊》,1926 年,第 178 号,第 41 页。

沪宁铁路每年要付给英国大量的债息,致使其历年营业亏损较多,这引起了邮传部的关注。沪宁铁路虽然经"苏常镇三府",但是"外江内河,平行并进,而路线又仅长六百里,两端尚无衔接之路,加以厘捐比照水卡,道数统征,尤为繁重"。一位英国人当初对沪宁铁路沿线地区考察后曾说:"它(即沪宁铁路)所经之处都是人口稠密、物产丰富的地方。铁路全程所在的地方即江苏省,几乎都是古代扬子江下流的泥土冲积而成。这里土壤异常肥沃,谷子每年三熟。其次,中国商业活动最大的中心上海和该省三个主要的中国城市,又都是条约港的苏州、镇江、南京以及缫丝工业中心的无锡,都在这条铁路的沿线。从商业上讲,这条铁路的前途是很有希望的。"①又,发展路矿是清末新政的一项重要举措,清政府选择三个地方作为推行新政的试点,除了首都直隶和奉天外,就是江苏。据此,邮传部督促沪宁铁路局"设法招徕客货,以求发达之处"。② 在江苏政府的支持和沪宁铁路局的努力下,至1916年,沪宁铁路终于扭亏为盈,成为一条经营优良的线路。沪宁铁路局采取了一系列促进营运的措施,具体内容如下:

## 一、1916 年前的经营策略

### (一) 改善运输环境

沪宁铁路自开通以来,沿途车站常常发生车夫敲诈勒索商人等现象,尤其是苏州车站较为严重。据记载,1907 年 8 月 23 日,"苏城(指苏州)自火车通行,马路直接车站,所有接客马车、东洋车等各车夫自他处送客至车站者,往往拖至钱万里桥,即行停止,

① [英]肯德:《中国铁路发展史》,生活·读书·新知三联书店,1958 年,第 131 – 132 页。
② 《本部奏沪宁铁路上年营业情形暨收支大数折》,《交通官报》,1910 年第 8 册第 30 期,第 5 – 6 页。

托词未有照会，不能过去，藉此需索"，商客受累不浅。沪宁铁路局遂与苏州工程局磋商允洽，规定"自西历 11 月 1 号起，凡有赴车站接客之马车、东洋车，概发给执照，以免需索"。① 这一措施在一定程度上遏制了商人被勒索现象的发生，得到商人的一致赞许。

针对一些外国商人在车站附近"支搭厂棚，开设游戏、玩艺会"，沪宁铁路局"以该处系属内地，照章不准洋商前往贸易，且所设游戏会，本系无益之举，所请给照，未便准行"。随后，禁止外商在车站附近开设各类游戏场所②，为人们营造了一个健康、有秩序的环境。

沪宁铁路沿途经过很多乡镇，大概每 500 米就有一个市镇或乡村，这些市镇和乡村距离沪宁铁路仅 100 米左右。为了开拓乡村市场，沪宁铁路局不断增加车站数量。1907 年底，沿线共有 26 个车站，后增至 47 站，平均每百里所有站数为 11.71 站，为全国铁路车站最密集的线路。

为了促进客货运输的流畅性，沪宁铁路局多次向邮传部申请添造支路以直达沪宁铁路沿途各个站点，并积极进行连接车站与城乡道路的修建及拓展。1906 年年底，沪宁铁路局为了添筑支线等事宜特向交通部申请所需款项，并开具了详细的清单。即"沪宁添筑支路、码头、机房及添购车辆，需银约 38 万余两。该路由沪到镇，业已通车，惟该处河港交萦百物皆由水运，铁路货脚难以增益，前经该省督抚臣奏准，将漕米改归火车运沪，稍资补助，惟须添造支路直达运河，兼建吴淞码头机房等，以便取卸存储，并须添购车辆，方敷运载，统共须银 38 万余两"。③ 1908 年正月，在淞口扩建车站码头，并造坚固大桥，"俾火车直达浏河，以便行旅"。④

---

① 《苏州车站琐闻》，《申报》，1907 年 8 月 25 日。

② 《不准开设游戏玩艺会》，《申报》，1908 年 6 月 13 日。

③ 《年终统计官办各路待拨要需并拟提前筹付办法折》，《邮传部奏议类编》路政二，第 153 – 154 页。

④ 《淞口扩张车站码头》，《申报》，1908 年 2 月 22 日。

为了给乘客一个优良的购票环境,沪宁铁路局积极改善售票环境。沪宁铁路开通初期,车票仅仅在列车进站之前的几分钟才开始出售,结果造成售票处异常拥挤。以近代铁路专家曾鲲化先生的一次亲身经历为例。据他称,1906 年 5 月 27 日,"为沪宁之沪锡线开车卖票第一日,余挈幼童由沪回苏,七时三刻,卖票处启窗,附者约二百余人,争先购买,于是一窗穴内异常拥挤。……卖票时刻仅仅数分而地步,只一窗孔卖票,人故意逐一稽核迟迟延缓,附车者无不怨声载道。最可异者,华人卖票在窗外拥挤唤呼,西人则迳入帐房任意购之,种种弊端不一而足"。[①] 售票时间短且定时又只开一个窗口的售票环境,容易造成现场秩序混乱。曾鲲化的记载反映的不仅是沪宁铁路,也是中国铁路运营初期售票环境的情况。1920 年 1 月,交通部召开第三次运输会议,决定将全国铁路各车站的定时售票房改为终日开窗售票,并在票房前安设铜栏,以便维持售票秩序。[②] 沪宁铁路局遂将售票时间改为终日开窗售票,给乘客营造一个良好的购票环境。

（二）制定货物运价、分类及承运办法

关于沪宁铁路的货物运价与分类,前文已经论述,在此不再赘述。中国铁路的货物承运办法,在营运初期没有统一规定,各路各不相同,沪宁铁路运输初期也没有具体办法。随着货物运输的不断增多,沪宁路局才制定了减少运营风险的承运办法。1910 年,沪宁铁路局对承运的货物实行货主自理与铁路负责两种并行制度,规定:若货物让铁路负责,客商须交纳相当于运费的 10% 的管理费。对此,一般客商多乐于自理。据统计,1915—1919 年,共运货 476.93 万吨,其中请求由铁路负责者仅 91 万吨。[③]

---

① 曾鲲化:《中国铁路现势通论》(下),化华铁路学社,1908 年,第 75 页。

② 《改良车站售票之计划》,《铁路协会会报》,1922 年第 10 卷第 112 期第 12 册,第 126 页。

③ 江苏省地方志编纂委员会:《江苏省志·交通志·铁路篇》,方志出版社,2007 年,第 136 页。

### （三）及时添置车辆

车辆的数量与质量是影响营运的重要因素。沪宁铁路一通车即开始营运,随着运输量的不断增长,营运车辆的不足渐渐影响到它的收益。沪宁铁路局于 1908 年 1 月向交通部申请添购车辆,即"近年来货客运载日有增加,拟添置汽车六部,以两部拖带,自常州至南京,自常州至上海之客车。俾可将乙字汽车,仅数留为拖货之用。以两部拖带新班快车,专运长途乘客,免与短途乘客杂座拥挤;以两分留南京上海备不时之需。该车拟购单转轮式,每部连水脚保险用钱共需英金 3 450 镑,较现在双转轮汽车价,每部减 280 镑,每天用煤约可减省十吨",又"查本路运脚向来客多货少,兹则乘客愈多添开快车专搭长途旅客,交通愈觉利便,进款自必增加,自是两利之策,至货运比前加倍,渊源而来,将来当不止此,均应预备车辆以资分部"。因经济较为困难,沪宁路局拟"购四部为拖带客货必要之需,其余二部,留为后图似较易于为力"。① 沪宁铁路局还针对沪宁铁路所需丁字号汽车,专门做了详细说明和要求,具体如下:

> 沪宁铁路丁字号汽车细目:
> 单轮快汽车
> 气缸宽英尺径十八寸,长二十六寸
> 滑心轮径英尺三尺六寸
> 推轮即中间大轮径英尺七尺
> 随轮即后轮径英尺四尺九寸
> 煤车轮径英尺三尺六寸
> 总计汽车轮底合共长英尺四十八尺九寸
> 两头车相钩距计长英尺五十七尺三寸又四分之三
> 空汽车计重五十吨六百七十二磅

---

① 《沪宁路局呈本部铁路总局拟添购车辆拖带客货并具图说请核示遵禀》,《交通官报》,1910 年第 3 册第 9 期,第 26 页。

汽车装满后计重五十六吨一百一百十二磅

空煤车计重十九吨一千八磅

煤车装满后计重四十二吨一千四百五十六磅

每方寸气压计一百八十磅

机器拖力计五十六吨一百十二磅

煤车拖力计四十二吨一千四百五十六磅

合共全部汽车拖力九十八吨一千五百六十八磅

　　沪宁铁路局对所购车辆的行驶速度做了进一步的说明，即所购车辆须"每点钟在平地轨道开快车能行 70 里，其速率尚不止此，如欲再快，亦可办到，闻此项同式汽车在英国每点钟常行 85 里至 90 里，每里用煤约四五十磅，此项汽车系英国克士究厂所造"。

　　1910 年 10 月 17 日，沪宁铁路所购车辆均由英国购入，"添购单推轮汽车四辆，于七月后，陆续由英国运到上海，一律装配完好，分班行驶，因中间轮径特大，速率较增，适合快车之用"。① 这对提高沪宁铁路营运效率起到了很好的促进作用。

### （四）规范客货运输

　　清末，中国铁路货运初期，往往有商人被勒索或因货运验收程序不规范致使部分货物偷漏等现象发生，铁路货运交易较为混乱。据《申报》记载，1908 年 5 月，"乃近各路员司于商人禀请添筑岔道时，往往任意需索，殊非体恤商人之道。又，商人筑有岔道运货者，亦往往未经车站起验，径自运往所设货栈，以致难于稽查，偷漏之弊，百出于路款，增添甚有妨碍"。因此，邮传部遂严令各省铁路局迅速解决这一弊病。② 沪宁铁路局在规范货物运输方面采取了以下措施：

---

① 《沪宁路局禀本部呈送添派汽车照片暨节略文》，《交通官报》，1910 年第 7 册第 26 期，第 26 页。

② 《邮传部饬除铁路运货弊端》，《申报》，1908 年 5 月 21 日。

1. 规范货运

沪宁铁路局在 1908 年 2 月,就与中英银公司制定了较为详细的《沪宁铁路运货合同》①,内容如下:

其一,铁路货运的旱卡。沪宁铁路火车通行之初,铁路货运费用"系照水卡五成厘定,以昭平允"。然而,商人运货,未能踊跃,仍多走水路。因铁路为江苏兴商要政之重要举措,"志在招徕",邮传部遂派人前来,体察详情,妥筹解决沪宁铁路货运办法,最终"重订旱卡捐则,另拟酌减章程,暂行试办,铁路兴厘局同为公家之事,捐减而货以实报,庶几捐无大损,事经创始,自应严定章程,详细厘定合同,互相稽查,各予权限,应俟试办一年,再行察酌核办,用列条款於后,彼此信守"。

其二,铁路货运验收的程序。规定所有商人必须认真填写所运货物的详细票单,即"装运各货斤两匹件,填明捐票",以备沿途各站人员"凭票给发提单";在填写票单时须加注中文,以"易于识认""无捐票者,不得给发提单"。且规定"所有商人报捐各色数目,须凭公司底簿核对,如不相符,即电下站扣究,互相稽查,以杜隐漏"。

其三,免捐货物的种类及处理办法。沪宁路局规定银洋、铜元等为免捐物品,"须报由厘局另给验免单,其余应行免捐之件,领有护照,或运单,均送厘局验明盖戳,方可装载",而沪宁铁路本身所需物品同样按照以上办法进行验收,"以昭慎重"。

其四,各处车站人员的稽查职责。合同规定,凡有黏封启封的货车,由该站站长会同厘局司巡详细察验,厘局司巡不得耽延时刻。他们查验货物"应在未上车以前,既下车以后,中途不得查验,亦不得扣留,如未经报捐之货,即无捐票印花,不准装运上车,若站长未经察觉,为厘卡司巡查出,即将该货照章扣留充公,货主自担厥咎,与铁路无涉"。每次开车之前,商人须将报捐验免各货开一

① 《沪宁运货合同正文》,《东方杂志》,1909 年,第 6 年第 2 期。

总单,送至指销之厘局,以凭核对。如货到指销之处,适逢车行,来不及卸者,站长应先通知厘局,并由商人将票单送去。关于旅客行李,"倘侦知有贪小商人,将细软贵重物件。藏匿铺盖,或箱箧中,果已知有实证"。为了不"太过滋扰,致碍行旅",合同规定"自应会同铁路执事人等於未上车以前,既下车以后,严密稽查,检查之际,司巡不得藉端骚扰,站长不得徇情包庇"等。铁路运货合同在一定程度上有效遏制了部分商人偷漏、藏匿货物现象的发生,规范了沪宁铁路的货物运输。

**2. 明确火车运漕**

漕粮,传统的运输方式主要是河运或海运。铁路出现之后,部分漕粮开始改用铁路运输,如何规范火车运输漕粮?1908 年 6 月 14 日,江督和苏州巡抚联合制定了《沪锡火车运漕章程》,主要内容如下:

其一,营建场所和栈房。即在车站旁建造一个场所,方便货物的起卸。沪宁铁路局已经在无锡车站河边开辟一所宽敞的验米场,以方便运送至无锡的漕粮装卸,"其验兑之米,由承办各州县漕米之米行,迳运至验米场,逐日验兑"。又在吴淞张华浜地方盖起栈房,并修建码头"以备车运漕米到淞后、囤储"。再由商局随时派发轮船驶泊该处,码头承装,"其在码头栈房,盖筑未竣工时,仍悉照上届办理"。同时规定,"在锡金一带采办之米,全归车运,其锡金左近各县仓兑粮米,亦听其在锡兑交以便稽核",后经运河运输局及铁路局两局议定,"每年全漕起运所有车运之米,约以四十万石为率,以顾栈房码头成本"等。

其二,工作人员的选派、费用和管理。对风筛者的规定是,无锡兑收之米,由风筛者在验米场督饬各米行风筛。所有风筛工人等费用,均由米行给发,"其筛夫头目每届由运商两局选派,应用之风筛家具仍由商局预备"。而兑收之米,"其装袋盖印等一切人工,概归各州县办米之米行雇用"。针对以往装货袋子封口的材料问题,即"缝扎袋口之不牢,致多洒耗",遂规定"缝扎袋口用麻皮,惟麻皮固须精选而缝札，尤须结实"，同时"应责成运商两局员司认真监察所有雇工人等，均须受两局员司管束"。

吴淞码头栈房竣工之后，对码头人员的管理较为严格，规定"除由路运两局各派员驻栈监察照料外，所有管理码头事务华洋人等，以及巡警更夫各役"，均由沪宁路局派人管理。由火车运送之漕米到吴淞上栈、装轮、出栈等，应由管理栈房的司事扛米夫头等人来解决，并由商局漕务处派人监督。所有艺工伙食等费用由商局自行给发，但是，管理码头的华洋人等不得受到歧视。至于商局员司若需办事及住宿等事情，均由路局选择便利之住所。

另外，商局轮船停泊、路局码头及所有停轮系缆行轮解缆等一切事务，均由路局管码头华洋人等妥为办理。"其停轮装米时，路局更须代为保护，并弹压闲杂人等，不得滋扰扛米上下，力费仍由商局支给，倘该处夫役有把持勒索情事，路局允许开放专车由上海装载夫役人等前往做工，不收车费；倘别有困难，不能不雇用当地人工，而所发扛米上下、力费照向来所发之数，共约一千两以上，路局尤为酌赏。"若遇有紧急事件，均由运商两局总会办或路局华总办直接办理，路局车务处华洋员司皆由车务总管督率随时在场照料。

其三，火车漕运的装车办法及程序。每年全漕起运所有车运之米约 40 万石，为了顾及栈房码头的成本，章程规定"锡军据所收之米，凡装足十车，路局即专开一次，如不及十车或专开由票车拖带，由路局酌定，总以不致耽延误运为主"。同时还规定了装车的程序：无锡运局验收之米在装车以前，由三局（运局、路局、厘局）员司会同抽磅，"仍照上届办法，每车抽磅二十包，注明磅、码，单内随米车带沪，另由运局给发联单，报明锡金厘局查验石数，符于单内加盖戳记，发给护照，然后开车到沪后，商局即凭运局联单，并原磅码数单会同两局员司，复磅登收，存储栈房"。装运时，再由商局员司偕同驻栈委员抽磅考核。若"锡兑漕粮由无锡装车以后，至吴淞未入栈以前，专归路局担任；吴淞已入栈之后，未上轮以前，所有责任由路商两局照后开专条办理"。

其四,鼓励火车运货,减少商人损失。章程规定路局为货物代交火险及水险等,火车运载之米存储于路局栈房后,路局"尤为代保火险,以防不测,如遇地方盗贼痞棍,滋扰或出意外之事等情,应由运路局会同地方官商办;设遇意外水险,路局允许查照存储商局栈房办法与运局商办"。同时,也规定商局所用管栈司事人等,若有偷漏舞弊现象,一经路运两局及驻栈委员查出,即"实据即告知商局漕务处立时查办,所短米数照数追赔"。

其五,货物运送到站后的存放办法。漕米到吴淞存入栈房后应如何存放,以及栈房内的铺垫等问题,均由商局员司按照以前存栈办法解决。路局管栈华洋人与商局员司共同办理,双方不得互相干涉阻止。栈房铺垫人员的费用及铺垫所需砻糠芦席等物品的费用,均由路局发给。栈房必须高爽通风,倘有渗漏之处,即刻由商局员司告知路局赶紧修补,以免存米受潮等。又,货物装车上栈或装轮之际,如遇天雨,必须立刻停止运行,以免货物受潮等。

其六,免费的规定。章程规定,凡是涉及漕粮所应用之物件器具等,由火车装运者,一律不收运费。运商两局总会办及委员、司事、信差、跟随人等因公往来人员,亦由路局分别备送长短免票等。①《沪锡火车运漕章程》使沪宁铁路漕粮运输更加有序了。

3.　严格规范列车的行驶

近代中国铁路营运初期,车辆运输较为混乱,列车出轨、相撞等交通事故时常发生。1912 年,沪宁铁路局制定了详细的行车规定,即《沪宁路行车规条》,规定:列车司机必须得到开车命令方可开启;火车在开驶之前,须先放汽筒;除非有特别命令,列车不得停靠在未经设置站点的沿途各地;客车必须准时开车,"载客之车未到时刻不得开驶","载客之车既有广告时刻无论为何不得先时开驶,惟载货之车,如奉有特别命令择无妨先时开驶";列车从开行到

---

①　《江督苏抚奏定沪锡火车运漕章程》,《申报》,1908 年 6 月 16 日。

停靠各站等必须完全听从命令的指挥。同时,还制定了快车、客车、杂车、兵车、专车、货车等相遇办法等。①

**（五）提供优质服务**

为了招揽更多的商人用铁路运货,沪宁铁路局 1908 年 2 月制定了《沪宁铁路运货合同》,对商人有特殊关照和优惠。如规定"凡有黏封启封的货车,由该站站长会同厘局司巡详细察验,厘局司巡不得耽延时刻;其查货应在货物未上车之前和下车之际,中途不得查验,亦不得扣留",并要求厘局司巡人员办公之所"应在车站或与铁路有关之货运公司,另设写字台一张,随时就近验货,收捐填票,免商人往返跋涉",还要求沿线各站站长对货物须低征速办等。② 这种以人为本的规定不仅降低了沿线地区之间商货之厘数,而且使货物运输更加畅通地经沪宁铁路直达上海等地,沿途不再经过多重内河厘卡,商人亦免受刁难。曾把持征厘收捐的地方官吏受到了现代铁路交通的制约,铁路站长在征厘收税中逐渐占据核心位置。1908 年 6 月,沪宁铁路局在《江督苏抚奏定沪锡火车运漕章程》中主动提出为货商代交火险及水险,即"如遇地方盗贼痞棍,滋扰或出意外之事,应由运路局会同地方官协商办理;若遇意外水灾,应查照存储商局栈房办法与运局协商办理;货物装车上栈或装轮之际,如遇天雨,须立刻停止运行,以免货物受潮"等。③ 这些措施均得到商人的赞许,也为沪宁路赢得了好声誉。

不仅如此,沪宁铁路局还为乘客营造舒适文明的乘车环境。沪宁铁路通车后,乘客极多,车内混乱、不文明的现象时常发生。1909 年 4 月,苏州农工商务局一名总办致函沪宁铁路局称,他"由苏州乘下午 5:33 快车去上海。当日乘客极多,头等和二等车厢内

---

① 《沪宁铁路行车规条》,京沪区铁路管理局档案,中国第二历史档案馆藏,全宗号 457,案卷号 2503。

② 《沪宁运货合同正文》,《东方杂志》,1909 年第 6 年第 2 期,第 19 - 21 页。

③ 《江督苏抚奏定沪锡火车运漕章程》,《申报》,1908 年 6 月 16 日。

皆满",发现有"某报关行商人带着多名娼优杂居一处,而头等车里的乘客任意喧哗,口唱淫戏",又见"二、三等车里的旅客拥挤一室,高声大噪"。这些"实属不成事体,况车上系公共地方,岂可肆无忌惮,紊乱规则,致害治安",遂"叱令该行商等安分静息,该行商等不知悔,艾竟敢反唇相稽,喧呼益",嗣后查票洋人闻声而至亦不能设法禁止,其狷獗情形,令人发指"等,进而感叹道:"我国号称数千年礼仪之邦,孔孟之教迄今风俗浇漓,至于此极良可为叹息痛恨者也。"他希望国人能仿效英国人或日本人皆"万众肃静,彬彬有礼,前者让后,少者让老,男者让女,具有百姓亲睦之象",认为路局有"维持商务之责",建议将"头、二等座位严定规则,保护行旅。如有恃强违玩者即由沿途车站警察扭送各该地方官照律惩办,以儆刁顽庶几风俗,为之转移商务为之兴旺",且"俾众公守,以便行旅,而安良善事关地方风俗、交通要政"。倘若如此革新,乘客旅途有更为愉快的环境,沪宁铁路商务更加繁盛。①

对此建议,沪宁铁路局非常重视。《沪宁铁路行车规条》规定本路所有执事人员,接待旅客尤宜格外亲切,每次列车开行时,必须为头等和二等乘客预备点心;餐车要备有各式点心;要时刻关照客房及点心房里的乘客;凡设有点心处之站,当车未开 5 分钟之前,站长车守务必于客房及点心房内预先关照乘客。若开车在即,凡停车之站,该站长如因列车行驶速度较为迟缓,欲减少停车时刻,务必留心并尽力将此意告知所有乘客;当列车到站之际,该站站长务必令站上员工频繁播出该站之名、停留的时间等,声音必须清朗洪亮,其有支路接连别处者,亦必须将其名播出;当车停靠上海、常州、南京之时,所有客车必须全部清扫干净,揩抹窗户,保持整洁。如备有水柜及厕所盆,亦须洗刷,并盛以清净之水。尤其是厕所,每逢火车载客或载兵离站行驶之后,站长务必亲自检查厕所及坑内遗秽,全面洗刷洁净,所有厕所须时常扫除。为了减少

---

① 《苏州农工商务局熊观察移宁沪铁路公司文》,《申报》,1909 年 5 月 13 日。

乘客等车的辛苦,沪宁铁路沿途各站均设置客房,各站站长须察阅车站及公事房是否洁净,更须尽责察阅客房,勿由本站员役任意休憩。当火车开驶之前后两点钟,均可以让旅客在客房内休息等。同时要求站长车守务须留心,阅察客车,不得装容太多,以防车上拥挤;车内保持干净、整洁;禁止吸烟(吸食鸦片),禁止携带无罩灯火。①

　　1913年又制定了《沪宁铁路设备卫生处所以及保安布置章程》,规定:在候车较久的车站、月台等处设置厕所及梳洗室,要用英国最新式即沙克司式样,其物件配置,须装有水管与上海自来水管衔接,并于僻远之处挖掘粪坑,便于所有一切秽物能开水机冲刷,由阴沟以达是坑,坑内积秽,逐日用抽机抽入固封铁柜,不使秽气外出;无论是头等、二等、三等客车均设置便室以方便搭客,此便室遇到大站停车之时,即行闭锁,以免秽物积聚车站,妨碍卫生,列车运行后照常使用。所有车上便室,除四等车外,因系货车改装而成,其余车顶均装有水柜以备随时冲洗其大小便;车站月台、各处车厂及机器厂等处亦均备有厕所,且所设卫生处所,一切置备均依照国人习尚,而非西人所用式样。尤其是列车门窗均安装适合东方气候的装配,夏天,头等及二等车车顶均装有电扇;冬天,由车头接装汽炉以暖搭客等所有各处的厕所要随时派人清扫干净;各列车每日在末次停运时,必须做到车外用水刷,洗车内用解秽水洗;若遇换车停泊稍久之站,其厕所必须用解秽水洗刷洁净,并打开车窗以便通风等。路局对该路所出售的食物果品安全亦有规定。由医官随时察看,遇有已坏食物,或已剖开之水果,又值时令不正,极易导致疾病者,一概禁售。

　　为了便于及时医治突然患病或意外受伤的乘客,章程规定:如果搭客在车上突然患病或遇意外损伤,"须按照车行所到之处,由

---

　　① 《沪宁铁路行车规条》,京沪区铁路管理局档案,中国第二历史档案馆藏,全宗号457,案卷号2503。

经管员司酌量送往最近医院调治"，因列车上并未配备床铺，因此搭客若患病，"可用毡毯或油布席地而卧，等列车驶到距离医院较近处，由医官派脚夫、更夫各二名，预备舁送车辆在站等候，列车一到即刻有轮车用人力推送病人到医院医治"。为了更好地医治患者，路局要求车上所有员司须学会"圣药输急救法"。由于沪宁路线较短，搭客如遇急病，也方便随时送至车站。且车内备有医药，可以施救，车上员司也已经了解急救之法。倘若有搭客于车上无故猝死，该路愿意给予一定的救济。但是，路局仍要求沪宁铁路置备齐全，并于"每次火车之车守车内备有急救药箱，由车守经管医官随时察看，一经用去，立时补足，不使缺乏"。同时，该路还配有一名正医官，系英国贵族医学堂出身，并有两名帮医官，一系华员，一系西人。沿途设有两所医院，一在上海站，一在镇江站。正副医官随时乘车往返至各站查看卫生情况。若铁路工人患病，俱送医院诊治；修道夫遇有损伤，则由摇车送至最近车站，再行送往医院医治。尤其是对传染病的防治措施，沪宁铁路比交通部要早5年，交通部1918年制定了《火车检疫规则》。①

1918年火车检疫规则②

（中华民国七年一月十六日　大总统令　国务总理
王士珍、内务总长钱能训）

第一条　沿铁道路线之区域及与铁道路线距离较近之区域，发生传染病时，驶行该区域之列车，应依照本规则之规定办理。

第二条　施行火车检疫时，检疫委员或检疫事务员，应依照传染病预防条例第四条第二项第三项第六项之规

---

① 《沪宁铁路设备卫生处所以及保安布置章程》，《交通官报》，1910年第7册第24期，第30－33页。

② 《传染病预防条例及火车检疫规则》，中国第二历史档案馆，全宗号1056，案卷号29。

定办理。

第三条　检疫委员或检疫事务员于车中发现传染病病人或疑似传染病病人时,应即速将该病人移送于沿路线所设之传染病院或隔离所或其他适当之处疗治之。

第四条　移送传染病病人或疑似传染病病人于传染病院或隔离所或其他适当之处时,所需费用应由检疫事务所或地方官酌予补助,其病人愿自备费用者听。

第五条　火车中发现传染病病人或疑似传染病病人及因传染死亡之尸体时,其与该病人或尸体同乘车辆之乘客应严重予以消毒,其不同车辆之乘客及行李,如认为必要时,亦得扣留予以消毒。

第六条　车辆发现传染病病人或疑似传染病病人及因传染病死亡之尸体时,应即令该车辆离开列车予以消毒,其消毒需用之药品及器具得令铁路补助之。

第七条　火车驶行中途发现传染病病人或疑似传染病病人及因传染病死亡之尸体不能即速移送病院时,应立将该车辆销闭,禁止乘客出入,移至检疫设备完全之处。

第八条　本令施行细则由内务部交通部会同规定以部令行之。

沪宁路局规定,如"搭客有患传染之症,一经查出,即不准在车乘坐;如遇到搭客在车患病,即刻另置一室,俾与众客间隔,一面电知本路医官验看。如系传染病,即将病人坐车停留置于远处旁道,按照英国最新医法办理,其余搭客,如已与病人近坐或虑有传染之虞,亦参酌本土风俗,量予清除"。即便是牲畜,也有规定,即"装运牲口预防传染疫症等事,亦经讲求,凡曾运牲口之车,每次洗刷洁净再用石灰涂抹,此系照印度办法为该国上等兽医所许可,此法于载运军马更属相宜"等。

是年 11 月 11 日,沪宁铁路局又制定了《沪宁铁路车上救火章程》①,其主要内容是列车在行驶途中发生火灾时的应急措施。

(1)凡火车在行驶之际,途中失火,司机应立即将车停止运行,同时将失火车辆隔开停留,其余车辆继续向前行驶。另外,必须竭力施救,以减少损失。

(2)若失火地方离水源较近,则可酌量将车移至水源处,并须参酌车内所装物件给予解救。倘若火势较大,且有延蔓到其他车辆之危险,即由车守司机等人随机应变。无论如何,必须先将失火车辆与后面车辆隔开,方可再筹急救。

(3)无论是客车、货车还是邮政车,救人都是第一位的,然后再竭力将公文材料及物品等取出,以免被焚烧。

(4)其他人员看见后应设法营救。若货车司机及车守看见铁路桥梁,或枕木或道上一切木件有被焚烧的危险,即须停车灌灭;若客车司机见有被焚烧之处,则须告知最近之修道夫或站长设法灌救,同时由车守即刻电告车务总管及分段工程师迅速赶往营救。

(5)如遇火灾,应积极让附近村民设法帮助营救,路局给予一定的酬劳。

为了防患于未然,沪宁路局规定无论客车还是货车车守,除平常应配置的各项物品外,必须带水两桶,以备不测,如有疏忽,由车务稽查随时查察,从重处罚。同时,规定沿途各站须设立号志,以防危险等。

从《沪宁铁路车上救火章程》的内容不难看出,沪宁路局制定的车上救火措施非常详细具体,不仅有火车遇到火灾时司机的应急办法,还有更人性化的解救方案,即先救人,然后是财物。还要求附近的民众积极参与,并对参与营救的村民给予一定报

---

① 《沪宁铁路车上救火章程》,《交通官报》,1910 年第 7 册第 24 期,第 33 - 34 页。

酬等。

这些细致入微的规定和章程使沪宁铁路秩序良好、环境整洁、乘客文明，从而使沪宁铁路赢得了社会各界人士的一致好评。据《苏州商会档案》记载，1914 年 3 月 25 日，苏州商会总会致函沪宁铁路管理局洋总管朴爱德称"贵总管经理车务，布置极为完备，商人无不赞美"。①

## （六）加强广告宣传

随着商业的迅速发展、近代交通业的逐渐发达和报纸的日益普及，广告这种新式的商品促销方式在清末民初已逐渐为许多中国商人所接受，并受到人们的广泛欢迎。人们认识到，在发行量较大的报纸上登载广告，其作用与影响更为突出。商人们"纷纷登报为招徕，何业何方择日开。只要价廉兼物美，一经上市便增财"②；"一纸风行，不胫而走。故报纸所到之区，即广告势力所及之地。且茶坊酒肆，每藉报纸为谈料。消息所播，谁不洞知。永印脑筋，未易磨灭。非若他项广告之流行不远，传单之随手散佚也。是故新闻愈发达，广告之作用亦愈宏"。③

近代广告不仅是资本主义商业发展的产物，也是近代新式商业经营方式演变趋新的具体反映。铁路部门或有些单位不断在报刊上刊登栩栩如生的图片，并配上简洁的语言，向人们展示铁路客货运输的优点，以此招揽生意。如 1909 年 2 月 28 日，中国瑞记洋行总经理在《申报》上刊登了关于阿脱柯普尔厂的一则广告，并配以画面（图 3-2）：

---

① 章开沅：《苏州商会档案丛编》第 2 辑，华中师大出版社，2004 年，第 260 - 261 页。

② 顾炳权：《上海洋场竹枝词》，上海书店，1996 年，第 181 页。

③ 薛雨孙：《新闻纸与广告之关系》，《最近之五十年——申报馆五十周年纪念》，上海书店，1987 年。

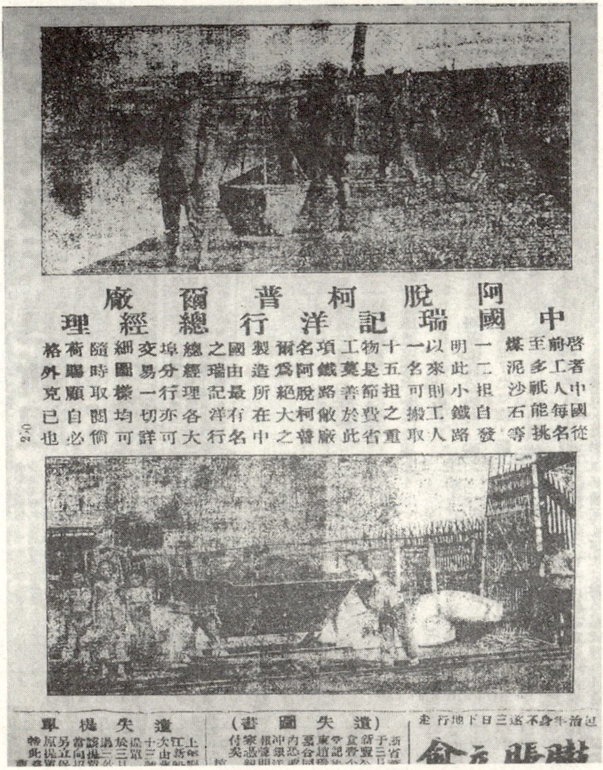

图3-2 阿脱柯普尔厂图片及报道

　　文曰:中国从前工人每名至多只能挑煤泥沙石等一二担,自发明此小铁路以来,则工人一名可搬取十五担之重物,是节费省工,莫善于此项铁路。敝厂名阿脱柯普尔,为绝大之制造所在,中国由最有名之瑞记洋行总经理各大埠,分行亦可交易一切,详细图样均可随时取阅。①

　　沪宁铁路局注重广告宣传,并以此作为其寻求生存、发展和提

---

① 《申报》,1909 年 2 月 28 日,广告版。

升市场影响力的重要路径。沪宁铁路自通车后,频繁刊登广告,以宣传其客货运输的优势。如自 1909 年 2 月 21 日起,沪宁铁路车务处连续一周在《申报》上登载沪宁铁路货运便利的广告:

沪宁铁路运货便利广告

　　本路装运货物现奉大宪新章,凡洋货往来沪苏镇宁等通商口岸,由海关给发转口凭单,准免重征,其余一切办法利便交通运务日益发达,上年本路与通运公司所订合同,于本年西三月十一号期满,不与续订,兹各车站专设运货处,嗣后无论何人寄货,或揽运货物,请往本路运货处,直接一律优待,运费廉减,藉畅商务而便转输,特此布告。①

1912 年 2 月,于右任倡议沪宁铁路试行"夜行车",遂在《临时政府公报》上连续登载了"添开沪宁夜车"广告。运营第一天,乘客即甚拥挤,往后"夜行车"大获盈余:

　　沪宁铁路自 2 月 24 晚起,每晚添开上海南京特别快车各一次,开车时刻表列后:

| 上海开 | 夜十二点钟 | 南京开 | 夜十二点钟 |
|---|---|---|---|
| 苏州开 | 上午一点五十六分 | 镇江开 | 上午一点五十三分 |
| 无锡开 | 上午二点五十六分 | 常州开 | 上午三点四十九分 |
| 常州开 | 上午三点五十七分 | 无锡开 | 上午四点四十四分 |
| 镇江开 | 上午五点四十四分 | 苏州开 | 上午五点四十三分 |
| 南京到 | 上午十点十五分 | 上海到 | 上午七点二十分 |

　　资料来源:《交通部为添开沪宁夜车广告》,《临时政府公报》第 24 号,1912 年 2 月 28 日。

　　沪宁铁路局采取了诸多促进营运的营销策略,加上上海的特

---

① 《沪宁铁路运货便利广告》,《申报》,1909 年 2 月 21 日。

殊地位,苏南一带的货物流向渐渐发生了改变。原来的水运货物由蚌埠改由火车运到浦口,然后转向沪宁铁路南往无锡、上海等地。至1912年,沪杭甬铁路的通车又使得与沪宁铁路平行的江河水运价值大降,进出江苏一带的货物大多改用铁路运输了,沪宁铁路全年发送货物已达48.9万吨,是3年前的2.37倍①,沪宁铁路货运在江苏货运总量中大致占20%～30%。②

　　1913年,沪宁铁路参加了全国铁路联运。中国铁路在联运之前,各路的规章、票价、运价及货物分类等均各自为政。当时的情况是,凡经过两路之旅客,即须购两次车票;经过三路或四路之旅客,即须购三次或四次车票。货物经过两路或两路以上者,每路均须重新托运,另起货票,且每至一联轨站,必须将货物卸下,再装上接运之货车。这使客商极感不便,铁路业务的发展亦因之大受阻碍,铁路联运呼声随之而起。1913年10月,沪宁铁路、平汉、平绥、北宁和津浦铁路共五路在天津召开第一次国内铁路联运会议,讨论了旅客联运相关事宜,翌年4月实行。此为我国铁路旅客联运之嚆矢。

　　铁路运输促进了江苏经济的发展,而经济的发展又使沪宁铁路营业进款呈逐年增加之势。但是,沪宁铁路每年要向英方偿还借款利息,其借款利息1912年为1 390 376元,1913年为1 460 817元,1914年为1 808 178元,1915年为1 801 593元,1916年为1 318 358元。因此,沪宁铁路偿还借款利息后,有盈余的年份自1916年开始,即"1916年为沪宁路获利之第一次"。如沪宁铁路洋总管克礼阿所言,"不独自能抵付利息,且有余利可享汇兑价率,并无关系,盖即价率为三年至四年(指1914—1915年)时之低落借款

---

①　江苏省地方志编纂委员会:《江苏省志·交通志·铁路篇》,方志出版社,2007年,第147页。

②　宓汝成:《帝国主义与中国铁路1847—1949》,上海人民出版社,1980年,第630页。

利息为 180 万元,若以该五年(指 1916 年)净利(计洋 1 914 254 元)抵付之,亦绰有余……一面於减轻营业用款,一面於修改旧订合同,试观营业用款一项,减至与民国二年(指 1913 年)度者相同,而进款即较该年增加 80 万元之谱可为之明证,此沪宁路成绩之可观者也"。[1] 自 1916 年始,沪宁铁路营运终于扭亏为盈了。

## 二、1916 年盈余后的经营策略

自 1916 年起,沪宁铁路每年除开支外,均获盈余数十万元左右。当年 12 月,沪宁铁路与沪杭甬铁路实行旅客联运;1917 年 4 月,两路实行货物联运。到 1918 年 9 月,尽管由于北方的豆类、花生、胡麻等减少,导致北方的输送需求比 1917 年减少 11 万元之多,但是,通过沪宁铁路运送的货物仍有增加之趋势。尤其是由芜湖方面输送之米谷等增至 88 000 元,畜产品、矿产品及工业制造品等均有增加,至上海发行各火车的收入与前三年均有增多。[2]

1918 年,铁路联运事务处成立,仍限于旅客联运。据沪宁铁路局统计,到 1918 年底,全路营业进款近 500 万元,除开支、折旧及借款利息外,净获盈余 100 万元,这"实为沪宁路开办迄今,成绩最佳之一年度"。然而,其缺点是"机车太少,不敷周转,货车亦属无多",倘若能"添购机车,增造货车,并力进行,预计 1919 年,该路营业之收入必更超过 1918 年份"。[3]

1920 年,全国铁路实行货物联运,联运进款突飞猛进。如1919 年全国各路合计总进款为 260 余万元,1920 年铁路货物联运开始后,铁路运输进款即增加为 310 余万元,1921 年为 450 余万

---

① 《译沪宁洋总管呈局长函》,《两路与中英公司交涉向印度政府续借洋员在两路任职及洋员要求加薪》,京沪沪杭甬铁路管理局档案,中国第二历史档案馆藏,全宗号 457,案卷号 520。

② 《沪宁路运货之近况》,《安徽实业杂志》(复刊),1918 年 9 月第 15 期,第 16 页。

③ 《七年营业状况》,《铁路协会会报》,1918 年第 8 卷第 2 册第 77 期,第 127 页。

元,1922 年全国铁路联运进款骤增至 880 余万元,1923 年更增为
1 300 余万元。其增加之速,殊足惊人。此 4 年中,联运进款突飞
猛进。① 尤其是 1916 年 12 月 12 日,沪宁铁路与沪杭甬铁路实行
旅客联运,1917 年 4 月 13 日开始货物联运。沪宁铁路与沪杭甬铁
路的连轨,使得沪宁铁路的货物运输有了大幅度提高(见表
3-10)。

至 1920 年底,沪宁铁路总收入为 6 204 613.20 元,居全国第
四,前三位分别是京汉铁路、京奉铁路、津浦铁路;沪宁铁路平均每
日每里收入为 36.30 元,居全国第四。② 至此,沪宁铁路走上了一
条运营优良的道路。

表 3-10 沪宁路历年与各路联运成绩表

| 年 度 | 各路收入总数(元) | 沪宁路摊得之数 | |
|---|---|---|---|
| | | 数目(元) | 总收入百分比(%) |
| 1914 年 | 636 282 | 42 258 | 6.64 |
| 1915 年 | 1 126 541 | 84 562 | 7.51 |
| 1916 年 | 1 438 257 | 122 935 | 8.55 |
| 1917 年 | 1 629 769 | 137 990 | 8.47 |
| 1918 年 | 2 146 326 | 140 336 | 6.54 |
| 1919 年 | 2 291 512 | 218 768 | 9.55 |
| 1920 年 | 2 363 944 | 281 617 | 11.91 |

---

① 1926 年后,因受战争影响,联运事业大遭打击,1926、1927、1928 年三年收入锐
减。1926 年进款骤降为 106 万余元,1927 年为 184 万余元。至 1928 年,因军运频繁,机
车车辆互相过轨,凌乱不堪,各路率皆各自为政,货物联运因之停顿,因此,1928 年至
1931 年间,毫无货物联运进款。俞棪:《中国铁路联运事业之过去现在与将来》,1935
年,第 9、3 页。

② 《第 16 表国有各路收入类别》,《交通部国有铁路 1920 年统计总报告》,北洋
政府交通部档案,中国第二历史档案馆藏,全宗号 1056,案卷号 20。

续表

| 年　　度 | 各路收入总数(元) | 沪宁路摊得之数 | |
|---|---|---|---|
| | | 数目(元) | 总收入百分比(%) |
| 1921 年 | 3 013 025 | 337 888 | 11.21 |
| 1922 年 | 8 595 598 | 380 313 | |
| 1923 年 | 12 603 301 | 407 534 | |
| 1924 年 | 10 283 133 | 306 213 | |

资料来源:关赓麟:《交通史路政编》第 11 册,交通铁道部交通史编撰委员会编印,1937 年,第 3350－3351 页。

从上表中可以看出:1914 年沪宁铁路营业进款收入仅为 42 258元,1915 年为 84 562 元,1916 年为 122 935 元,1917 年为 137 990 元,1918 年 140 336 元,1919 年为 218 768 元,1920 年为 28 1617元,1921 年增加到 337 888 元,1922 年为 380 313 元,1923 年增加至 407 534 元。足见,沪宁铁路自加入五路联运之后,营业逐渐发达,营业进款占全国铁路总收入的比重逐年上升,在全国铁路中所摊数目亦有所增加。

运营盈利后,沪宁铁路便致力于品牌的打造。其中,任传榜局长为沪宁铁路的经营管理做出了极为重要的贡献。他除了继续制定特价、扩大宣传外,还出台了一系列创新政策。

**(一)制定特价**

如前所述,沪宁铁路的货物运价一直低于其他铁路,尽管如此,沪宁铁路盈利后,路局对货运价格又进行了调整。1921 年沪宁铁路局公布了某些货物的"特减运价规则""每公吨运价表",并对大吨位、整车、长距离的货物运价给予折减等,这也是沪宁铁路的货物运输持续增加的一个重要原因。同时,沪宁路局还通过制定特价的方式来吸引客商。如 1922 年 4 月,沪宁、沪杭甬两路车务总管发布信息,通告全路各站及各转运公司规定特价,如"(普通纸)、(粗纸)由闸口南星、杭州或拱宸至常州,每吨洋二元一角,

(猪)由无锡至南星或银山门,每头洋六角五分,(萝卜干)由长安至上海北站或麦根路,每公吨洋一元四角"。①

## (二) 加强宣传

沪宁铁路局仍重视宣传的作用。针对"近年以来,外人来华游历者甚多"的情况,沪宁铁路局编辑了中英文旅行指南,"以资导游"。1919 年,沪宁铁路局在《铁路协会会报》第 76 期上刊登了整版关于沪宁铁路客车优点的中英文广告,即"本路每日开驶快车四次,上海、苏州、无锡、常州、丹阳、镇江、南京等站,每日均有快车及特别快车开行,全路有塔百座,既稳速又舒适";饮食方面"车上头等大餐,价目极廉,久为公众所欢迎";游览景点为"全路风景之美,古迹之多,不胜枚举";优惠票价"自星期五起至星期一止,限期减价,来回票发售,以惠行旅";国际游览票"凡中日两国铁路之联运票上开,各站亦有发售。凡旅行团及其他团体乘车,均可享减价之利益";联系方式"贵客欲问车票价及他项情事,请函致上海北站车务总管。电话北 3199 号"。② 有时为了招揽客源,在广告上还罗列列车经过城市及其附近的景点,如乘坐沪宁火车,可以"畅游江南,有左右逢迎之乐",沿途有南京的中山陵、镇江的焦山和金山、武进的文笔塔、无锡的鼋头渚、吴县的天平山和昆山的马鞍山等。③

路局除了在报刊上刊登广告外,还印刷精美的宣传手册。如沪宁铁路局局长任筱珊"欲谋铁路营业之发达,遵依部令编制铁路旅行指南一书,搜罗沪宁、沪杭甬两路经过各地名胜古迹及距离各站之水陆程,并雇车雇轿之价值,自去年起,派员编辑,于本月搞成,名曰:'沪宁杭甬铁路旅行指南',年刊汇订一册,每册定价三

---

① 《规定特价》,《铁路协会会报》,1922 年第 11 卷第 115 期第 3 册,第 124 – 125 页。
② 《铁路协会会报》广告版,1919 年第 8 卷第 76 期第 1 册。
③ 《铁道年鉴》第 3 卷,铁道部铁道年鉴编纂委员会编印,1933 年,第 659 页。

角,昨已分发各车站,以备旅客购阅"。① 1922 年,沪宁铁路局又出版了《沪宁铁路袖珍日记及游览指南》,即"沪宁沪杭甬两路近出一种袖珍日记,专备路员所用;又,沪宁路游览指南现已编辑就绪,不日亦将出版,内容各站之名胜之出产之风俗,以及旅馆菜馆,均登载无遗,价洋每册五角云"。② 大量的宣传,使得沪宁铁路客货运输的优点及沿途名胜古迹渐渐为人们所了解,客货运量渐渐增多,营运收入亦随之增加。

**（三）推出特色服务,增强吸引力**

沪宁铁路局根据市场的变化及人们的需求及时增加客运票种,如有特种票、月季票、睡票、半价票、特别快车票、周末来回票、团体游行票等近 50 种之多,见表 3-11。尤其是沪宁铁路在全国率先推出来回票,即每逢礼拜日、礼拜六及开盛会之日,在上海至常州间发售往复票,"平常三等车为七角,二等车一元四角,头等两元八角,如当日回转,三等只取八角,二等仅一元六角,头等为三元二角,较常票约廉十分之八"。③ 1918 年,西方的圣诞节及中国新年的将至,为了满足中西方人群的需要,沪宁铁路又在南京、镇江、丹阳、常州、无锡、苏州、上海等站增加了一项新业务——发售新年来回票。沪宁铁路局长令车务总管"特通告两路各大站,发售来回票,其有效期自本月 20 日起,至阳历正月初 6 为止,其价目为单程价目再加其半数得购来回票"。④ 1922 年初,沪宁铁路局还增设连票,即"自二月一号起,凡乘中国政府铁路车者,经南满铁路而至中东铁路,可购买连票"。⑤

---

① 《两路旅行指南出版》,《申报》,1918 年 9 月 11 日。
② 《袖珍日记及游览指南将出版》,《铁路协会会报》,1922 年第 11 卷第 113 期第 1 册,第 141 页。
③ 曾鲲化:《中国铁路现势通论》(下),化华铁路学社,1908 年,第 50 页。
④ 《路事近闻》,《申报》,1918 年 12 月 12 日。
⑤ 《铁路可购连票》,《铁路协会会报》,1922 年第 11 卷第 114 期第 2 册,第 126 页。

表 3-11　沪宁路客票种类及创设时间表

| 票　　别 | 等　　级 | 创设时间 |
|---|---|---|
| 通常票 | 一、二、三等 | 1907 年 8 月 22 日 |
| 通常票 | 四等 | 1907 年 3 月 19 日 |
| 特种票 | 一、二、三、四等 | 1907 年 4 月 21 日 |
| 特别快车票 | 一、二、三等 | 1910 年 9 月 29 日 |
| 星期末来回票 | | 1911 年 6 月 22 日 |
| 特别快车加价票 | 一、二、三等 | 1915 年 10 月 19 日 |
| 联运票 | 一、二、三等 | 1914 年 3 月 30 日 |
| 中日联运票 | 一等 | 1915 年 6 月 19 日 |
| 中满联运票 | 一等 | 1915 年 6 月 19 日 |
| 中日联运区间客票 | 一等 | 1920 年 10 月 27 日 |
| 混合联运票(上海至北京) | 一、二、三等 | 1921 年 10 月 6 日 |
| 中东联运票 | 一、二、三等 | 1922 年 2 月 7 日 |
| 来回游历票 | 一等 | 1916 年 6 月 11 日 |
| 中日周游票 | 一等 | 1916 年 7 月 20 日 |
| 国内周游票 | 一等 | 1917 年 3 月 27 日 |
| 鲜满周游票 | 一等 | 1919 年 11 月 4 日 |
| 中日周游票(改道) | 一等 | 1920 年 11 月 23 日 |
| 华北周游票 | 一等 | 1921 年 3 月 24 日 |
| 特别快车来回游历票(上海至北京) | 一等 | 1922 年 7 月 1 日 |
| 团体游行票 | 一、二、三等 | 1918 年 7 月 26 日 |
| 半价票 | 二、三、四等 | 1913 年 8 月 8 日 |
| 特别快车半价票 | 二、三等 | 1913 年 8 月 8 日 |

| 票　别 | 等　级 | 创设时间 |
|---|---|---|
| 半价票利益票 | 二、三等 | 1907 年 3 月 25 日 |
| 四分之一价利益票 | 二、三等 | 1907 年 3 月 25 日 |
| 特别快车(半价利益票) | 二、三等 | 1907 年 3 月 25 日 |
| 特别快车四分之一价利益票 | 二、三等 | 1907 年 3 月 25 日 |
| 月台票 | 一等 | 1907 年 8 月 17 日 |
| 区间来回票 | 一、二等 | 1911 年 6 月 22 日 |
| 中东来回票 | 一、二、三等 | 1922 年 2 月 7 日 |
| 月季票(6 个月) | 二等 | 1907 年 8 月 17 日 |
| 回数票 | 三等 | 1917 年 5 月 12 日 |
| 床位票 | 三等 | 1912 年 12 月 7 日 |
| 睡票 | 一等 | 1912 年 12 月 13 日 |
| 特别快车座位票 | 一等 | 1915 年 10 月 19 日 |
| 免票 |  | 1908 年 1 月 29 日 |
| 单程免票 |  | 1908 年 1 月 29 日 |
| 限期免票 |  | 1908 年 1 月 29 日 |
| 寻常来回票 | 一、二、三等 | 1923 年 2 月 2 日 |
| 特别来回票 | 一、二等 | 1923 年 11 月 19 日 |
| 中东铁路联运票 | 一、二、三等 | 1922 年 2 月 7 日 |
| 中东铁路单程联运票 | 一、二、三等 | 1922 年 2 月 7 日 |
| 中日联运空白单程票 | 一、二、三等 | 1924 年 5 月 21 日 |
| 中日联运空白来回票 | 一、二、三等 | 1924 年 6 月 4 日 |
| 特别快车(上海北站至北京)来回游历票 | 一等 | 1922 年 7 月 1 日 |

续表

| 票　别 | 等　级 | 创设时间 |
|---|---|---|
| 特别快车来回游历票 | 一、二等 | 1922 年 7 月 1 日 |
| 中日周游票 | 一、二、三等 | 1924 年 5 月 15 日 |
| 中东铁路来回票 | 一、二、三等 | 1922 年 2 月 7 日 |
| 中日旅行票（奉天至大连） | 一、二、三等 | 1925 年 4 月 17 日 |
| 中日旅行票（天津至北京） | 一、二、三等 | 1925 年 4 月 17 日 |

资料来源:关赓麟:《交通史路政编》第 11 册,交通铁道部交通史编撰委员会编印,1937 年,第 3333－3336 页。

从表 3-13 中可以看到,沪宁铁路的车票既有国内游览票,又有国际游览票;既有低廉的四等、三等票,又有高档的睡票和座位票(民国铁路车票无座位号);既有短途旅行票,又有长途旅行票;既有通常票,又有特别快车票;既有单程票,又有来回票或联运票等,满足了社会各阶层人群的需要。

沪宁铁路局还开设特色车。清末民初,西风东渐,旅行结婚、赴外地度蜜月等西式婚礼在都市中渐次推广开来。沪宁铁路局为了满足追求新潮的年轻人的需求,率先推出蜜月车,把车厢装饰得花团锦簇,尽量为新婚夫妇提供方便,并"特备花车,以便眷属乘用,该车有厨房、卧室、仆人室"。[①] 又,每年秋季,观潮人十分踊跃,因观潮最佳日为阴历八月十六日至十八日,为此,沪宁铁路局增设观潮车,开专车 3 天,以供乘客之临观。

为了鼓励更多的人用铁路运货,沪宁铁路局更是为了"体恤商艰计",推出回扣策略。1919 年 2 月,沪宁铁路局局长任传榜规定"凡是用铁路运货的商人均给予运费回扣",并"视该转运每年所招揽之货之运费若干,予以相当之回扣"。同时,也给转运公司一

---

① 《沪宁沪杭甬铁路运客普通规则》,《沪宁沪杭甬铁路旅行指南》,国光书局,1918 年,第 12 页。

定的回扣,并要求账务处"将去年各转运公司应得之回扣,从速揭算清楚,先于年底发给整数,其所余之零数若干,则于本年(即1919年)阴历正月,再行如数找清,免积欠"[①],但是"不准本路员司向客商收取私费"。[②]

### (四)合作经营,提升竞争力

据沪宁铁路局车务处调查发现,每年由上海用轮船运至天津的面粉约有 4 500 余吨。为了与上海轮船公司竞争,吸收传统海运的货物转为铁路运输,1917 年 3 月,沪宁铁路局主动和津浦铁路局联合降价吸收此项大宗货物,制定联合运价,规定"由沪至津,每吨车运费总数以不过 200 元为度"。沪宁铁路将由"沪至宁运费减为 45.6 元,装卸费在内",其中经过沪宁铁路的面粉由浦口至天津,原来运价为 178.25 元,现按八折计算合 142.6 元,连驳运及装卸费,共计 158 元,再加上沪宁铁路运费,共计 203.6 元。[③] 1919年 3 月,欧洲战争结束,由上海转运天津、济南一带的货物又有所增多,销售也日趋旺盛。沪宁铁路抓住机会,再次与津浦铁路合作,主动将自上海到南京的货物运费降低 25%。1920 年 7 月,沪宁铁路局又将糖、猪、牛等货物运费制定特价。

### (五)限制货物存放时间,提高效率

沪宁铁路自从参加全国铁路联运后,铁路货运逐渐发达起来。然而,由于车辆不足或有些货主在货物到站后不肯立即卸清等种种原因,到站的货物不能及时运走,导致滞留在车站的货物日益增多,阻碍了铁路运输的发展。为此,1919 年 2 月,沪宁铁路局局长任传榜"特饬知车务处,分饬各运货商人、各转运公司及各外脚夫头目人等知悉,自即日起,规定各货车到达后,必须于六小时内将

---

① 《揭算运费回扣》,《铁路协会会报》,1919 年第 8 卷第 77 期第 2 册,第129 页。

② 《沪宁沪杭甬铁路运客普通规则》,《沪宁沪杭甬铁路旅行指南》,国光书局,1918 年,第 3 页。

③ 关赓麟:《交通史路政编》第 1 册,交通铁道部交通史编撰委员会编印,1937 年,第2273 页。

货物卸出,否则由铁路局饬工代卸后,向该收货人缴收卸费",如若不然,则"向货主征收延车费,计每天每吨货收洋五分,俾得疏通车辆,以免客货停滞"。① 沪宁铁路局对到站货物的存放时间作此严格规定,解决了货物积压问题,提高了沪宁铁路的营运效率。

大量的特色营销政策和种种优惠政策,使得沪宁铁路的营运收益日益增多,以1917年至1920年沪宁铁路的收支情况为例,见表3-12。

表3-12　1917—1920年沪宁铁路实际收支盈亏比较

元

| | | 1920年(民国九年) | | |
| | | 实数 | 上年比较 | 同上成数 |
|---|---|---|---|---|
| 总收入 | | 6 696 166.32 | 705 567.14 | 0.11 |
| 总支出 | | 4 436 646.61 | 111 190.44 | 0.03 * |
| 两抵 | 盈 | 2 259 519.71 | 816 757.58 | 0.36 |
| | 亏 | 0 | 0 | 0 |
| | | 1919年(民国八年) | | |
| | | 实数 | 上年比较 | 同上成数 |
| 总收入 | | 5 990 599.18 | 1 078 455.43 | 0.18 |
| 总支出 | | 4 547 837.05 | 452 261.57 | 0.09 |
| 两抵 | 盈 | 1 442 762.13 | 626 193.86 | 0.44 |
| | 亏 | 0 | 0 | 0 |
| | | 1918年(民国七年) | | |
| | | 实数 | 上年比较 | 同上成数 |
| 总收入 | | 4 912 143.75 | 662 624.66 | 0.13 |
| 总支出 | | 4 095 575.48 | 588 571.09 | 0.14 |

① 《规定卸货时间》,《铁路协会会报》,第8卷第77期第2册,第128页。

续表

| | | 1918 年（民国七年） | | |
|---|---|---|---|---|
| | | 实数 | 上年比较 | 同上成数 |
| 两抵 | 盈 | 816 568.27 | 74 053.57 | 0.09 |
| | 亏 | 0 | 0 | 0 |
| | | 1917 年（民国六年） | | |
| | | 实数 | 上年比较 | 同上成数 |
| 总收入 | | 4 249 519.09 | 227 687.18 | 0.05 |
| 总支出 | | 3 507 004.39 | 47 720.07 | 0.01 |
| 两抵 | 盈 | 742 514.70 | 246 926.87 | 0.33 |
| | 亏 | 0 | 0 | 0 |

注：＊指比较数减少者。

资料来源：《国有各路实际收支盈亏最近三年比较》，《1920 年交通部统计图表》，北洋政府交通部档案，中国第二历史档案馆藏，全宗号 1056，案卷号 20。

从表 3-14 中可以看出，1917 年沪宁铁路总收入为 4 249 519.09 元，支出为 3 507 004.39 元，盈余 742 514.70 元；1918 年总收入为 4 912 143.75 元，支出为 4 095 575.48 元，盈余 816 568.27 元；1919 年总收入为 5 990 599.18 元，支出为 4 547 837.05 元，盈余 1 442 762.13 元；1920 年总收入为 6 696 166.32 元，支出为 4 436 646.61 元，盈余 2 259 519.71 元。1917 至 1920 年，沪宁铁路的实际收入是逐年增加的。

**（六）加强财务管理，降低成本**

按照现代运输学的理论：运输距离愈短，运输成本就愈高。沪宁铁路营运里程较短，为了降低运输成本，增加收益，沪宁铁路局主要从两个方面加强财务节俭管理。

其一，限制免票车证。沪宁铁路运营初期，每年发出头等、二等、三等免票乘车证,约计百余张,证件的持有者主要是沪宁铁路办公人员和军人。据调查发现,每日持免票车证及利益票者居多数,往往又有转借车票等行为,因沪宁特别快车每日仅开行一次,导致车内异常拥挤,旅客皆称不便,严重损害了沪宁铁路的营业收益和信誉。为此,1919 年 3 月,沪宁铁路局任传榜局长制定了限制快车免票的办法,规定"自即日起,所有免票一项,除加盖准坐特别快车专戳外,凡持有普通各等免票及员司四分之一利益票等,均不准坐特别快车,并不准照补特别车费,通融办理,以示限制,业已通告各站各稽查,一体遵照"。① 随着客运的日益繁盛,路局又于年底规定"旧票期满之际,更换新票之时,减少发放免票车证"。翌年 3 月,取缔了部分免票车证,并"从严取缔,仍照旧数,减少若干,即本局各科原有规定之乘车证,亦经一律收回,故各员往返杭宁两地者,皆须购票乘车云"②,这对规范和提高沪宁铁路客运起了良好的促进作用。

　　其二,节省开支。通过查看沪宁铁路营业收支情况,沪宁铁路局局长任传榜发现沪宁路的营业收入与支出均逐年增加。为了正本清源、节省开支,1922 年 3 月,任传榜"特通饬两路各机关领袖,凡各支出款项,务求节省",同时下令"全路所需材料以及消耗诸品,尤宜注意节省,积铢累计,稍可弥缝亏累,以期适合预算之度"。③ 即使是拍电报,也要简洁。行车途中如遇到紧急事件,可拍电报,但对语言文字,路局有严格要求,即所发"词句以简明为贵,笔画能愈清爽愈妙,此系章程之最要者,凡发无关紧要之报者,

---

① 《沪宁限制快车免票》,《铁路协会会报》,1919 年第 8 卷第 78 期第 3 册,第 194 页。

② 《减少免票车证》,《铁路协会会报》,1922 年第 11 卷第 114 期第 2 册,第 126 页。

③ 《节省冀符预算之适合》,《铁路协会会报》,1922 年第 11 卷第 114 期第 2 册,第 126 页。

须向其收费"等。① 尤其是车票一项,当时全国铁路没有统一的车票,各路都有自己的车票,车票等级、颜色亦各不相同。沪宁铁路及沪杭甬铁路每年所用各种车票"约计数百万张,所需工料,年计颇巨"。1922 年 4 月,任传榜局长与账务材料工程等处商定,将"两路所需车票,自行设机印刷,以资节省"。② 沪宁铁路局将两路车票统一印制,对全国铁路统一车票起了积极的示范和推动作用,既减少了浪费,节省了开支,又降低了经营成本。

其三,严格审核旅费报销。针对以往出差人员旅费报销手续过于简单的问题,沪宁铁路局规定,本路人员旅费的报销须严格审核,符合规定者方给予报销,以车票为例。

沪宁火车价目以各路车价表为标准。1915 年 4 月,沪宁路局将所有出差人员报销的车票送到核算科审查,发现火车车票有问题,一张 1913 年 11 月 9 日由南京至苏州的头等票 6 元;一张 11 月 15 日由苏州至南京的头等票 5.6 元,两票金额有差异。若以 1914 年 5 月沪宁车价表为标准,则南京至苏州头等票价应为 5.4 元。经过核算科比较发现,此票价"与该员所列宁苏往返车价不符"。经过详细调查,"查去年 5 月宁苏车价头等票,确系 5.4 元,至 6 月 1 号起增价至 5.6 元,其特别快车及夜车价均系 6 元。前次往返宁苏,多系特别快车及夜车,所报车价实无舛误"③,审核合格后方予以报销。足见,沪宁铁路局对旅费报销的严格程度。

## (七) 营造安全、优美的运营环境

铁路路基及其枕木是火车正常行驶的重要保障,也是保证铁路运营的基础。沪宁铁路局非常重视路基及其枕木的安全。为了

---

① 《沪宁铁路行车规条》,京沪区铁路管理局档案,中国第二历史档案馆藏,全宗号 457,案卷号 2503。

② 《车票由局自印》,《铁路协会会报》,1922 年第 11 卷第 115 期第 3 册,第 125 页。

③ 《1915 年宁至苏火车价目表》,北洋政府交通部档案,中国第二历史档案馆藏,全宗号 1066,案卷号 203。

防止道路上的各种危险因素影响火车的正常行驶及运输效率,使道路更为安全,沪宁铁路局多次派人巡查沿线路基的情况。1922年,沪宁沪杭甬铁路局任传榜局长针对枕木曾言:"因铁路枕木,甚为重要,特派数员,会同各展员,专司调查枕木,有无损坏,如有朽坏之处,立即饬工更换,藉资整顿而免危险。"①

为了创造较优美的运输环境,沪宁铁路局还在铁路沿途植树来美化环境。1922年4月,沪宁沪杭甬两路管理局于"每届清明举行植树典礼,由该路局长,亲率员司,于梵王渡车站附近,择地树植,以示提倡森林在案,兹复奉交通部令开清明节植树等因,当经该路局,饬下工程处,择地植树地点,一面饬知材料处,暨造林处,预备树秧,以便择期栽植云"。②

沪宁铁路局还积极为乘客营造一个安全的旅途环境。铁路开通后,火车上偷盗事件时常发生。1920年3月,任传榜局长特令警务处派遣路警随车保护商人及乘客的行旅,规定每次列车开行之时,沪宁路局除添加路警在站台检查和巡视外,还派多名便衣巡逻,在各列车分班梭巡,以保护旅客之安宁。③

1922年4月北方发生战争,津浦路线中断,致使南下客货顿受影响。即便如此,沪宁铁路于下半年即恢复运输,其客货收入相较其他各路仍有所增加。沪宁路起运旅客人数为10 246 289人,比京汉铁路多了近700万人,居全国之首,但营业收益却居全国第三。④ 1926年,尽管依然受战争的影响,6月份沪宁铁路的客运收入仍达到468 819元,比上年同期增加了44 278元。⑤

---

① 《关心枕木》,《铁路协会会报》,1922年第11卷第113期第1册,第141页。
② 《筹备植树》,《铁路协会会报》,1922年第11卷第115期第3册,第124页。
③ 《派警随车保护》,《铁路协会会报》,1922年第11卷第114期第2册,第126页。
④ 《沪宁铁路》,《交通部国有铁路1915和1922年统计总报告》,北洋政府交通部档案,中国第二历史档案馆藏,全宗号1056,案卷号16。
⑤ 《沪宁铁路之收入》,《中外经济周刊》,1922年第178号,第41页。

沪宁铁路运营从清末亏损到民国盈利,后又居全国铁路前列,主要原因在于其独具特色的经营理念。

清末民初,在沪宁铁路局的积极努力下,沪宁铁路从当时的社会实际出发,在运营过程中不断探索和创新,在市场竞争中摸索出经营发展之路,找到了自己的准确定位并脱颖而出,达到了当时中国铁路经营的较高层次和境界,至20世纪20年代逐渐形成了其独特的经营理念。

沪宁铁路运营前期侧重招揽生意,制定了改善运输环境、提供优质服务、加强广告宣传等优惠策略;盈利后则重视品牌的经营,推出了诸如特色营销、联合竞争、加强财务和交通安全管理等政策。沪宁铁路的经营彰显了它面向公众、服务导向、人本主义、接受现代信息等创新理念,不仅促进了运营,提高了效率,节约了成本,重要的是塑造了品牌,增强了沪宁铁路在复杂而动荡的环境中的竞争力。尤其是沪宁铁路在运营过程中提高了自身的信誉,以良好的信誉和优质、便利、高效的服务赢得了客商的信任和称赞,使其在激烈的竞争中处于优势地位。这些均体现了沪宁铁路极具开创性的经营管理精神,受到铁路界内外有识之士和广大客商的赞誉——"行车时刻极准、坐车之精美、招待之周到、旅客称便"等。

沪宁铁路的经营满足了消费者(客商)的需求和愿望,也符合消费者(客商)自身利益和江苏社会的长远利益,一定程度上诠释了企业(铁路部门)效益和社会效益、眼前利益和长远利益、企业利益(铁路部门)和消费者(客商)利益之间的关系。其先进、独特、丰富的经营管理理念最大限度地提升了沪宁铁路的影响力,不仅使其立足于市场,也保证了沪宁铁路经营发展的动力和方向。也正因如此,沪宁铁路被誉为国有铁路的典范。它不仅为中国铁路,也为中国企业家创办和经营现代企业打开了新思路。

# 第四章 沪宁铁路的管理

## 第一节 沪宁铁路的组织

近代,西方国家控制中国铁路的方式有三种:一是直接经营,在铁路沿线数十里内开矿、伐林、征收税捐,甚至驻军,把该地区变成其殖民地;二是参与管理,在铁路的最高领导机构(即管理局)中设置委员,由华、洋人员组成,洋员占多数,实权掌握在外国人手中;三是占据技术职位,在借款合同中规定工务、会计、事务的总工程师、会计师必须任用债权国人员或者聘债权国人员为顾问。第二和第三种方式都是通过间接投资——借款的手段来达到其控制铁路的目的的,沪宁铁路属于第二种。

从中国第一条铁路——上海吴淞铁路到唐胥铁路,国家并无专管之司。总理衙门设立后,1886 年,李鸿章奏请将铁路归总理衙门管理。1896 年 8 月,直隶总督王文韶、湖广总督张之洞联合上奏,为统筹南北铁路请求设立总公司专管,总理衙门遂改为外务部,铁路管辖权亦因而转移到外务部。随后,清政府又在外务部内设立路矿总局来管理中国路矿问题。1903 年,添设商部。1906年,增设邮传部,管理全国铁路及邮电事务。1912 年,北洋政府设立交通部,管理全国铁路。

### 一、沪宁铁路组织概况

中国铁路管理组织,一般分为管理局及管理委员会两种。沪宁铁路局成立之初设立管理委员会,1909 年改为管理局,机构设在上海,直接接受交通部的监督。

沪宁铁路局最高行政长官为总办(1 人,1914 年改称局长),总办之下,有洋总管(1 人,英国人)。其内部多采用分处制,有总务、工务、车务、机务、会计和材料等 6 个处。各处又分设各课,分课之多寡,依据各处内部事务的性质及繁简而定。沪宁铁路管理局下属主要机关及其各处管理铁路之职责,具体如下:

总务处为全路局事务总汇之枢纽,凡规章之编制及纪录、通信等均属其管理。其下设文书课、通译课、产业课、卫生课、庶务课、人事课和医务课。1929 年,该处又增设考工课、运输课、编查课、地务课、警务课和核算课。

会计处为全路局收支款项总汇,各项账目及收支参考之供给,均属于会计处。会计处因与银钱出入有关,因此该处局长不得私自向所存银行提款,必先局长签字,再由会计处副署签字,方能发生效力。该处下设文牍课、检查课、综核课和出纳课。

机务处管理全路机车事宜以及修理等工作。该处下设文牍课、计核课、绘图课、机务分段和机厂。

车务处指挥全路行车及租车等费。下设文牍课、商务课、调度课、车务段和车务分段。

养路工程处管理全路各项工程事务,整理路线亦归其办理。后来,路局又增设了文生处,专管旅客及全路员司之卫生事宜。1934 年,该处改为工务处,下设文牍课、工程课、工务段和工务分段。

材料处负责采办全路各项应用材料,下设文牍课、计核课和材料厂等。

1910 年,沪宁铁路局对各科室有所调整,文案、翻译、核算、统计、地契、警务、漕务共 8 科归总办管辖;总账房、车务处、养路处、厂务和材料处等归洋总管管理。

沪宁铁路管理局组织系统直接管辖的科室与部门还有:铁道

部特派驻沪宁铁路总稽核室,铁道部路警管理局局长、副局长及驻
路警察署。沪宁铁路警察行政事宜,则由铁道部设置路警管理局
直接管理,路警局于各处设警察署,所有路上警务,同时受该路主
管长官之指挥监督。① 另外,路警及计核处均直接受局长管辖,秘
书室归局长副局长管辖。沪宁铁路管理局局长及局内各事均受洋
总管支配,局长不能直接过问。

　　沪宁铁路局里各处的管理权基本上掌握在洋总管的手上,
总办是其傀儡。沪宁铁路管理局的组织机构概况至 20 世纪 30
年代有所变化(详见表 4-1、表 4-2),洋总管权限仍比较大,但是
核算处由原来的洋总管独霸,改为局长参与。材料、工务、机务、
车务等处也逐渐由局长管理,沪宁路局逐渐削弱了洋总管权限。
沪宁铁路局历年总办局长及洋总管总工程师的详细情况见表
4-3、表 4-4。

**表 4-1　沪宁铁路管理局组织机构表**

| 局长、副局长 | | | | | | | | | | | | | |
| --- | --- | --- | --- | --- | --- | --- | --- | --- | --- | --- | --- | --- | --- |
| 洋总管兼总工程师 | 核算处 | | | | | | | | | 洋文秘书 | 中文秘书 | 警务处 | |
| 账务处(英员) | 材料处(英员) | 养路处(英员) | 机务处(英员) | 车务处(英员) | 庶务课 | 编查课 | 通译课 | 考工课 | 运输课 | 地务课 | 租务课 | | |

---

① 杨隽时:《交通管理 ABC》,世界书局出版社,1930 年,第 79 - 82 页。

表 4-2    沪宁铁路管理局组织机构表

| 局长 | 同表 4-1 | | |
|---|---|---|---|
| | 副局长 | 账务处 | 华员英员 2 名 |
| | | 材料处 | |
| | | 工务处 | 英总工程师 |
| | | 机务处 | 华员 |
| | | 车务处 | 华员 |

资料来源:铁道部业务司:《中国铁道便览》,1934 年 3 月,第 38 页。

表 4-3    沪宁铁路历年总办局长一览表

| 年份 | 职衔 | 姓名 | 备 考 |
|---|---|---|---|
| 1903 | 总办 2 人 | 朱宝奎 | |
| | | 潘学祖 | |
| 1904 | 总办 2 人 | 朱宝奎 | |
| | | 潘学祖 | |
| | | 沈敦和 | 6 月潘学祖他调,由沈敦和接办 |
| 1905 | 总办 2 人 | 朱宝奎 | 2 月朱宝奎请假由吴应科代理,旋以北洋大臣电留朱宝奎办理,北洋一切交涉由陈善言接办,嗣善言病故由王勋接办 |
| | | 沈敦和 | 是年总办沈敦和辞差,由施肇会接办 |
| | | 吴应科 | |
| | | 陈善言 | |
| | | 王 勋 | |

续表

| 年份 | 职衔 | 姓名 | 备　考 |
|---|---|---|---|
| 1906 | 总办2人 | 王　勋 | |
| | | 沈敦和 | |
| | | 施肇会 | 施肇会即施肇基 |
| 1907 | 总办2人 | 王　勋 | |
| | | 施肇会 | |
| 1908 | 总办 | 王　勋 | 是年王勋、施肇会销差,由钟文耀接办 |
| | | 施肇会 | |
| | | 钟文耀 | |
| 1909 | 总办 | 钟文耀 | |
| 1910 | 总办 | 钟文耀 | |
| 1911 | 总办 | 钟文耀 | |
| 1912 | 总办 | 钟文耀 | |
| 1913 | 总办 | 钟文耀 | |
| 1914 | 局长 | 钟文耀 | |
| 1915 | 局长 | 钟文耀 | |
| 1916 | 局长 | 钟文耀 | 4月文耀他调,由孙多钰代理;8月文耀仍回原职 |
| | | 孙多钰 | |
| 1917 | 局长 | 钟文耀 | 2月文耀请假,由江绍沅代理;嗣文耀调部仍由绍沅代理 |
| | | 江绍沅 | 5月绍沅病故,由周万鹏暂代;6月由任传榜接充 |
| | | 周万鹏 | |
| | | 任传榜 | |

续表

| 年份 | 职衔 | 姓名 | 备　考 |
|------|------|------|--------|
| 1918 | 局长 | 任传榜 | |
| 1919 | 局长 | 任传榜 | |
| 1920 | 局长 | 任传榜 | 10月传榜调部,由赵庆华接充 |
| | | 赵庆华 | |
| 1921 | 局长 | 赵庆华 | 5月庆华调部,由传榜接充 |
| | | 任传榜 | |
| 1922 | 局长 | 任传榜 | |
| 1923 | 局长 | 任传榜 | |
| 1924 | 局长 | 任传榜 | |
| | | 吴梦兰 | 10月传榜他调,由吴梦兰接充 |
| | | 沈成式 | 12月梦兰他调,由沈成式接充 |
| 1925 年 1 月至 6 月 | 局长 | 沈成式 | |

表 4-4　沪宁铁路历年总管总工程师一览表

| 年份 | 职衔 | 姓名 | 备　考 |
|------|------|------|--------|
| 1903 | 总工程师 | 格林森 | |
| 1904 | 总工程师 | 格林森 | |
| 1905 | 总工程师 | 格林森 | |
| 1906 | 总工程师 | 格林森 | |
| | 汽车总管 | 邓斯登 | |
| | 材料经理 | 马　尔 | |

续表

| 年份 | 职衔 | 姓名 | 备　考 |
|---|---|---|---|
| 1907 | 总工程师 | 格林森 | |
| | 车务总管 | 朴爱德 | |
| | 汽车总管 | 邓斯登 | |
| | 材料经理 | 马　尔 | |
| 1908 | 总工程师 | 格林森 | 6月格林森销差,派朴爱德接充总工程师兼车务总管 |
| | 车务总管 | 朴爱德 | |
| | 汽车总管 | 邓斯登 | |
| | 材料经理 | 马　尔 | |
| | 总账房 | 米杜敦 | |
| 1909 | 总工程师兼车务总管 | 朴爱德 | |
| | 汽车总管 | 邓斯登 | |
| | 材料总管 | 晏杜烈斯 | |
| | 总账房 | 米杜敦 | |
| 1910 | 总工程师兼车务总管 | 朴爱德 | |
| | 汽车总管 | 邓斯登 | |
| | 材料总管 | 晏杜烈斯 | |
| | 总账房 | 米杜敦 | |
| 1911 | 总工程师兼车务总管 | 朴爱德 | |
| | 汽车总管 | 邓斯登 | |
| | 材料总管 | 晏杜烈斯顾巴 | 10月材料总管派顾巴接充 |
| | 总账房 | 米杜敦 | |

续表

| 年份 | 职衔 | 姓名 | 备　考 |
|---|---|---|---|
| 1912 | 总工程师兼车务总管 | 朴爱德 | |
| | 车务总管 | 邓斯登 | |
| | 材料总管 | 顾巴 | |
| | 总账房 | 米杜敦 | |
| 1913 | 总工程师兼车务总管 | 朴爱德 | |
| | 汽车总管 | 邓斯登 | |
| | 材料总管 | 顾　巴 | |
| | 总账房 | 米杜敦 | |
| 1914 | 总工程师兼车务总管 | 朴爱德 | 4月总工程师兼车务总管朴爱德奉部令他调,派克礼阿充总工程师兼车务总管,克礼阿保升烈德车务为总管;11月材料总管顾巴辞职,派古慕侠接充 |
| | 汽车总管 | 邓斯登 | |
| | 材料总管 | 顾　巴 | |
| | 总账房 | 米杜敦 | |
| 1915 | 总工程师兼洋总管 | 克礼阿 | |
| | 车务总管 | 烈　德 | |
| | 机车总管 | 邓斯登 | 3月机车总管邓斯登病故,派芬慈接充 |
| | 材料总管 | 古慕侠 | |
| | 总账房 | 米杜敦 | |

续表

| 年份 | 职衔 | 姓名 | 备　考 |
|---|---|---|---|
| 1916 | 总工程师兼洋总管 | 克礼阿 | |
| | 车务总管 | 烈　德 | |
| | 机车总管 | 芬　慈 | |
| | 材料总管 | 古慕侠 | |
| | 总账房 | 米杜敦 | |
| 1917 | 总工程师兼洋总管 | 克礼阿 | |
| | 车务总管 | 烈德 | 8月车务总管烈德辞职,派韦燕接充 |
| | 机车总管 | 芬　慈 | |
| | 材料总管 | 古慕侠 | |
| | 总账房 | 米杜敦 | |
| 1918 | 总工程师兼洋总管 | 克礼阿 | |
| | 车务总管 | 韦　燕 | |
| | 机车总管 | 芬　慈 | |
| | 材料总管 | 古慕侠 | |
| | 总账房 | 米杜敦 | |
| 1919 | 总工程师兼洋总管 | 克礼阿 | |
| | 车务总管 | 韦　燕 | |
| | 机车总管 | 芬　慈 | |
| | 材料总管 | 古慕侠 | |
| | 总账房 | 米杜敦 | |

续表

| 年份 | 职衔 | 姓名 | 备　考 |
|------|------|------|--------|
| 1920 | 总工程师兼洋总管 | 克礼阿 | |
| | 车务总管 | 韦　燕 | |
| | 机车总管 | 芬　慈 | |
| | 材料总管 | 古慕侠 | 12月材料总管请假,派达鞭顿代理 |
| | 总账房 | 米杜敦 | |
| 1921 | 总工程师兼洋总管 | 克礼阿 | |
| | 车务总管 | 韦　燕 | |
| | 机车总管 | 芬　慈 | |
| | 材料总管 | 达鞭顿 | 8月材料总管古慕侠停职,仍由达鞭顿继续代理 |
| | 总账房 | 米杜敦 | |
| 1922 | 总工程师兼洋总管 | 克礼阿 | |
| | 车务总管 | 韦　燕 | |
| | 机务总管 | 芬　慈 | |
| | 材料总管 | 达鞭顿 | |
| | 账务总管 | 米杜敦 | |
| 1923 | 总工程师兼洋总管 | 克礼阿 | |
| | 车务总管 | 韦　燕 | |
| | 机务总管 | 芬　慈 | |
| | 材料总管 | 达鞭顿 | |
| | 账务总管 | 米杜敦 | |

续表

| 年份 | 职衔 | 姓名 | 备　考 |
|------|------|------|--------|
| 1924 | 总工程师兼洋总管 | 克礼阿 | |
| | 车务总管 | 韦　燕 | |
| | 机务总管 | 芬　慈 | |
| | 材料总管 | 达鞭顿 | |
| | 账务总管 | 兰克斯德 | 5月由代理账务总管派充 |
| 1925 年 1 月至 6 月 | 总工程师兼洋总管 | 克礼阿 | |
| | 车务总管 | 韦　燕 | |
| | 机务总管 | 芬　慈 | |
| | 材务总管 | 达鞭顿 | |
| | 账务总管 | 兰克斯德 | |

资料来源:关赓麟:《交通史路政编》第 11 册,交通铁道部交通史编撰委员会编印,1937 年,第 3105 - 3113 页。

## 二、沪宁铁路管理权的变迁

在铁路经营管理上,沪宁铁路名义上由中国铁路总公司督办管辖[①],实际上全路管理权几乎掌握在洋总管的手里。根据《沪宁铁路借款合同》第 25 款第 2 条及第 6 款规定:"此铁路预备开筑之时,督办大臣即设立管理道路行车事务处,名之曰沪宁铁路总管理处,总管理处设于上海,该处设有委员 5 人,中国 2 人,英国 3 人,一由督办大臣选派,一由铁路经过省份督抚会同督办大臣选派,除

---

[①] 盛宣怀为铁路总公司督办,1906 年 3 月铁路总公司裁撤,盛宣怀去职,清政府遂任命外务部侍郎唐绍仪为沪宁铁路的督办大臣。

总工程师①外,2 名英员由中英银公司选派。"②另外,由中英双方各推举 2 人为总办,其职权与中英总办相同。合同还规定沪宁铁路重要职务必须雇用外国人担任,如车务处、机务处、会计处、材料处等总管和稽查均由英国人担任。尤其是英籍工程师,权限最大,勘测选线、筑路铺轨、购置设备、行车管理等均在其权限内。

沪宁铁路借款合同还规定,沪宁铁路总管理处开会时,须使用英文,所有铁路运价由车务总管拟订后交总管理处核定执行;铁路建成之后,若借款未还清,仍由英方代为管理,分取余利二成。合同虽然规定全路所需材料先由汉阳铁厂出产,若不足再向外购,实际上则多向英国购买,由怡和洋行经手完成。有人认为,这些规定"以致中国委员未能发挥其辩才,即使英语运用自如,票数亦难相敌,以员数论,我国已少一人,且会议书记,亦限于英员,故开会数十次以来,无不占优胜地位。加以华员夙抱唯诺宗旨,事事不与争执,英员遂以会议为何有何无,事无巨细,独断独行,凡关于华人利害之事,尤置若罔闻"。③

沪宁铁路局的重要管理权掌握在英人手中。铁路建设所用款虽然由华人签字,而司账则为洋员,华员核算不过翻译账目而已,行车管理也是洋员,分段支发权在工程师,其他所有各重要部分之处长等职,亦为英人所占有。④ 在沪宁铁路总管理局中,英国人居多,又实行少数服从多数的议事规则。可见,洋总管实有操纵沪宁铁路行政之大权,得以支配及管辖沪宁铁路全路局之事务。

中国在沪宁铁路上失权过多,引起朝野各界人士的强烈不满。自《沪宁铁路借款合同》签订之日起,江苏官民不断展开抵制借款筑路的斗争。沿线居民、地方绅商及官员,甚至在京江苏籍官员等

① 沪宁铁路总工程师人选,名义上需经中国督办批准,但实际上由英方决定。
② 王铁崖:《中外旧约章汇编》第 2 册,读书·生活·新知三联书店,1959 年,第169 页。
③ 曾鲲化:《中国铁路现势通论》,化华铁路学社,1908 年,第 220 页。
④ 杨隽时:《交通管理 ABC》,上海世界书局出版社,1930 年,第 84 页。

均卷入了这场斗争。当粤汉铁路成功收回路权后,江苏民众以《沪宁铁路借款合同》中国吃亏太多为由,纷纷要求废除《沪宁铁路借款合同》,收回路权。为了保全江苏经济命脉,江苏民众请求总理衙门让洋工程师暂行停工。与此同时,上海《申报》专门登载了《盛宣怀揽卖沪宁铁路的内情》,揭露盛宣怀贿赂朝中要员,并"以巨款之炭敬赠之(指外务部顾康民、傅嘉年等)""考工司诸人,均有分润(多者一二百,少者六七十)",且"事甚秘密,同署者未尽知之"等。① 此外,武进阳湖盛宣怀的同乡还通过书信形式向盛宣怀本人及在京同乡徐中堂、直隶总督袁世凯等人直陈沪宁铁路借款之事。在民众的一致呼声中,江苏籍京官们开始干预沪宁铁路。据 1905 年 9 月 12 日《申报》记载,江苏籍京官一齐上奏朝廷,言"沪宁铁路靡款太巨,赎路难期",请求另谋补救办法,"以保全江苏地方"。他们还一再强调,"能使总公司少侵蚀一镑,江苏人即少还一镑;早赎路一日,即早日保全江苏地方",甚至还提出具体的解决办法,"欲保地方,必先赎路;欲谋赎路,必减少借本,欲减少借本,必核实估工单"。② 在江苏官民的斗争下,几经交涉,盛宣怀终于发布声明,明确提出 4 点补救措施,即减少借款 100 万镑,赎路之 2.05% 可以不加,购地之 25 万镑不续出小票,限三年完工以免虚靡利息。③ 江苏官民抵制沪宁铁路对英借款的斗争取得了初步胜利。

后来,江苏士绅又借全国铁路民营的呼声,提出将沪宁铁路收回自办。然而,盛宣怀则以中英银公司目前并无违背铁路借款合同为由,拒绝了这一要求。但是,经过中英双方多次交涉,英方稍作让步。沪宁铁路管理委员会于 1908 年 2 月制定了总管理处办

---

① 《江苏京官议争沪宁铁路详情》,《申报》,1905 年 9 月 11 日。

② 《江苏京官呈请商部代奏沪宁铁路事》,《申报》,1905 年 9 月 12 日。

③ 高志斌、王国平:《晚清政府借外债修筑沪宁铁路述论》,《江海学刊》,2000 年第 3 期。

事章程,规定设总办 1 人,由中国委派,经中英银公司认可。总办代表总管理处施行权力,总理全路路政和统辖员司。在总办之下设总管,总管兼总工程师,由中英银公司委派,除总账房由总办直接领导外,车务、机务、工务、材料、医务等部门则由总管直接领导。

经过中英双方的交涉,沪宁铁路警务权也渐渐收回。据《字林西报》北京访函云,1908 年 8 月,两江总督端方言"近日电告度支与外务两部,已将沪宁铁路警察管理权收回,俾与江苏警务办法,可以一律并谓"。据沪宁铁路总办钟文耀禀称,该路"警务既由华官自办,所有费用中英公司不复拨付,盖中英公司与中政府所订合同,'载明该路警务应由公司自行筹办,华官不得干涉',今端督既欲收回自办,则此费自应中政府担任"。①

在全国收回路权运动的推动下,1909 年 3 月,清政府与中英银公司改订总管理处章程,撤销了总管理处,成立沪宁铁路局。从此,沪宁铁路划归沪宁铁路局管理,隶属邮传部。

1912 年 2 月,北洋政府设立交通部,内设路政、航政、邮政、电政四司。原清政府邮传部的路政司及铁路总局事务,划归交通部路政司。12 月,交通部将京奉、京汉、京张、张绥、沪宁、广九、株萍、吉长、津浦等八路局改为管理局,沪宁铁路局改称沪宁铁路管理局,总办改称局长,隶属于交通部路政司。

1927 年 4 月 18 日,国民政府在南京成立,开始接收长江南北各铁路。翌年 11 月 1 日,行政院设铁道部,负责全国国营铁路的规划、建设和管理,以及省营、民营铁路的监督等。1928 年 11 月,铁道部裁撤沪宁铁路局局长,派遣管理司司长蔡增基兼领沪宁铁路事。经铁道部与中英银公司交涉,嗣后,司长直接指挥沪宁铁路各处,毋庸洋总管转承。9 月,铁道部派遣蔡增基赴英国与中英银公司交涉,并修改总管理处章程。10 月 21 日,铁道部将沪宁铁路改称京沪铁路,将沪宁、沪杭甬铁路局合并,改称京沪沪杭甬铁路

---

① 《沪宁铁路警权问题》,《申报》,1908 年 8 月 15 日。

管理局。

国人收回沪宁路权的斗争一直没有停止。1929年北伐胜利后,国民政府乘收回汉口和九江英国租界的有利时机,解除了沪宁铁路洋员职务,规定:车务处长的合同期满不予续订;材料处处长若违背沪宁铁路局命令贻误职守,则给予停职的处分;洋总医官若虚靡公款,无裨无益于该路的实际运营管理,让其辞职;洋总工程师兼洋总管若废弛职务,虚靡公款,亦令其自行辞职;等等。

1930年1月22日,国民政府与中英银公司进行交涉,修订了《沪宁铁路借款合同》,中英银公司驻华代表致函铁道部,声明各节,如下:

(1)由铁道部派经由中英银公司同意的代表为董事会主席,执行该会职务。(2)代表秉承铁道部命令,按照借款合同,全权管理京沪铁路,并委派员工。工务处处长及会计处处长须经中英银公司推举,由铁道部委任。两处处长将全路情形报告中英银公司代表,铁道部代表有关于工程及财务等事项,得与处长商酌办理,其余各处处长均由华人担任。(3)年结后,举行董事会会议,凡会员二人以上,得请求召集特别会议,同日来函声明,放弃合同规定公司代购材料百分之五酬金,经双方议定在借款合同期内,每年付公司三千五百镑为酬。于是,购料不受束缚,洋总管取消,各部首领洋员仅余二人等。①

经过长期的交涉和斗争,英国人在沪宁铁路上的权力渐渐减弱。这是江苏人,也是中国人的胜利,一定程度上维护并促进了江苏经济的发展。

### 三、沪宁铁路的组织管理

沪宁铁路通车初期,管理较为松散,影响了其营运收益。尤其是沪宁铁路在修筑及管理过程中,虽然有"遇有中英人员有意见不

---

① 张心澂:《中国现代交通史》,良友图书印刷公司,1931年,第106－107页。

合,则由督办大臣与银公司之驻华代理人会同和衷商办"的规定,实际上,多数情况下是英国人说了算,且凡事"历经按照合同办理"等。1905 年冬,前督办大臣唐绍仪深知沪宁铁路事事吃亏,且"受病之源,尤在于设立总管理处,凡事皆须华洋员会议,将欲挽回利权"。① 1907 年,沪宁铁路管理委员会制定了《沪宁铁路管理处办事章程》(以下简称《章程》)。首先,对总管理处的日常工作做了初步规定。总管理处各员应于每礼拜内至少开会一次,"公议应办公事议定后,各自散归或再订下次会议之期";每次召开会议,必须有 1 名华员参加,或依照合同规定所派遣之代理人在场,或至少须按照新《章程》第五节指定之人员在场,方能议事;每次会议应将所议各事分别登记在路局所设议事簿之内。每议一事,"或有从违必须向各员逐一问明,如西员从华员违或华员从而西员违者,均不能准,须将意见不同之处,详细禀督办大臣及驻华银公司代理人主政"。② 其次,限制外国人员的权限。沪宁铁路的许多重要权力掌握在洋人手中,中方失权过多,交通部及沪宁铁路局一直在努力限制洋人的权限,主要表现在会议和签署文件等方面。

在会议方面,《章程》规定,洋员总账房不得充当管理处议员之代理人,中英银公司代理人亦不能充任管理处议员之代理人,洋工程师受管理处节制。召开会议时,若有涉及总工程师所立合同之事,总工程师照例应该离座,不能参与各员之论断。议事时"惟三员中必须有一个华员在内,方能办事;如两西员从而一华员违或两华员从而一西员违者,仍不能准,应将意见不同之处详禀督办及代理人主政"。总管理处五位委员,即使其代理人均可随时召集其余各员集体议事,但集体议事时,须按照章程规定的人数到场,方算合格。

在签署文件方面,《章程》规定,沪宁铁路局的公文信件、账目

---

① 《沪宁铁路改订办事章程折》,《邮传部奏议类编》路政四,第 183-184 页。
② 曾鲲化:《中国铁路现势通论》(上),华化铁路学社,1908 年,第 218-220 页。

单据、暨支发工程购买物件等一切款项,由管理处各委员核准后,必须至少有中西各一员签字,方可将公文新建发行存案账目单据等照数核付,然后执行;"所有铁路总账房经营之各项簿据洋核算随时交华核算译成汉文,由管理处查核即行详报督办大臣察核"等。①

沪宁铁路局在限制洋工程师及洋员权限的同时,也在一定程度上提高了华员的地位。该《章程》从各项文件的批阅、购料的验收及购买权等方面来扩大督办大臣的权限。

沪宁铁路总管理处初设时,由怡和洋行洋董为会议时之领袖,直至工程造竣为止。《章程》则规定,自工程造竣之日起,应推举华员为会议时之领袖,至合同期满日为止。若召开会议,《章程》规定,管理处有三员到会即可,且议事时三员中必须有一个华员在内,方能议事。每议一事,若有从违者必须向各员逐一问明,如西员从而华员违或华员从而西员违者,均不能准,须将意见不同之处,详细禀告督办大臣及驻华银公司代理人主政。如两西员从而一华员违或两华员从而一西员违者,仍不能准,应将意见不同之处详禀督办及代理人主政;"华人有可充当铁路要缺者总管理处须尽先录用"等。

购料方面,《章程》规定,凡在国外购买的各项铁路应用材料运送到中国后,应由总管理处专门派遣经管材料的华洋员司依照提货单妥为验收,并报明总管理处查核,再行转报督办大臣查察。若并非在中国购买材料,或明场购买,或投标选购,包石、包木、包土方等工程,均用投标之法。折标时须中西各员公断,再订合同,同时仍须随时禀报督办大臣查核。各项定料单须由总工程师送到总管理处核准,如果必须在国外定购者,应交给中英银公司依照合同在明场购买。倘若在国外购买物料,必须经过督办大臣所派驻欧洲验料师彭脱,或其他由督办大臣委派之验料师点验是否与定

---

①　曾鲲化:《中国铁路现势通论》(上),化华铁路学社,1908 年,第 218 页。

料单合适,合适方可购买,中英银公司亦应给予彭脱等人一切方便等。

《章程》还从财务方面提高督办大臣的权限。如,若遇有正式合同第四款所云之款项汇至中国,兑换为银两等事,总管理处即须禀明督办大臣查察;每季所报在英国为沪宁铁路购买的机料、双方合约规定的款项、存放某银行生息和多少积息等若干账目,以及汇交至中国工程所用各账等,一经总管理处收到,亦须即行转呈督办大臣查核;给员司多少薪水及遇有事故开除员司等事,均须随时禀明督办大臣查照;所有铁路总账房经营之各项簿据,洋核算随时交给华核算译成汉文,由管理处查核即行详报督办大臣察核。如督办大臣发现所译汉文账目尚未明晰,可随时将该洋文簿籍逐款查阅;凡是送到总管理处的文件,总管理处应将该项图样估价单等,即行转呈督办大臣查阅定夺。①

虽然沪宁铁路局制定了《总管理处办事章程》,在一些方面提高了华员的地位,但是华员的权限仍然较小。华员为争取应有的权利和地位,与英国人的斗争一直未停止过。1908年,沪宁铁路局与中英银公司多次交涉,最终对原来的办事章程进行了修改。据修改后的总管理处章程规定,从前华员2人、洋员3人参加会议,表决时取决于多数,现在改为中国派1名总办,所有全路工程、行车厂务之事权及责任等均归该总办决议施行,无须时时会议等。

然而,"沪宁一路用款,既较他路为最多,事权亦较他路为最少,自非改定总管理处办法,无以为整顿之基",沪宁铁路局局长亦认为:"非改订总管理处章程,无从着手,屡与英使并中英公司代理人提议,该使等亦知此路靡费太巨,贻国家之意允予商改,旋据开具购地筹款续借路本购料用钱略事三条,声明须此三条议定,再将总管理处章程酌量删改,唐绍怡未及办结,旋改外任臣等接续提议督饬铁路总局局长梁士诒与中英公司代理人濮兰德讨论逐字磋

---

① 曾鲲化:《中国铁路现势通论》(上),化华铁路学社,1908年,第220页。

商,中间因有他路事件牵阻致稍延搁至今,始克就范。"

经过沪宁铁路局的多次努力交涉,最终中英银公司同意对沪宁铁路局办事章程进行修改。内容如下:"现照原开三条详加议定:一、购地嗣后如添加双轨,所需地基由国家款项购置;二、本路凡筑造路工预备行车不敷之款,由国家担任筹备,不再续借;三、购料用钱,凡在上海购料,中英公司应得用钱,从前暂停支付者,算至西历一九零六年十二月为止,共银四万七千两,订明折减付银三万五千两作为了结,自去年正月至未改章以前,均照原数,每百成以七四成折减付给,既改定章之后,凡购中国原料及中国制造品,概不支给用钱,如在中国购买洋料,其价值在二千五百两以上,及在外国购买洋料,始照合同给用五厘,又经订明,如有相宜别家行店,其在外国或中国能为购办者,中国可以托其代办。"至于"改订总管理处章程办法,凡从前华员二人洋员二人会议取决于多数者,现改为中国派一总办,所有全路工程行车厂务之事权责任均归其决议施行,无须时时会议,以上各节经饬梁士诒与濮兰德,彼此缮函作据以免异议,此改定沪宁铁路总管理处办法之大略情形也"。对此修改,沪宁路局局长感慨道:"今幸磋商就绪,主权不失,财政有裨,较之原订合同已多补救。臣等仍随时督饬在事,各员认真经营,愿全利权以,整顿路政。"①

1909 年 3 月,沪宁铁路局又制定了《沪宁路组织办法》(以下简称《办法》)②,规定管理处每年须召开寻常会议一次,年底结算之后,把本年报告及各项账目通报沪宁铁路局人员。遇有紧急事件,可召开特别会议;总管理处可随时请总办报告本路事务。这样,提高了华总办的地位,主要表现为管理权和签字权。

在管理上,该《办法》规定,该总办系代总管理处施行主权,总

----

① 《沪宁铁路改订办事章程折》,《邮传部奏议类编》路政四,第 183 – 184 页。

② 《沪宁路局申报本部该路组织方法》,《交通官报》,1910 年第 5 册第 17 期,第 32 – 37 页。

理路政,统辖员司。总工程师虽然是沪宁铁路总管,应接受该总办为总管理处代表,并受其节制办理本路琐事,包括所有监管各科事务暨选派匠头及匠头以下司事人等。该总管供职办事,必须尊敬总办为总管理处之代表,除工头或站长以下外,凡有关黜陟员司诸事,自匠头或站长以上各员司,该总管皆应秉承总办办理,倘该总管"以某科首领给以近理之权,方可获管理之效者,则该总管应先有总管理处批准方可照办"。

在签字上,规定所有拟购国外物料之清单,无论在华或向外国购买,应由总办签准、总账房随同签字,方可购买。此项清单每月汇造总结,由总办按月饬令书记编送总管理处各议员阅看。倘遇意外,须立即就近购买物料,事后仍应从速禀明总办核准。同时又规定,凡是在华所购物料必须对铁路有益,且须节省费用。如订货单价在 2 500 两之外,须由应公司之经理人招商投据承办;所有支票须由总办签字、总账房附签;向伦敦提拨存款来华一事,仍按照该组织办法办理,即拨款凭单应由总办和洋议员共同签字,若总办因公外出即由华议员代签;"所有拟购外国物料之清单,无论在华或向外国购买,应由总办签准总帐房随同签字","所有支票由总办签字总帐房附签"等。尽管沪宁铁路的重要管理权仍掌握在外国人手中,但是这些章程和组织办法的制定的确提高了华人在路局中的地位和权力,也在一定程度上限制了洋人的权限。

同时,沪宁铁路局内部采用分处制,有总务、工务、车务、机务、会计和材料等处。该组织办法对各部门首领的职责做了具体的规定,如要求各部门首领按月将本科办理事务情形开具报告,制成月报和总结清账,送交总管理处,由各议员阅看。除了此项月报,无论何时,他们皆须遵从总办的命令,且不得滥支公款,一切用款须经总办同意,"其按年或半年预算表一经核准,则其中细目应由总管督率各科妥善办理,苟无总办命令所有费用不得逾预算表"。各科首领没有购料权,只可领取本科室所需用材料,但不许多领。除批准外,无论任何科室均不得订购材料等。

关于各科首领的升补降黜之权，该《办法》规定"惟须随时体察预算表情形，及按照本路章程办理为要"；若遇升补将黜，"均须载入该科月报内"。凡司事薪水每月不过 50 元者，各科首领有行使升补降黜之权。但是，凡属于要冲之车站，如有升补降黜及更调站长之事，须先禀告总办。关于准假权，规定各科首领须按照本路给假章程办事。若所有司事月支薪水 25 元者，可准予该管司事短期告假；倘司事月薪逾 25 元，则应将所准假期载明月报之内，可照免票定章给发册本存根免票与本科司事及司事之家属。各科首领的具体职责简要如下：

（1）总账房。总账房首领须按月上呈报告，应将路账总结清单详细备载，何项为工程、何项为行车，界限必须划清。至于收支各科，亦须各按门类分别记载。此项报告由书记员转交总办暨总管理处总管。对总账房的职守也有明文规定，即总账房有双重责任，一面须对中国政府负责，一面对执有本路小票和余利凭票人负责。因此，总账房必须按年列预算表，所列理财不应超出计划外。如果该总账房所办之事与所拟计划，将来与执有小票和余利凭票人之权力有妨碍，那么持票人可以按照公事禀报总办和总管理处给予解决。凡是本路用款所开的一切支票，该总账房应附尾签字；所有拟购外国原来物料之清单，无论在华或在外国购买，亦应附尾签字，并按月汇成总单交由书记员转呈总管理处查阅等。

（2）书记员兼充副总管。该员职守记录本路总局往来的函件、本路会议、日常日记及存档文件等，凡总账房交来月报及别项账目清单等也须记录，并由该员汇总转呈总办暨总管理处及总管及时查阅；该员也应随时与总管接洽事务，帮助总管，并与本路各科室和衷共济。倘若总管外出，即由该员代理等。

（3）养路领班工程师。该员之职系办理全路一切工程事务，因此责任重大。养路工程处一切事务均应禀报总办；本路按年刊印账目清单交给总管理处，其中关于养路之账应由该领班稽查为证等。

（4）车务总管及材料总管。该员必须及时将本科室的材料及情况汇报给总管理处，且必须按规定严格执行等。

沪宁铁路局内部各处又分设各科，分科之多寡依据各处内部事务之性质及繁简而定。为了使科室人员严格遵守规章，各司其职，1910 年 7 月沪宁铁路局制定了《沪宁铁路各科各股办事规则》，对隶属于洋总管之下的总账房、车务处、养路处、厂务处、材料处等处人员，以及对隶属于总办之下的文案、翻译、核算、报销、统计、地契、警务和漕务等 8 科人员的职责有详细的要求。职责非常明确，具体如下：

① 总账房。总账房职司最为重要，为洋总管之臂助。该员有纠正款项出入之责；应收之款，须照章如期收进，不得稍有短少；一切出款若非总办核准，不得任意开支；并须监察各科室，凡关于款项出入者，不准逾越范围；如员司假期发给薪俸等事，皆应查核办理；若洋总账房有违章越权之处，该员可据实禀告，并由洋总管转呈总办核夺等。

② 车务处。车务总管有管理全路行车事宜之责任，售卖车票、招徕客货运输、联络客商、装运货物、行车事务、巡察各站、与客商间的赔偿损失等皆是其专职。所有各种搭客行李以及运货价目等，先由洋总管禀商总办并定有各等赁率，其详细价目可由该员分别酌定，因时制宜，每月审定一次，但不得逾越总管理处原定各种货运最高至最低之价。行车时刻表亦由其随时酌订。此外或与客商议一切事件，如赔偿损失、给还浮收之款等项，亦归其主持。车务总管还负责管辖车务员司，使其遵守本路的规章制度。若非先行禀商洋总办核准，不得更改逾越。华副总管专管招待联络客商、招徕货运及一切华文函牍、襄理车务行车事务、巡察各站等，若遇见有应行整顿之事，须禀呈总办与洋总管商酌办理。洋副总管专管奉洋总管之命令，发布行车事务命令，辅助管理车务行车事务，监察员司举劾优劣等事情，若遇见有应行整顿之事，亦须禀商洋总管酌夺办理，不得逾越。

③ 养路处。"养路工程司有保养全路工程之责,所有轨道、桥梁、站厂、房屋以及一切附属本路之工程建设,皆应该处管理保养尽善,以合于行车之用,如有新添工程、展拓支路以及保守号、志藩篱车站余地等,皆由其专责"等。

④ 厂务处。厂务处负责修理车辆,保证列车正常行驶,汽车总管有管理本路厂务之责。凡一切机器,无论动辄,皆由该处布置完善、修理妥善及修养车辆,保证列车正常行驶,并管理本科员司暨工匠夫役等人,使他们遵守各项规则等。

⑤ 材料处。材料处专管本路所有购料事宜。凡经核准应购之材料,未经他处购买者,即由该总管分别购办,并须查照用料处原来价格,若没有先行商准用料处及总账房,不得超越原来的价格,不得擅自购买。购买之后,须点收清楚,妥善保存,无论发出或收进,均须登账记录等。

⑥ 文案科。总办之下的文案科人员的办事职责具体为:总文案之职秉承总办规划本路一切事宜,与其他各科室接洽、联络、商议、应行事件、管理机密等事,还要行使汇电报、拟稿等事务。凡关于华文函牍,则由该员审查订定,并呈请总办核行。因此,该科室总文案有督率本科员司办事之职责;副文案之职为帮理整理文牍。关于地方各衙门局所的函牍、本路所拟文稿及双方所有来往之文牍档案等,皆由该科室人员审查厘正等。

⑦ 翻译科。翻译科人员的职责为:总翻译之职亦秉承总办规划一切事宜,与各科华洋员接洽、联络、商议、应行事件等,主要负责洋文函牍、起稿暨由华文翻译成洋文。凡关于洋文函牍由该员审查订定,并呈请总办核行,亦有督饬本科员司办事之职责;副翻译之职为整理洋文函件,由洋文翻译华文之事,或华文翻译成洋文,查造在华洋员司职事、姓名、薪水等皆由本科室人员负责。

⑧ 核查科。核算科人员的职责为承助总办稽核洋账,兼译账册。凡洋账房发出支票,须先开单然后送交该员查核,并须经过总办批准,否则给予降级处分。该科不设副核算委员,所有查账、译

账、司算等事皆由该员督率各司事分任办理。

⑨ 报销科。报销科委员之职责为办理报销账册,凡工程行车进出账目、核算、所译华文等皆送由该科分门别类进行审核,进行归类,汇总成册。报销科的司事负责工程行车账册编造之事。该科室主要负责本路所有报销之事。因该科室人员熟悉厘务,因此路局又规定,凡是关于铁路厘务之事亦由该科室人员兼办。

⑩ 统计科。统计科委员负责调查全路营造之工程、运输之器械、客货之运赁、财政之出纳、职员之俸给、资本之总额、利益之分配等,并须按年填造统计表,其下属司事分任庶务。

⑪ 地契科。地契科委员管理购地之官副契,凡关于购地类之图册、签单、领状、摘单、保结等项,均属该科室负责收集、核对。并按照本路借款合同,将所有地契应交给中英银公司收执作为头次抵押,然后由该员分别把应交之官契等,编造成华洋文总册等。

⑫ 警务科。警务科则负责沿线巡查、稽查旅客、防止偷盗等各类事件的发生等。路局规定,沿途设 2 名巡官:1 名驻扎上海,管辖自吴淞站至常州站迤东之所有警务;1 名驻扎镇江,管辖自常州站迤西至南京站之所有警务。设置 4 名三等巡官,分别巡视苏州、无锡、常州、南京等站,受二等巡官节制。若遇有重要事件,须禀承而办理。各级巡官均有庶务员助理文牍,并有每 10 名巡士。本路与地方警察局订立章程,路巡权限仅在车站棚以内,等等。①

沪宁铁路局通过一系列规章制度加强了内部组织管理,使各处各科各股的工作职责非常具体细致且责任明确,每个科室人员都有章可循,各司其职,忠于职守,工作责任心增强,逐步建立起有序且高效运作的管理机构。高效的管理机构必然促进沪宁铁路的运营,这也是沪宁铁路营运收益良好的重要前提。

---

① 《沪宁路局各科各股办事规则》,《交通官报》,1910 年第 5 册第 17 期,第 28 – 31页。

# 第二节　沪宁铁路的人才任用及管理

现代管理学的基本理论显示,没有任何决策像人才任用那样至关重要,人才任用的正确与否决定了企业的兴衰,也决定了高层决策者的工作效率,最终影响到一个企业的发展。人是事业成败的关键,沪宁铁路局深知人的重要性。为了提高沪宁铁路的运营收益及效率,沪宁铁路局非常重视人才的任用、选拔和管理。

## 一、沪宁铁路的人才任用

沪宁铁路局对铁路专门人才的任用和选拔主要表现在以下几方面:

1. 熟悉外文或懂得交涉

沪宁铁路局在选用人才方面,非常重视员工的外文及交涉能力。沪宁铁路局任用朱宝奎为首任华总办,就是因为朱宝奎的议事交涉能力较强,"颇足折服英人,维持大局"。总办潘学祖被撤职,是因其"不谙英语,且官气太深"。沪宁路局任用沈敦和为总办,亦是因为他干事精明、知晓外文。1907 年,沪宁路局任命施肇基为总办,是因为他"学识兼优,且熟悉英文,屡有与外人交涉的经历"。①

江苏道员钟文耀先被任命为沪宁铁路随办,1908 年又被擢升为沪宁铁路总办,就是因为他有调度全路、统率洋员的能力,又有深通交涉的经验,足以指挥监督全局。② 钟文耀的英文及交涉能力强是沪宁路局重用他的重要因素。

保荐人员也是以英文及熟谙洋务的程度为标准。据相关史料记载,1908 年 3 月,邮传部保荐前香港中国电报局总办张文煜充

---

① 曾鲲化:《中国铁路现势通论》,化华铁路学社,1908 年,第 218 页。
② 《派道员钟文耀充沪宁铁路总办折》,《邮传部奏议类编》路政四,第 185 页。

任沪宁铁路总理,管理沪宁铁路行车及厘金等一切事务,是因为"张君于英文写述均佳,堪胜此任"。① 又据是年3月14日的《字林西报》载,1906年张文煜就在沪宁铁路办理路务事宜,1908年被邮传部保荐为沪宁铁路新总理,也是因其深通英文,熟谙洋务,故被特推升为总理。②

2. 工作勤恳或有工作经验

员工工作态度的好坏是影响企业效益的重要因素,沪宁铁路局非常重视员工的工作态度。据记载,1908年5月,沪宁铁路的分段洋工程师第斯合同将满,沪宁铁路局考虑是否与之续签合同。后来,经过沪宁铁路局的调查,发现该洋员为"廉干之员,宜于兴续订合同";又如沪宁铁路局任用张燃生为沪宁路站长,后来又提升为行车稽查,就是因为他"办事勤能,为各路华员之冠"。③

工作经验也是沪宁铁路局任用员工的重要因素之一。1910年9月13日,沪宁铁路局将沪宁铁路统计科员兼车务处总翻译刘燕贻提升为沪宁铁路车务副总管,是因为他在路局工作时间较久,且"熟悉本路事务,勘以派令接充",同时"勤奋当差,随时秉承总办,并会商洋总管,妥为经理,务期路政日加起色"。④ 经过严格审核后,遂任命他为车务副总管。⑤

3. 铁路专业人才

根据企业管理原则,任用专业人才是促进企业兴盛和发展的一个基本因素。中国铁路创办初期,多借外国人才以应急。沪宁铁路局营运初期,聘请西方人主要看其是否是专业人才。沪宁铁

① 《保荐铁路总理》,《申报》,1908年3月10日。
② 《沪宁新总理之责任》,《申报》,1908年3月14日。
③ 《铁路聘用人员之限制》,《申报》,1908年5月2日。
④ 《本部铁路总局札委刘丞燕贻派接充沪宁车务副总管文》,《交通官报》,1910年第7册第24期,第15页。
⑤ 《批沪宁路局申请札委刘丞燕贻接充车务副总管一差由》,《交通官报》,1910年第7册第24期,第30页。

路局任用格林森为沪宁路总工程师,因其是铁路总机师;任用米杜敦为沪宁铁路总账房,因其是会计方面的专家;任用克礼阿为洋工程师兼洋总管,因其是铁路方面的专家;等等。

随着铁路学堂的开办,中国培养了一批铁路专业人才。沪宁铁路局对铁路学堂毕业生的任用程序及办法如下:

第一步:要求铁路学堂列出学生名单及各学科成绩。据记载,1908年11月,"苏省铁路学堂,自开办至今将届三载。现因校内建筑科生,定于明年毕业,派充路务",因此,沪宁路局要求负责学务的王清穆等人将校内各生姓名、学科成绩及开办年月,拟订表格呈请邮传部存案。①

第二步:核定参加考试者,分别记名,再于路局备案候用。

第三步:统一进行考试,择优录取。鉴于苏省铁路学堂建筑科专业的学生即将毕业,邮传部要求,学堂学生毕业后,即送邮传部考试,择其程度较优者,派赴各省充任铁路建筑事务,以资提倡。②

第四步:依据考试成绩予以任用。周轮、顾善生、汪廷荣、王楠、孙翼舜、陈锡瑜、胡桂芬、毛炳蔚等8名学生,考试平均分数均在60分以上,"照章作为中等给照,各该生于所习学科尚有心得,从宽准其记名候用";而居秉悌、沈文沅、胡大受、许陶熊、叶浩、徐恩湛等6名,平均分数均在50分以上,"照章作不及格论,惟各该生工程算学两门分数尚优,从宽以中等给照,毋庸记名";甘庆一名,平均分数不及50分,"应毋庸给照,毋庸记名",并规定"将记名各生履历学科分数通行各公司,路局备案候用"。③ 其他学堂学生的任用情况基本与此相同。

① 《苏省铁路学堂纪事》,《申报》,1908年11月27日。
② 《铁路学堂批准立案(苏州)》,《申报》,1909年1月19日。
③ 《本部咨江苏巡抚照会苏路公司铁路学堂毕业生业经复试核定等分别记名给照文》,《交通官报》,1910年第6册第19期,第7-8页。

### 二、沪宁铁路的人才管理

为了提高沪宁铁路的营运收益及效率,沪宁路局非常重视人事管理,除制定了各股各科办事规则和组织章程外,还有一些具体的管理措施,主要表现在以下几个方面:

1. 限制人员的无序流动

沪宁铁路建设及营运初期,管理较为松散,人才外流现象较为严重。据记载,1908年5月,"近以各省路工一时并起,以致华洋员役得力者,多有他去",有的甚至被其他公司以高薪挖走,如"华人张燃生者,其办事勤能为各路华员之冠,现为苏路公司,以月薪三百元聘去"。对此现象,沪宁铁路总办钟文耀认为,"照此情形,将来各路得力人员,均有他去之势"。为了限制人才的无序流动,沪宁铁路局上奏邮传部,建议制定限制各路聘用人员的办法,如有路局"需要华洋员役之处,须先禀部核准,否则一概不得调用"等。[1]

2. 给予奖励

有效的奖励是现代企业管理中的一项重要举措,它可以调动员工的工作热情,提高员工的工作效率,从而促进企业的发展。沪宁路局对勤恳工作、业绩突出者给予褒奖,为此,沪宁铁路局制定员司奖励金办法,具体如下:

沪宁铁路局员司奖励金办法以洋人所拟区别表为准[2]

一、凡自西1908年1月1日起,公差者每年应得奖金,应照月薪1/5计算,自彼时起算至西1916年底止,共为9年。

二、凡员司公差时至西1916年12月31日止逾10

---

① 《铁路聘用人员之限制》,《申报》,1908年5月2日。

② 《沪宁路局与政府、中英公司之余利交涉及有关意见书和会议记录》,京沪沪杭甬铁路管理局档案,中国第二历史档案馆藏,全宗号457,案卷号2773。

年者,应得两个月薪水之奖金。

三、如两路并职员司于苏浙路未接收之前,已在沪宁路公差者,其奖金应按该员之月薪全数计算(以西1916年12月31日为止)。

四、如本系沪杭甬员司,嗣后派作两路,并职员司暨新派之两路并职员司,此项员司之奖金,应按该员司等月薪5/9计算。

五、凡员司公差未满一年者,不给奖金。

六、此项奖金只给办事得力之员司。

　　　　　1916年拨给本路各科员司之奖励金①

一、局长处　　　洋八千零十五元

二、洋总管处　　洋四千三百十四元

三、洋账房　　　洋七千六百五十四元

四、材料处　　　洋一千五百三十八元三角四分

五、医务处　　　洋四百九十九元六角

六、巡警　　　　洋七百二十四元二角

七、车务处　　　洋二万三千六百六十七元七角五分

八、机车处　　　洋一万一千五百六十八元七角三分

九、工程处　　　洋一万九千八百六十五元九分

共计洋七万七千八百四十二元二角一分整,上项奖金至多之数不出洋八万元。

1908年6月,沪宁铁路竣工,各洋员劳绩可嘉,沪宁路局奏请邮传部给他们"颁赐勋章,以示鼓励"。② 沪宁铁路总工程司格林森"于铁路工程始终其事不无微劳足录",路局赏给该员"三等第

---

① 《1916年份拨给本路各科员司之奖励金》,京沪沪杭甬铁路管理局档案,中国第二历史档案馆藏,全宗号457,案卷号2773。

② 《邮传部奏奖沪宁铁路洋员》,《申报》,1908年6月21日。

一宝星藉酬劳"等。① 沪宁铁路局不仅奖励洋员,亦奖励华员。沪宁铁路局给为沪宁路务做出重要贡献的道员林贺峒以特别奖励。

林贺峒为原任云贵总督林则徐长孙,于 1904 年 10 月开始负责沪宁铁路全路购地事宜。当时,沪宁铁路为草创阶段,华洋交涉为重要内容。林贺峒以收回利权、节省公款、安抚民心、保全水利为办事宗旨,在购地过程中凡有洋商从中干预,皆据约力争。他"宽定迁拆各费,以洽民心,保全名贤古墓,以彰盛节,设立水利专员,以衡农田手定规条,皆彰彰在人耳目"等。林贺峒在沪宁铁路三年,共"承购轨地约三万亩,办理悉臻妥协,实属异常出力"。沪宁铁路局于 1908 年 7 月"援照军营立功标准,从优议恤彰盖绩"。②

沪宁铁路局不仅给予优秀员工奖章,还给予一定的物质奖励。如给员工加薪、发放奖金或年终分红等。又如,钟文耀局长因"劳绩昭著,议给全年薪俸,以为酬劳"等。③

沪宁铁路洋员均有酬劳奖励金,普通员司则没有。为了给普通员司争取到奖励金,沪宁铁路局局长多次与中英银公司、洋总管进行交涉。沪宁路局局长认为,关于"营业奖励金章程,固已符合中国之各路,其获利在先者,服务员司固皆得有红利之分润,或于年终发给双俸之利益,即如津浦一路,尚在亏折时,每至年终,闻亦有加给月薪之举。沪宁当各路之冲,通车 10 年甫,已获利。各员司负辛耐苦,盼望久殷"。同时,他又从激励员工的角度,希望路局能给予他们奖励金。④ 洋总管克礼阿承认"此项奖励金为鼓励员

① 《请赏沪宁铁路洋员宝星片》,《邮传部奏议类编》路政四,第 221 页。
② 《沪宁铁路出力道员积劳病故恳从优赐恤折》,《邮传部奏议类编》路政六,第 249 页。
③ 《关于本路员司奖励金一事》,京沪区铁路管理局档案,中国第二历史档案馆藏,全宗号 457,案卷号 2773。
④ 《呈送本路议事录并请核准钟前局长酬金及员司奖金由》,京沪区铁路管理局档案,中国第二历史档案馆藏,全宗号 457,案卷号 2773。

司办事精神,该年度本路营业极为发达,全路员司办事成绩颇为优美,倘即实行奖励,俾该员司等知所劝勉,尤与路事有裨",亦同意"此时机发给各员司以相当之红利,以酬其历年之劳绩,此种红利其在他国有铁路之景况较优者,其员司固每年得之",且认为此举是"为维持威信,勉励人心起见,以资激励"。①

沪宁铁路局的这些奖励办法不仅建立了有效的激励机制,激励了人心,而且促进了沪宁铁路运营的发展,提升了营业业绩,也赢得了全国铁路界同仁的赞誉。

3. 严格管理相关人员

列车人员的严格管理是车辆有序行驶的重要保证,也是促进铁路发展的前提。沪宁铁路局对列车人员的严格管理主要表现在对车站站长、售票员、查票员和车守等人员的管理上。如对站长的管理规定是:若车上拥挤,要求各站长车守务必留心,时常察看客车,不得装容太多。对售票员和查票员的管理规定是:若列车不到站,不得售票,中途不得停车搭客。沿途各站查票人员不得任凭搭客持票乘车前往,未经准予卖票停车之站,遇有时刻表有所更改,即有淡红色纸张发出,且注明各停车之站。如何变换,所有卖票之人必留心细阅。对车守的管理规定是:在尾站或换车头之站的车守,不得站长允许,或有替班者或车上同事将其车签收,不得擅自离开岗位;倘须非要前往行车公事房,必须告知站长或有事在何处可以寻觅;车守在准其离开之前,站长务必察阅该车守是否将以前各车之行车路票送到各车务处稽查,更换车守之站之站长务必察阅并各自担任。如行车路票由各车抵其所至之处,须在时 12 点钟内递到。倘不遵此办理,延缓核对号数及统计表,必定予以重惩。沿途各站查票人员不得任凭搭客持票乘车前往;车守不许擅自离岗,否则严惩等。即使是对一般的脚夫也有规定,脚夫不得沿铁路轨道行走等。不仅如此,沪宁铁路局专门还派人对在职员司进行

---

① 《催请奖励沪宁路员司》,《申报》,1918 年 11 月 13 日。

定期考核,以定奖惩或升迁。"以进款之盈绌卜总办诸君之成绩,即请贵总办以招揽生意之多寡,接待客商之善,否定在事员司之考成"等①,但是不准本路员工向客商收取私费,"凡在本路执事人员,如有越礼慢客及不留心照料等事,立即告知车务总管察夺"等。② 还规定,沿途各站负责人撰写业务调查报告,每年 7 月具报一次,格式有严格规定,且"限日寄交本总管,以便复核备查"③,并将其作为考核各站相关人员工作勤惰的一项重要指标,"甄别人员,当经考察两路总务处员司办事勤惰,成绩优劣,分别升调"等。④ 从中不难看出,沪宁铁路局对人员的严格管理,保证了列车行驶的秩序。

4. 改善员工生活

沪宁铁路局还关心本路员工,积极改善他们的生活。沪宁铁路局援引西方惯例,筹备餐馆,添设俱乐部,开展各种娱乐活动,丰富员工的业余生活。1918 年底,沪宁铁路局在上海假座跑马厅一品香西餐馆举行了以联谊为主的冬节宴会,由沪杭路总稽察杨先芬偕同各员役,携带大小团旗等物件,乘坐汽车来该餐馆,将楼上第一、二等号房间拆通加以装潢,布置一新。席间,"新世界邱聘聊三弦拉戏哈哈笑之,百鸟朝凤等演技,以助兴会"。席散后,有人用电光摄影以留纪念,出席者为两路车务总管韦燕、副总管李绰生、华总管刘燕贻、沈叔玉,以及各职员、各稽查、各站长等,共 100 余人。⑤ 翌年 1 月,沪宁铁路局又为各职员添设俱乐部,"以供各人员公余消遣,……自阳历元旦,该路职员因正在休假,故连日热闹

① 《沪宁铁路行车规条》,京沪区铁路管理局档案,中国第二历史档案馆藏,全宗号 457,案卷号 2503。
② 《沪宁沪杭甬铁路旅行指南》,国光书局,1918 年,第 5 页。
③ 《沪宁调查客货车辆》,《铁路协会会报》,1910 年第 8 卷第 76 期第 1 册,第 114 页。
④ 《铁路人员之升调》,《申报》,1918 年 12 月 10 日。
⑤ 《路局职员之冬节宴会》,《申报》,1918 年 12 月 22 日。

非凡"。① 1922 年 1 月,路局又将北四川路蓬路中之佐佐木医院屋产收归,作为员司之俱乐部等。这些措施都丰富了员工的生活。

沪宁路局注重改善员工的办公条件。1922 年 1 月,沪宁沪杭甬路局在上海"北站勘定地点另建新屋,为员司办公之需"。后来,又将"佐佐木医院收回自用,由路局饬工程处略加修饰,将两路之警务课及编查地亩等课,先行迁入,所遗之屋,拨归两路英文朱秘书居住,俾便就近办公"。②

沪宁路局还为职工建筑住所和医院。初期,大多数职工歇工后回家住,单位并未另备住所,只有少数工人有住所,且"俱系透风"。③ 对此,沪宁铁路局于 1922 年,在上海"北站旱桥附近空地,由工程师绘就图样,呈准局长建筑沪段铁路工人住宿所"。④ 为方便职工就近就医,沪宁路局除在上海、苏州、镇江等处设立铁路医院外,1922 年 2 月又在南京增设了一所医院。⑤

为了解决员工的后顾之忧,路局还积极筹办养老金。"俾在职者,专心其事业,退余者得赡其身家,……以养老储金二者,与公私两方,均有裨益。"因此,1919 年 1 月,沪宁路局为该路各职员设立俭德会(相当于储蓄部),以鼓励员工储蓄为宗旨,"每名起码每月三元,多者听之,以三年为一期",入会者,"惟会员已认储蓄者,按月捐洋一元,可免会费"等。⑥ 俭德会是沪宁路局员工养老金的雏形。

① 《添设俱乐部》,《铁路协会会报》,1919 年,第 8 卷第 78 期第 3 册,第 196 页。
② 《各课迁地办公》,《铁路协会会报》,1922 年第 10 卷第 112 期第 12 册,第 129 - 130 页。
③ 《沪宁铁路设备卫生处所以及保安布置章程》,《交通官报》,1910 年第 7 册第 24 期,第 30 - 33 页。
④ 《添筑工人住宿所》,《铁路协会会报》,1922 年第 11 卷第 114 期第 2 册,第 126 页。
⑤ 《南京加添医院》,《铁路协会会报》,1922 年第 11 卷第 113 期第 1 册,第 141 - 142 页。
⑥ 《有关路政事务文件》,交通部档案,中国第二历史档案馆藏,全宗号 1056,案卷号 44。

欧美各国铁路均有养老金的制度,随着中国铁路建设及运营的日趋完善,1922 年 3 月,交通部令各铁路局"参酌中外成规,议拟路员赡老金,及强制储金办法,分别放行。先从华员办起,以期人员专心所事。……查储金养老,为东西各国铁路通行之制,吾国前此筹办此举,如道清局、邮政局等,仅及于员司储金,随可奖励员司储蓄,而不足以成其服务之恒心,为路员本身,及路政前途计,自以养老、储金二者兼储,实为切要之举。各路均宜筹办,以体会员司生计,而增进路政之功效"。[1] 养老储备金在一定程度上解决了职工的后顾之忧,调动了职工工作的热情和积极性。

沪宁铁路局还注重加强对一般员役的管理。沪宁铁路一般员役多来自贫困家庭,由保人担保来到沪宁铁路。鉴于铁路员役迭出事故,1918 年沪宁路局车务总管拟订整顿办法,即首先查出员役的保人。然后查找员役的详细情况,让其重新填表,改用职务表及保单。该员役之保单是担保各员役在沪宁路服务的一种重要文件,表内须记载该员役的籍贯生辰、到路服务日期及历任各职等情况。最后严格审核。沪宁路局将空白保单附发在所填保单后,要求员役寻觅保人重新填明,并限 10 日内寄还本处,以便派员前往对所有从前各员役之生辰进行核对。因从前职务簿内大都遗漏且未注明旧簿内之保人,所以,沪宁路局等员役的保单收缴后,当即将原来的保单取消,视为无效等。[2] 可见,沪宁铁路局对一般员役的管理较为严格。

5. 重视对外国人员的管理

沪宁铁路局加强对洋员的管理首先表现为采取合同制。沪宁铁路局的洋员均采取合同制,一般是三年一签。期满后决定是否续签,一般的员司由沪宁路局先对其考核,然后再做出决定。如沪

---

① 《通令试办铁路人员之养老储金》,《铁路协会会报》,1922 年第 11 卷第 114 期第 2 册,第 122 页。

② 《路事近闻》,《申报》,1918 年 12 月 16 日。

宁铁路分段工程师第斯合同将满,沪宁铁路局经过详细调查,发现其为"廉干之员,宜于兴续订合同,并加薪水若干,庶得羁縻而为我用"。① 若是重要职位,沪宁路局须请示交通部,程序较为复杂。下面以沪宁总账房、两路账务总管米杜敦为例。

米杜敦 1906 年 3 月来到沪宁铁路,1914 年 1 月,米杜敦合同期满,是否继续被借用,沪宁铁路管理局需先呈交通部,交通部批复"沪宁总账房米杜敦系向印度政府借用,是否续用,要向印度政府申请"。1 月 21 日,沪宁路局"以总办名义致函中英公司,请其特向印度政府商借,沪宁总账房米杜敦系向印度政府借用,查照管理印度事务大臣 1911 年 1 月 11 号,第 2355 号原函,借用之期,将于本年(指 1914 年)6 月 30 号届满,拟托贵公司转商印度政府准自本年 7 月 1 号起续借三年";2 月 25 日,中英公司代表梅尔思函告沪宁铁路局,"续借米杜敦一事业已遵从"。沪宁铁路局自 1914 年 7 月 1 日始续借米杜敦。

米杜敦至 1917 年 6 月底止借用期满,是否再用,沪宁铁路局上报交通部,交通部批复,"拟请局长先期特向中英公司呈请印度政府准予该员在华服务再度展三年,俾得留任等因,查米杜敦在沪宁服务十年,近兼沪杭甬会计俱能称职,该员合同于本年 10 月 23 日届满"。1917 年 1 月 20 日,交通部令"准予米杜敦合同期满续订三年合同"。② 其他洋员的情况基本如此。可见,沪宁路局对洋员先是考核,成绩卓著者方续签合同。

沪宁铁路局也注重加强对洋员薪水的管理。沪宁铁路华、洋员的薪水一向差异较大,1908 年沪宁路局华洋员薪水情况很好地说明了这一点,参见表 4-5、表 4-6。

① 《铁路聘用人员之限制》,《申报》,1908 年 5 月 2 日。
② 《两路与中英公司交涉向印度政府续借洋员在两路任职及洋员要求加薪事由》,京沪沪杭甬铁路管理局档案,中国第二历史档案馆藏,全宗号 457,案卷号 520。

表 4-5　1908 年沪宁铁路职员(洋员)薪水表

| 职务 | 姓名 | 月薪银(两) | 公费银(两) | 职务 | 姓名 | 月薪银(两) | 公费银(两) |
|------|------|-----------|-----------|------|------|-----------|-----------|
| 管理处领袖 | 麦 开 | 800.00 | | 副工程师 | 劳 斯 | 145.46 | 75 |
| 总工程师 | 格林森 | 857.78 | 280 | 副工程师 | 第 斯 | 129.3 | 75 |
| 分段工程师 | 伊富斯 | 517.17 | 100 | 总工程司事 | 温士乐 | 323.23 | 75 |
| 分段工程师 | 葛罗富 | 517.17 | 97.5 | 管材料 | 马 尔 | 193.94 | 100 |
| 分段工程师 | 白克体 | 517.17 | 100 | 总工程司事 | 毛 根 | 80 | |
| 副工程师 | 雷斯廉 | 258.58 | 100 | 总工程司事 | 顾尔亭 | 110 | |
| 副工程师 | 巴克赖 | 380 | | 书记 | 莫克士 | 600 | |
| 副工程师 | 史迈甫 | 258.58 | 100 | 平水洋司事 | 盘介尔 | 97.5 | 33.5 |
| 副工程师 | 克礼阿 | 258.58 | 100 | 勘路工程师 | 葛兰忒 | 133 | 75 |
| 副工程师 | 李 英 | 258.58 | 100 | 洋监工 | 汤玛斯 | 150 | 30 |
| 副工程师 | 来 恩 | 258.58 | 100 | 车务总管 | 朴 泼 | 450 | |
| 副工程师 | 德斯福 | 242.42 | 100 | 车务副总管 | 朴爱德 | 350 | |
| 副工程师 | 布辅培 | 168.08 | 100 | 议员 | 司马德 | 500 | |
| 副工程师 | 汤朴生 | 133.17 | 75 | | | | |

表 4-6　1908 年沪宁铁路职员(华员)薪水表

| 职务 | 姓名 | 官衔 | 月薪银(两) | 职务 | 姓名 | 官衔 | 月薪银(两) |
|---|---|---|---|---|---|---|---|
| 提调 | 梁士诒 | 部丞 | 500 | 工程翻译 | 曾贤 | 州同 | 121 |
| 随办 | 钟文耀 | 候补道 | 600 | 工程翻译 | 沈祖勋 | 知州 | 121 |
| 总办 | 施肇会 | 候选道 | 500 | 税利委员 | 王斯沅 | 知州 | 125 |
| 翻译 | 王勋 | 候选道 | 500 | 税利委员 | 陈钦荣 | 通判 | 125 |
| 总翻译 | 袁长坤 | 县丞 | 400 | 购地书画 | 朱礼璇 |  | 100 |
| 工程购地总办 | 林贺峒 | 候补道 | 400 | 收支总办 | 翁寅臣 | 候补道 | 400 |
| 车务副总管 | 蔡锦章 | 知县 | 400 | 稽查账目工程 | 薛华培 | 候补道 | 350 |
| 购地襄办 | 朱士林 | 候补道 | 300 | 华核算 | 凌昭善 | 县丞 | 300 |
| 购地提调 | 徐乃斌 | 候补府 | 200 | 正翻译 | 陈荫明 | 县丞 | 250 |
| 购地文案 | 严润章 |  | 100 | 副翻译 | 吴焕荣 | 直隶州 | 120 |
| 书启 | 颜景骥 | 廪生 | 26 | 副翻译 | 蔡锦章 | 县丞 | 120 |
| 书启 | 俞寿鸿 |  | 20 | 正文案 | 蔡寿辰 | 中书 | 86 |
| 翻译缮写 | 胡有文 | 县丞 | 42 | 副文案 | 黎汝谦 | 革知府 | 42 |
| 报销 | 张坤福 | 府照磨 | 92 | 副文案 | 张邕圭 | 训导 | 42 |
| 报销清书 | 毕辅辰 |  | 20 | 弹压委员 | 庄鹏九 | 知县 | 125 |
| 清丈 | 杨秉珍 |  | 20 | 弹压委员 | 张毓麟 | 知县 | 125 |
| 核算翻译 | 李建桢 |  | 70 | 弹压委员 | 张维 | 知县 | 125 |
| 核算翻译 | 陈舜卿 |  | 50 | 弹压委员 | 李东河 | 知县 | 125 |
| 打字 | 林振耀 |  | 60 | 伴护委员 | 陈文藻 | 知州 | 125 |
| 清书 | 邵培轩 |  | 22 | 巡牟 | 时荣成 |  | 20 |
| 书启 | 胡翰卿 |  | 35 | 巡牟 | 班大椿 |  | 20 |

续表

| 职务 | 姓名 | 官衔 | 月薪银（两） | 职务 | 姓名 | 官衔 | 月薪银（两） |
|------|------|------|------|------|------|------|------|
| 书启 | 黄元清 |  | 20 | 巡牟 | 戴宗球 | 把总 | 20 |
| 书启 | 解承河 |  | 20 | 巡牟 | 戴月诚 |  | 20 |
| 书启 | 张信道 | 千总 | 20 | 巡牟 | 熊道宏 |  | 20 |
| 书启 | 傅锡山 |  | 20 | 账房 | 经文森 | 县丞 | 42 |

注：督办大臣唐绍仪月薪千两现无此一席。

表4-5、表4-6资料均来自：曾鲲化：《中国铁路现势通论》（上），化华铁路学社，1908年，第220—222页。

从上列两表可以看出，1908年，沪宁铁路局洋员的薪水远远高于华员，即使是督办大臣唐绍仪的月薪，也仅千两，总办施肇基才500两，而总工程师格林森则超过1 000两，双方差距甚大。至1920年，沪宁铁路局华员平均每人薪金45.58元，洋员平均每人薪金391.70元，洋员的薪水是华员的近9倍。[1] 1922年，华员平均每人薪金为50.88元，洋员平均每人薪金399.22元，洋员平均薪金是华员的近8倍。[2]

然而，洋员仍屡有加薪的要求，沪宁路局处理得非常慎重。以洋账房米杜敦加薪为例来分析沪宁路局对洋员薪水的管理。

米杜敦曾多次提出加薪的要求。1916年，沪宁铁路局就米杜敦的加薪要求致函交通部。4月21日，交通部回电，认为"米杜敦所执续订合同加薪125元之说，系根据朴爱德拟订洋员每三年升级加薪一次章程。然朴爱德又订有各科首领薪水等级章程，除总

---

[1] 《第9表国有各路员役及薪金》，《交通部国有铁路1920年会计统计总报告》，北洋政府交通部档案，中国第二历史档案馆藏，全宗号1056，案卷号20。

[2] 《国有各路员役及薪金以及沪宁路与国有各路相互比较》，《交通部国有铁路1915年和1922年会计统计总报告》，北洋政府交通部档案，中国第二历史档案馆藏，全宗号1056，案卷号16。

工程师外,各科首领分为五等,至多之数,一等1150元,二等1 025元,三等900元,四等775元,五等650元,今米杜敦以四等原薪一擢而过手一等薪额亦与朴订章程不符"。最后,交通部以米杜敦的要求不符合朴爱德拟订了洋员加薪条例为由给予拒绝。朴爱德拟订了洋员加薪章程,具体内容如下:

> 1912年沪宁洋总管朴爱德拟订洋员加薪条例①
>
> 各科首领每三年加薪一次简章
>
> 各科首领所处地位,除工程司外,须令一等,有一定之希望心志专一则,所办之事务,亦因之而愉快矣,如果办理合法,亦应稍加事权使其独立,坚忍能于久任其事,俾尽所长,如无此等待遇则内顾多尤心志既分则事业难以进行不独伊等多虑,即鄙人充洋总管一职,亦心抱不安,兹将各科首领之薪金,除工程司外拟规定于后:
>
> 凡月薪650元者,如果办事称意,每三年于续订合同,同时加增125元加至每月1 150元为止。
>
> 第五级　第一期三年　每月薪洋650元
>
> 　　　　　　　　　　　房金125元
>
> 第四级　第二期三年　每月增加125元共775元
>
> 　　　　　　　　　　　同上
>
> 第三级　第三期三年　每月增加125元共900元
>
> 　　　　　　　　　　　同上
>
> 第二级　第四期三年　每月增加125元共1 250元
>
> 　　　　　　　　　　　同上
>
> 第一级　第五期三年　每月增加125元共1 150元
>
> 　　　　　　　　　　　同上

---

① 《洋总管朴爱德拟定洋员加薪条例》,京沪沪杭甬铁路管理局档案,中国第二历史档案馆藏,全宗号457,案卷号520。

兹将在印度之同等职务所得月薪列后以资比较

第四级　每月1 100 卢布

第三级　每月1 350 卢布

第二级　每月1 600 卢布

第一级　每月2 000 卢布

自 1912 年 5 月 22 日洋总管朴爱德拟订洋员加薪条例后,洋员的加薪要求多援自此例。针对交通部对米杜敦加薪要求给予的拒绝,1917 年 10 月 11 日,沪宁洋总管兼总工程师克礼阿(A. C. Clear, Engineer-in-Chief & General Manager)提出应该给米杜敦加薪,理由是:自 1916 年起,沪宁铁路路务日有发达,且年年有盈余;又"沪上生活用度浩繁,为全国之冠,需费尤多"。[①]

交通部与中英银公司多次交涉,1918 年,交通部制定了洋员各科首领最高月薪数目暨加薪办法。即按照印度铁路所订同项职位薪俸办法办理,最高适宜洋总管兼任总工程司应定每月最高薪俸 2 500 元,每三年加薪一次,每次所加月薪数至少 250 元,其余各科首领月领最高薪费定为 1 800 元,每三年加薪一次,每次所加月薪之数至少 200 元。[②]

又因前洋总管朴爱德曾有各科领袖洋员三年期满续订合同,有准予加薪之规定,沪宁路局和交通部经过讨论,针对米杜敦的加薪一案,同意自 1918 年 11 月 1 日起,加给续雇薪水每月 150 元,并声明自明年 7 月 1 日起,续订合同三年,不再加给薪水。[③]

为了方便对部分洋员的管理,沪宁路局还给他们印制了电码,

① 《克礼阿要求加薪事由》,京沪沪杭甬铁路管理局档案,中国第二历史档案馆藏,全宗号 457,案卷号 520。

② 《交通部规定各科首领最高月薪数目暨加薪办法》,京沪沪杭甬铁路管理局档案,中国第二历史档案馆藏,全宗号 457,案卷号 520。

③ 《交通部路政司函》,京沪沪杭甬铁路管理局档案,中国第二历史档案馆藏,全宗号 457,案卷号 520。

详细如下：

沪宁铁路在事各员名册及各员电码住址为发电报之用①

| 职位 | 姓名 | 驻处 | 电码 |
|------|------|------|------|
| 洋总管 | 濮兰德 | 上海 | C. M. R |
| 书记兼副总经理 | 莫立士 | 上海 | A. M. R |
| 养路工程总管 | 克利尔 | 上海 | W. W |
| 机务总管 | 邓士敦 | 吴淞 | L. S |
| 总核算 | 米杜敦 | 上海 | C. A |
| 医官 | 谢文格 | 上海 | C. M. O |
| 总理材料 | 恩德恩 | 上海 | C. K. P |
| 副车务总管 | 温士乐 | 上海 | T. M |
| 副车务总管 | 蔡锦章 | 上海 | C. A. T. M |
| 电气司 | 葛雷 | 上海 | E. E |
| 分段机务总管 | 杜威第 | 常州 | D. L. S |
| 分段工程司 | 费尔培 | 上海 | D. E |
| 分段工程司 | 塔思富 | 镇江 | D. W |
| 副工程司 | 杨晋 | 南翔 | A. E. N |

沪宁铁路局同样注重加强对普通洋人看夜夫的管理，如若违反规定，即可将其调走表示惩罚。据《苏州商会档案》记载，1914年3月，旅苏西商联名致函沪宁路局，称他们在苏州车站屡见车站印度更夫虐待车夫小工已习惯成性，实在令人忍无可忍。4月2日，沪宁车务总管即称苏州站印度看夜夫一事已经查明，"鄙人为杜绝冲突计，已将苏站全班印度人调回沪上，并另派威海卫看夜夫到苏"。②

---

① 《沪宁铁路在事各员名册及各员电码住址》，京沪区铁路管理局档案，中国第二历史档案馆藏，全宗号457，案卷号2503。

② 章开沅：《苏州商会档案丛编》第2辑，华中师大出版社，2004年，第261页。

沪宁铁路制定了一系列规章制度来限制外国雇员的权限,以提高国人的地位,并加强内部组织和人事管理。沪宁路局不仅选拔了一批专业人才,还防止了人才的流失,同时激励了内部员工工作的积极性,创建了一个高效运作的管理机构及有效的激励机制。至 20 世纪 20 年代,沪宁铁路逐渐形成其独特的管理策略,这使其在激烈的市场竞争中处于优势地位,为其高效运营奠定了内部基础。沪宁铁路极具开创性的管理精神,受到路内外有识之士的赞誉。管理科学是沪宁铁路经营成功的重要前提,沪宁铁路赢在了管理上,也因独特的管理而被称为"中华模范路"。

## 第三节　沪宁铁路的教育

铁路是近代工业与科学技术发展到一定阶段的产物,是现代工业文明的重要成果,是社会生产力发展到现代化阶段的重要标志之一。它本身既是科学技术的结晶,又需要科学技术的驾驭。近代中国铁路运输事业的开展需要的不是旧式士大夫和小生产者,而是有专门技术的管理人才和新型产业人才。近代铁路交通事业对员工专业素质有较高的要求,而传统的师徒传艺方式已经远远不能适应和满足这种需要。因此,铁路教育显得尤为重要。沪宁铁路的教育主要表现为职业培训、小学教育、高等教育及留学教育等。

### 一、职业技术培训

清末,铁路自西方引入中国,19 世纪 80 年代中国开始修建铁路,但从业人员受教育程度普遍较低,多数人员缺乏必要的铁路技术技能,这远远不能满足中国铁路的发展需要。

甲午战后,中国出现第一次修建铁路高潮,"铁路人员之训练及培育,业务技术性质较为专门"。因此,"培养铁路职工普通知识,俾增进铁路业务与国家生产力起见,创办铁路职工教育"①,提高铁路从业人员的专业技术成为必然趋势。邮传部(1912 年改为交通部)也意识到进行具有现代意义的职业教育的重要性和迫切性,遂提出开办职工教育讲习会,招收职工入学,免收学费。各铁路局多设所训练车务低级人员,沪宁铁路局也十分重视员工的专业技术培训。

1. 沪宁铁路车务传习所

20 世纪初,江苏境内开始兴建铁路。铁路的修筑、运营及管理是一个全新的、技术含量极高的事业,但技术工人全无。因而,在沪宁铁路建造过程中,沪宁铁路局即开展了铁路职工培训,培训部门是沪宁铁路车务传习所。

沪宁铁路车务传习所是该路洋总管兼车务总管朴爱德于1907 年 4 月创办的,该所专门培训技术工人,初定名额为 20 名。1918 年,沪宁、沪杭甬两路车务副总管李绰生对传习所加以整顿,遂将名额扩充至 60 名。该所所有开办费用及常年费用,一律从沪宁铁路车务处项下开支。历年教员皆从沪宁铁路车务处华洋员司中遴选,但不另外支薪,仅仅酌予津贴。1920 年,该所管理逐渐规范,开始常年派定 1 名主任、1 名车务教习、1 名账务兼货物教习、1 名电务教习、1 名华文教习等。

沪宁铁路局为了完善该所的职工培训教育,还专门制定了《沪宁铁路车务传习所章程》,共有 7 条规定,如下:

沪宁铁路车务传习所章程②

——本所录取学生须年在十八岁以上至二十四岁止,

及中学生毕业或相当程度为合格

——每年招考新生一次,一年毕业

---

① 曾鲲化:《中国铁路史》(上册),北京新化曾宅,1924 年,第 387 页。
② 关赓麟:《交通史路政编》第 11 册,交通铁道部交通史编撰委员会编印,1937 年,第 3395 页。

　　——新生录取后,须经本路一声验明保证其身体强健、目力精明,然后,由车务总管发给入所证书,方得肄业

　　——本所学生编列甲、乙、丙三班为预备班

　　——每月由教员率领学生往各站参观作实地练习

　　——学生每月如有七日不到,并未正式告假者,则由主任函报车务总管核办,加以训责,其玩忽不悛者除名

　　——本所每逢假期均照车务处办理

　　沪宁铁路车务传习所教授的课程有:电报、翻译、电码、车站、账务、行车章程、中西文运客规则、中西文运输规则、铁路法规、铁路危险须知、铁路职务揽要、铁路现势通论、汉译日本铁道营业法、解释作文、尺牍等。每日上课时间为上午 9:00—12:00,下午 2:00—4:00。该所学生毕业后,"由车务总管择优派事,其余仍留所,肄业,遇路中员司缺人时,随时提派,其意盖为路储人备用"。

　　沪宁铁路车务传习所的毕业学生,自创办之初至 1918 年,共 206 名。自 1918 年扩充学额后到 1920 年,增至 260 名,共计 466 名,肄业学生 52 名。[①]

　　沪宁铁路车务传习所作为江苏境内第一所铁路职工培训机构,为江苏铁路部门培养了一大批有技术专长的工人,也对江苏职业培训教育起了率先和模范作用。

　　2. 两路巡警教习所

　　铁路自开通后,铁路偷盗、犯罪等事件频繁发生,铁路警察虽然不断扩充,然而专有人才仍然匮乏。1913 年,交通部为"改良铁路巡警起见,筹议开办铁路巡警教练所,派航政司梅光义充所长,并颁布简章 19 条"。[②] 但是,仅招收了一届学生就因"用费过多且

---

　　① 关赓麟:《交通史路政编》第 11 册,交通铁道部交通史编撰委员会编印,1937年,第 3394 页。

　　② 《交通史总务编》第 3 册,交通铁道部交通史编纂委员会,交通部总务司印,1936 年,第 337 页。

各路设有教练巡警之机关",于 1914 年 5 月停办。①

　　1920 年 7 月,沪宁铁路沿线警务较为繁重,铁路巡警不堪重负,遂开办了沪宁沪杭甬两路巡警教习所,遴选各站在职巡警入所,肄业计分。12 人为一期,每期计 3 月毕业。该所职员有:主任 1 人、教员 2 人、书记 1 人。所授学课有:警察学、违警罚法、路规、路警须知、刑法大意、步兵操典、教练拳术 8 项。授课时间除周末、放假外,每日计 5 小时。学员毕业后派回原站服务。所中主任及教员人等,暂由两路曾在学校毕业的警务人员兼充,并不另支薪水。② 1922 年,该所暂行停办。两路巡警教习所为沪宁沪杭甬铁路培养了一批铁路警察,维护了铁路沿线的交通安全,保障了铁路运输的畅通。

## 二、铁路中小学教育

　　铁路职工大都在铁路线上工作,其子女就学困难,失学者甚多。为了解决铁路沿线职工子弟的就学问题,尤其注重培养预备进入铁路事业的中下级职员,1918 年,交通部鉴于各路员工子弟就学无所,遂"发起扶轮教育,冀减少员工内顾之忧,使得安心服务"③,由铁路同人教育委员会会长叶恭绰发起,成立了"铁路同人教育会",提出开展职业教育和补习教育,创办各级扶轮学校,即后来的铁路职工子弟中小学的前身。学校冠名"扶轮",乃受 20 世纪 10 年代扶轮国际(Rotary International)的影响。1905 年 2 月,美国律师保罗·哈里斯在芝加哥发起成立扶轮国际,倡导社友通过贡献自身的聪明才智去帮助那些需要帮助的人,其服务精神正好契

　　① 《交通史总务编》第 1 册,交通铁道部交通史编纂委员会,交通部总务司印,1935 年,第 455 页。
　　② 沪宁沪杭甬铁路管理局编查课:《沪宁沪杭甬铁路史料》,沪宁沪杭甬铁路管理局印,1924 年,第 162 – 163 页。
　　③ 曾仲鸣:《路政论丛》,开明书店,1934 年,第 148 页。

合了扶轮教育解决铁路职工子女入学之忧的初衷。①

1921年3月,沪宁铁路管理局仿照其他各路办法,创办扶轮公学、国民学校,专收在路职工子弟。由沪宁铁路与沪杭甬铁路各筹经费,每月250元,合为500元,试办5所学校,即第一小学校、第二小学校、第三小学校、第四小学校、第五小学校。② 在此基础上,1922年4月,沪宁沪杭甬铁路局创设附属国民小学校(收纳了扶轮公学),并特派专员郑志贤等8人负责。该国民小学校规定,每位员工的子女仅免费一人入学,若有余额,兼收女生,入校肄业。每校名额为30名,学校地址由两路铁路公产拨用,其教员由路外聘任与路员兼任各半。该小学共5处,第一在上海、第二在常州、第三在南京、第四在闸口、第五在宁波③,依次成立。每月每学校的预算费用为100元,即5所学校每月共500元,每年合计6 000元,由铁路营业收入项下开支报销。④

为了完善附属国民小学的教育管理,更好地为两路培养后备力量,沪宁沪杭甬铁路局制定了《沪宁沪杭甬路局附设小学章》,主要内容如下:

沪宁沪杭甬路局附设小学章程⑤

一 定名 遵照交通部令设立小学以教两路员司工人子弟,定名沪宁沪杭甬路局附设小学校。

二 宗旨 注重实用,使学生毕业后能写普通信及

---

① 王元周:《卢绪章与方大华行——政治使命与企业经营 1927—1950》,中国对外经济贸易出版社,1999年,第88页。

② 关赓麟:《交通史路政编》第11册,交通铁道部交通史编撰委员会编印,1937年,第3395页。

③ 宁波、闸口两处小学于1924年4月着手开办,沪宁路局局长令财务处拨给每处开办经费300元,不久即可开学。

④ 《创办附属小学》,《铁路协会会报》,1922年第11卷第115期第3册,第125页。

⑤ 同②,第3398页。

日用簿,计之知识技能为宗旨。

三　校址　分设上海、常州、南京、闸口、宁波5区,上海为第一学校,常州为第二学校,南京为第三学校,闸口为第四学校,宁波为第五学校。

四　学款　本校由两路每月拨给经常费800元,每区平均160元,实支之数,须由每区校长制详细预算表,呈请局长核准后,实支惟每区实支之数至多不能超过160元。

五　学额　每区学额暂定120名。

六　学籍　提高教课程度,设立四级教课之支配,以国文为主,四年内须读完6年之国文教科书为毕业。

七　学课　以国文为主要课,修身、历史、地理、算学、英文、常识为辅助课。

八　职教员　每区由学务委员会与两路职员中,公推堪胜校长之任者二三任,由局长选委一人为校长,该区学务由其负责,有全权可以聘请及辞退教员,举凡支配学籍及管理学款等事,悉以任之,苟非章程上所不计得于预算之内,便宜行事解决校中一切问题,每区聘定正教员一人,助教员若干任,教员总数由学务委员会酌量各该校学生程度情形定之;正教员兼该校主任,一应教务悉听智慧,助教员兼任校内书记等事;正教员月薪25元,助教员15元,凡遇特别情形,须给予津贴等事,由校长呈请局长核办;教员于寒假及暑假时由校长代为领取四分之一,往来乘车各一纸。

九　入学资格　凡路局员司工人之子弟,年龄八岁以上16岁以下者,皆得入校肄业,不取学费。报名时,须由本路住在各该区高级员司具函证明,其为确系员司工人之子弟,方准入学,如已满额责按照报名先后,挨次递补。

十　报告　校长于每月10号之前,须将校中经费状况及上月开支报告路局,由核算处核销后,乃可续领学款,每学期终止之时,校长须将本学期教育状况及教员学生校役名单,并预计下学期学生人数及级数大概情形呈报局长。

  十一  修改  本章程有不合事宜处得由局长随时修改之。

  十二  前章废止  本章程公布日前章程废止。

铁路附属国民小学中第一、第二、第三校均为原机务进德会所设立之学校。新小学成立后,原有学生均予以保留,根据新的章程,另外招收新生数名。而第二小学因原有范围较广,除了国民小学外,尚有高等小学一班,至1923年底毕业。因此,沪宁铁路局规定该校自1924年起一律改用新学制。

为了提高教课程度,国民小学均设立四级教科,以国文为主,并规定学生在4年内须读完6年的国文。教科书为毕业各校所授学课,仍以国文为主,要课、修身、历史、地理、算学、英文、常识为辅助课。

铁路附属国民小学成立后,5所学校历年招收的学生人数及历年教员情况具体见表4-7、表4-8:

表4-7  各校历年教员人数表

人

| 年度<br>校名 | 1922 | 1923 | 1924 |
|---|---|---|---|
| 第一小学校 | 2 | 3 | 5 |
| 第二小学校 | 4 | 3 | 6 |
| 第三小学校 | 2 | 2 | 3 |
| 第四小学校 | 2 | 3 | 4 |
| 第五小学校 | 2 | 2 | 3 |

表 4-8 各校历年学生人数表

人

| 校 名 ＼ 年度 | 1922 | 1923 | 1924 |
|---|---|---|---|
| 第一小学校 | 62 | 82 | 115 |
| 第二小学校 | 68 | 87 | 87 |
| 第三小学校 | 35 | 57 | 58 |
| 第四小学校 | 89 | 96 | 67 |
| 第五小学校 | 37 | 47 | 56 |

资料来源:两表均来自关赓麟:《交通史路政编》第 11 册,铁道交通部交通史编撰委员会,1937 年,第 3396－3397 页。

附属国民小学 5 所学校共设一名校长,由沪宁铁路局局长担任,管理学校一切事务;副校长 2 人,由局长聘任,辅助校长办理各校一切事务;另外,设置学务委员 15 人、学务助理 10 人,均由局长聘任。1924 年,因种种原因,沪宁铁路管理局重新订立新章,改为每所学校由学务委员会从两路职员中公推二三人堪胜校长之职,并由局长任命一人为校长,校中学务由其全权负责,可以聘请及辞退教员,甚至支配学籍及管理学款等事。

附属国民小学各校经费由两路路款拨付,其中开办费,第一小学校为 803.19 元,第二小学校为 239.33 元,第三小学校为 172.82 元,第四小学校为 400 元,第五小学校为 302.36 元。[1] 各校每年经费情况见表 4-9。

--------

[1] 关赓麟:《交通史路政编》第 11 册,交通铁道部交通史编撰委员会编印,1937 年,第 3397－3399 页。

表4-9　各校历年经常费表

元

| 年度 校名 | 1922 | 1923 | 1924 |
|---|---|---|---|
| 第一小学校 | 916.26 | 1 242.38 | 1 476.05 |
| 第二小学校 | 1 720.70 | 1 775.12 | 1 860.52 |
| 第三小学校 | 672.78 | 916.11 | 1 175.30 |
| 第四小学校 | 1 095.73 | 1 195.14 | 1 323.12 |
| 第五小学校 | 841.68 | 1 104.17 | 1 182.12 |

资料来源:关赓麟:《交通史路政编》第11册,铁道交通部交通史编撰委员会,1937年,第3399页。

　　1927年,国民政府迁都南京。1928年,铁道部成立,全国各路的附属国民小学教育正式移归铁道部管理,统一称为扶轮小学。至1932年底,全国共有部立扶轮小学47所,在校学生12 800多人,教职员共计531名。[1] 江苏铁路扶轮教育基本上在20世纪30年代才转入正轨。

　　扶轮学校是铁路职工子弟中小学校的专用名称,"均设置于铁路沿线,既照顾了铁路员工子弟就学,又籍以培养铁路新秀,实乃中国铁路教育之一大特色"[2]。

　　扶轮教育与普通学校不同的是,扶轮教育在教学科目上稍有侧重,中学酌授关于铁路的学科,小学酌授关于铁路常识及铁路职业的相关内容。毕业生少数进入铁路专科继续学习,多数在铁路谋职。扶轮学校的创办,"使员工子弟得到求学机会,俾员司职工得以安心服务,且可提高各路员职工之程度,补助地方教育所不及"。[3]因此,扶轮学校在近代教育史上有着不容忽视的作用和影响。

　　沪宁沪杭甬铁路附属国民小学的创办解决了铁路员工的后顾

---

①　王晓华、李占才:《艰难延伸的民国铁路》,河南人民出版社,1993年,第151页。
②　李占才:《中国铁路史(1876—1949)》,汕头大学出版社,1994年,第375页。
③　曾仲鸣:《路政论丛》,开明书店,1934年,第142页。

之忧,尤为重要的是解决了其子女的教育问题,并为江苏铁路事业培养了大批后备力量,使铁路职工的教育水平有了一定的提高,其专门知识高于一般工人。

### 三、高等铁路学堂

铁路是一种专门事业,决非一般普通事业可比,有机务、工务、车务、账务、材料之分,管理其事者非得有一种专门学识与经验不可。鉴于"铁路事业,待理百端,时局艰难,需才尤亟",清末甲午之后,铁路教育开始发展起来,设立铁路学堂,以储备人才。交通部重视铁路的高等教育,要求各铁路局加强铁路人才教育,征求铁路专门人才,并择优录取,分发各路任用,成绩优异者给予重任。[1]同时,对其管辖的各个大学投入较多的经费,鼓励各省兴建铁路学堂。江苏的高等铁路教育除了交通部直属的学校,还有一些私立的学校,另外也有一些普通学校开设铁路专业等。

1. 南洋公学

(1) 南洋公学的筹建及铁路班的开设

清政府推行新政,中国教育风气渐开。此时,中国近代"实业之父"、洋务派代表人物盛宣怀上奏《条陈自强大计折》,提出"自强首在储才,储才必先兴学"的观点,主张对旧式学堂进行改革,并附《请设学堂片》,奏请在上海设置新式学堂,得到清政府的支持。1896年,盛宣怀在上海捐购基地,筹建南洋公学。[2]

---

[1] 《注重铁路专门人才》,《铁路协会会报》,1922年,第11卷第114期第3册,第121页。

[2] 南洋公学成立后几经更名,1896—1904年为南洋公学,1905—1906年改称商部高等实业学堂,1906—1911年改称邮传部上海高等实业学堂,1911—1912年改称南洋大学堂,1912—1921年改称交通部上海工业专门学堂,1921—1922年改称交通大学上海学校,1922—1927年改称交通部南洋大学,1927—1928年改称交通部第一交通大学,1928—1942年改称国立交通大学(上海本部),1942—1946年改称国立交通大学(重庆总校),1946—1949年改称国立交通大学。

　　"公学"这一名称是由盛宣怀参照国外惯例而定的。"西国以学堂经费半由商民所捐，半由官助者为公学"，而该学堂经费由盛宣怀主管的轮船招商局、上海电报局两家捐助，每年 10 万两银子。"南洋"，泛指华东沿海一带。清末民初，江苏以北沿海各省称为"北洋"，长江口以南（东海在内），如江苏、浙江、福建、广东等沿海各省为"南洋"，故"今上海学堂之设，常费皆招商、电报两局众商所捐，故定名曰南洋公学"。①

　　南洋公学因地处上海租界，免受战火侵扰，成立之后发展很快。《清史稿》记载 1902 年管学大臣张百熙"筹办大学堂"的奏折中言："查京外学堂，办有成效者，以湖北自强学堂、上海南洋公学为最。"它与北洋大学堂同为中国近代历史上国人最早创办的大学，是今天上海交通大学的前身。

　　南洋公学先后设置了师范院、外院、中院和上院 4 院，盛宣怀首任督办。1897 年，首先开设师范院，招生 40 名，4 月 8 日开学，兼习中西各学，以"明体达用，勤学善诲"为培养目标，合格者选为公学中院、上院教习。同年秋，又设外院（附属小学堂），招生 120 名。翌年春，继设中院（二等学堂，相当于中学），考选学生 20 名。1900 年，开设上院（头等学堂，相当于大学）。

　　南洋公学的《章程》规划了一种新的学校制度：外、中、上三院，学生各 120 名，每院学生按程度分 4 班，每班 30 人，每年依次升一班，外院结业递升中院，中院结业递升上院，上院 4 年学成给予毕业文凭。三院相衔接的教育制度的实行，成为中国近代大、中、小学三级制的雏形。

　　南洋公学办学宗旨是"以通达中国经史大意厚植根柢为基础，以西国政治家日本法部为指归，略仿法国国政学堂之意，……在公

---

　　① 交通大学校史撰写组：《交通大学校史资料选编》第 1 卷，西安交通大学出版社，1986 年，第 35 页。

学始终卒业者,则以专学政治家之学为断"①,是为国家培养内政、外交、理财三方面的自强人才而设,重点为上院。随着时局的发展,其办学目标渐有变化,明显表现在设科上。

1900 年,庚子义和团事变,北洋大学解散,一些学生因避战乱,从天津乘船来到上海。为此,南洋大学专门发出通告,招收北洋大学铁路班学生,告示曰:"北洋学堂被毁,以致各该学生分头逃散。所有芦汉铁路学堂头等班学生汤绪等 17 名、三班学生杨龄等 20 名应自逐名登报,一律招齐,即将该堂移至上海附入上海南洋公学内。"同时发出南洋公学召集津堂铁路学生告白:"本公学现开铁路学堂,所有北洋大学学生头二三班内工程学生自愿学工程者,速于十月十五日以前亲至本公学报道,听候查验补侯,切勿迟缓。"②南洋公学在其新建的上院内设立铁路班以收容战乱南迁的北洋师生,这是南洋公学设立工程科系之始,也是多年后改组为"交通大学"的滥觞。

1906 年秋季,再度设置铁路工程班。1907 年,将原来工程班学生和当年暑假招收的新生合并,开办铁路工程专科,学制三年,这是该校历史上设立的第一个工程专科,被蔡元培称作为"高等教育之发端"。1909 年,第一届铁路工程班学生毕业。从此,南洋公学逐步成为培养铁路高级人才的主要学校之一,也是国内最早办理的一所铁路专科学校。

（2）课程设置及教育方式

南洋公学上院是从 1900 年开设铁路班开始的,以后不断扩充,"铁路一门,殊嫌苟简,轮帆之学仍需出样,皆宜从长规划,以期

---

①　陈学恂:《中国近代教育史教学参考资料》,北京人民教育出版社,1987 年,第 312 页。

②　北洋大学—天津大学校史编辑室:《北洋大学—天津大学校史》,天津大学出版社,1990 年,第 43 页。

完备"。① 1908 年,增设电机、邮政两专科。据铁路专家凌鸿勋回忆,"南洋初时只办有铁路科,后来有了电机科和商船科,到了(他)在附中毕业,铁路科已改作土木科,范围较广"。② 1912 年,铁路专科改为土木专科,电机专科改为电气机械专科,以三年为修业期。铁路人才"今日最为需要,而养成此项人才之地端在学校,此项学校之性质自属工业专门,本部新布之工业专门学校规程,土木科内所规定之课程主要有铁路测量、建造压力学、材料力学、燃料理论、铁路管理,兼具测量、建筑材料、地质、铁道桥梁等学,均系铁路重要科目"。③ 所设课程中数学、物理、化学等自然科学占到很大的比例,如数学共授课两年半;一、二年级学生每周须学习 6 小时,占全部学时的 13.6%;物理和化学合计每周 5~9 小时,高于承担"保存国粹"任务的国文课课时。这反映出该校自设立工科初始,便重视工程基础理论课的教学。

1913 年,对课程又做了调整,数量有所增加,如土木科,即铁路专科课程由原来的 18 门增加到 28 门,结构更趋合理。1918 年 3 月,增设铁路管理科,"以原有土、电两科初二年级学生之愿习管理者编组之,程度较高,招新生 38 人,许以三年毕业",从 1918 年秋第二届学生开始,改为四年学制;"嗣后 1918、1919、1920 年秋季始业时,铁路管理科均继续开办,定为四年毕业"④;所设课程则达 47 门之多,超过了当年大学本科开设的课程。在结构上,公共课比重明显下降,科学技术和工程技术课程比重增加,土木科的技术课程由 20% 左右上升为 33.4%,增设了应用力学、水力学、电气工

① 交通大学校史撰写组:《交通大学校史资料选编》第 1 卷,西安交通大学出版社,1986 年,第 115 页。
② 同①,第 307 页。
③ 同①,第 125 页。
④ 同①,第 137 页。

学等课程,工程技术课程由 30.8% 上升到近 40% 等。① 铁路工程和铁路管理两科专业,主要培养机械、电机及铁路管理方面的人才。至 1922 年 7 月,该校的专科生有 835 人,占全国总数的 73.86%,其中铁路工程专业毕业者就有 130 余人,铁路管理毕业者有 30 余人。②

南洋公学在教育方式上极为重视实习及实验。自 1907 年设置第一个工程专科——铁路专科时起,对实验和实习尤为重视。如当时的铁路测量课,教师每讲授 3 小时,便安排实验 4 小时,实验时间超过讲课时间。为此,该校相继建成了铁道测量仪器室、金工厂、木工厂、水力实验室和电机实验室,方便学生于校内实地实习,成为国内最早的研究实验机构。

之外,还让学生走出学校,到野外实地测量。学生临近毕业,须作毕业设计,即具体设计一条铁路线,只有通过了,才准予毕业,否则就无法毕业。1909 年,铁路专科学生共 11 人,由美籍教师、工程师扑德带领去杭州考察,开始了该校历史上第一次校外实习。实习目标是“将杭州山水全体实测,绘图贴说”,要求学生每天向领队老师报告,并写实习日记。③ 1912 年之后,该校的实验、实习逐步走向正轨,成为重要的教学环节,这反映了南洋公学“讲求实业,以能见诸实用为要旨”的办学方针,从中也可以看出,肄业铁路专业的目的已不再是“学而优则仕”,而是培养具有科学知识的实业人才,这种观念又代表着新式教育的发展方向。

（3）聘任外籍教员与派遣留学生

1896 年南洋公学创办时,盛宣怀即聘任美国传教士波士顿大

---

① 交通大学校史编写组:《交通大学校史(1896—1949)》,上海教育出版社,1986年,第 71－76 页。
② 李占才:《中国铁路史(1876—1949)》,汕头大学出版社,1994 年,第 373 页。
③ 《记事》,《教育杂志》1909 年第 10 期,第 79 页。

学毕业生福开森（John Calvin Ferguson）博士任公学监院，负责规划设计上院、中院及日常教务，并派他赴美、英、比、法、德、奥、意等7国考察学堂章程，学校一开始便渲染上了美式教育的色彩。学校在教学管理、课程开设、教学内容和教学方法上，以美国各工科大学为蓝本，其中所用教材大都是麻省理工学院（MIT）的原版教材，教学要求非常严格，以至于在20世纪30年代该校被世人称为"东方MIT"。发明"磁芯记忆体"的王安去哈佛大学时，由于没有带毕业证书和成绩单，哈佛知道是交通大学（1921年南洋公学改为交通大学上海学校）毕业的，便决定破格录取。足见，上海交通大学在当时世界上所具有的知名度。

南洋公学自开设铁路、电机专业以来，专业课程主要依靠聘任外籍教员来担任，外籍教师在专科教师中约占到一半左右，其中土木科科长一直由外籍教师任职。因工程技术及工程教育方面美国最发达，所以专业课的教师以美籍教师为主。经福开森推荐，又聘请了美国人薛来西、勒芬尔、乐提摩等人来校任教。后来，还延聘接受过西方高等工程教育、工程学上富有造诣的中外学者，共同拟订各科课程。如1907年，该校设置的18门铁路专科课程，皆由毕业于美国康奈尔大学土木系的胡栋朝主持，并参酌詹天佑的意见制定而成。其向西方学习的办学方针，为我们勾勒出中国近代教育追赶世界现代化的步伐。

南洋公学自创办之始，即以派遣出洋留学为急务，毕业生成绩优异者，送往日本、比利时、英国、美国等国家留学或实习，学科任学生自择，专习工程者最多。如1922年，该校派出留学生5人，皆为铁路专业。至1926年止，该校派出留学生共计153名，英国33名、比利时12名、法国4名、日本9名、菲律宾1名、美国94名。其中学习铁路管理4人、铁路机械2人、铁路工程18人、土木工程4人、路政1人、电机工程2人、无线电工程4人、电厂实习36人、机厂实习3人、铁路公司实习5人、车头公司实习6人、桥梁公司实习9人、信号公司实习2人，与铁路相关专业的人数共计96人，占总人数的62.7%。①留学生归国回校任教,使教师队伍发生了变化,如周厚坤、徐名材、周铭、杜光组、裘维裕等,回国在母校任教,中国教员渐渐取代了外籍教员。

大批留学生回国促进中国铁路教育及铁路建设的发展。如凌鸿勋,1910年考入南洋公学铁路科,1915年毕业,同年赴美,在美国桥梁公司实习并在哥伦比亚大学进修,1918年归国后,在母校历任代教授、教授、代理校长、校长等职,是近代中国铁道工程学家。又如戴麟书,1912年即入南洋公学,专习铁路,1919年赴美留学,入本薛文尼大学专习铁路管理,相继获得铁路管理学士和铁路理财硕士学位,后进入本薛铁路公司会计处及意律诺中央铁路公司车务处实习,1924年春回国后先后任复旦大学铁路及会计教授、东南大学上海商科铁路会计教授、沪宁铁路练习车务总管及修改车辆委员会委员、南洋大学会计及铁路教授、中华全国道路建设协会名誉顾问等职。

南洋公学自设立铁路班后,其教育渐渐转变为"以造就交通专门人才,力图高深学术之发展为宗旨",成为交通部所办最有成绩的一所学校。其铁路专业的设立不仅反映了近代中国交通事业发展对交通管理人才的迫切要求,也是该校紧跟世界先进教育经验的结果。它将工程教育和管理相结合、教学与实践相结合的做法,是中国近代高等教育史上的一个创举,更是江苏教育近代化的一个创举。

2. 江南陆师学堂

1896年,江南陆师学堂创办,第二期即开设矿路学堂,招收了24名学生。时任两江总督的张之洞在附设学堂的奏折上说:"今于仪凤门内之和会街地方,创建陆军学堂。从前北洋亦经设有铁路学堂,其学业有成者,曾经臣调用数人,惜为数不

---

① 交通大学校史编写组:《交通大学校史资料选编》第1卷,西安交通大学出版社,1986年,第410-411页。

多,殊不敷用,今拟另延洋教习三人,招学生九十人,别为铁路专门,附入陆军学堂。"①铁路学堂开设的课程和管理情况主要如下:

> 照得江南　奏明设立矿务铁路学堂,选募聪颖子弟到堂学习矿学、化学、格致、测算、绘图等项,现届三年毕业。据学堂总办秉请大考,当经本大臣批令自行考试。兹据呈送各艺并考得分数清册,查核无异,自应分别填给执照,俾量才器,便得以凭照考验,即知长于何项,并杜冒名顶替之弊,为此照给该生收执,无论在差、候差,益当敦品励学,毋荒故业须至执照者。②

**3. 三省铁路学堂**

从 1903 年起,社会各阶层人们强烈反对列强控制中国铁路、矿山,要求收回利权、不贷外资、不假洋人自办铁路的运动在各省逐渐开展起来。然而,当时中国铁路工程技术人才严重缺乏,创办学堂培养铁路人才势在必行。

在此背景下,三省铁路学堂由闽、皖、赣三省铁路公司于 1906年在上海沈家湾合办而成立。该学堂设有铁路工程和管理两个专业,每省派 30 人,共 90 人。要求学员文化程度颇高,限三年卒业。所学学科为铁路工程(建设)和管理二科。因中途有退学者,该学堂最后毕业的学生共 62 名,均服务于三省各铁路部门,沪宁铁路为多。1910 年,因经费支绌,该学堂停办。③

---

① 吴谈辉:《中国职业教育发展史》,台北三民书局,1985 年,第 12 页。

② 鲁迅先生曾于 1898—1902 年,先后就读于江南水师学堂和江南陆师学堂附设的矿务铁路学堂。鲁迅在矿路学堂毕业时,因考得一等而获两江总督刘坤一发给的毕业执照(二、三等只得到学堂发给的考单)。执照上曰:"学生周树人,现年十九岁,身中面白无须,浙江省绍兴府会稽县人,今考得一等第三名。"王俊峰:《鲁迅在矿路学堂的学习生活》,《语文教学》,1983 年第 12 期。

③ 曾鲲化:《中国铁路现势通论》(下),化华铁路学社,1908 年,第 102 页。

#### 4. 江苏铁路学堂

江苏铁路学堂,又称苏省铁路学堂。1907 年,由苏路公司于苏州设立,校址在苏州盘门新桥巷,总办为陆纯伯,总理为王胜之。该学堂设有正科、预科两班,正科 60 名,预科 40 名,预科卒业升为正科,共 100 人,专习铁路管理人才。① 同年,江浙发生拒借英款风潮,苏省铁路公司学生蔡望之发起组织,名为"苏州拒款会"。苏省铁路学堂学生在拒款意见中大声疾呼:"同人等敢为天下倡曰:与其死于脂膏吸尽之秋,何如死于血气刚强之日,对外人对政府,知有拒款而已,其他非所知也。"② 1911 年,苏省铁路公司在清扬铁路让归国有的时候,请求邮传部一起接受,没获得允许,不久江苏铁路学堂停办。

#### 5. 南京铁路高等学堂

1909 年,邮传部曾有在南京设立一所铁路高等学堂的计划,规定"不收学费,专考中学堂毕业生,拟以四年毕业。毕业之后,任路差义务五年,照给奖励"。③ 然而,由于辛亥革命的爆发,以及随之国内战争的频繁,此事最终不了了之。

#### 6. 高等巡警学堂

1909 年 1 月,苏省巡警总局在苏州创办高等巡警学堂,以培养自己的铁路警察。"苏省巡警总局司道,以近奉部章,每省宜设高等巡警学堂,并准附设简易科、高等,高等系三年毕业,简易科一年毕业,此等毕业各员准充巡警道属各官警务长及区员等差,其各路须设巡警教练所,一年毕业,准拨充巡章等因,改局司道,因将所办之巡警学堂改为高等,并设简易一科,以符部案,现正添聘教习,厘定章程,一俟详奉抚宪核定,即行开办。"④ 高等巡警学堂为江苏

① 曾鲲化:《中国铁路现势通论》(下),化华铁路学社,1908 年,第 91 页。
② 桑兵:《晚晴学堂学生与社会变迁》,广西师范大学出版社,2007 年,第 249 页。
③ 《铁路高等学堂决议开办》,《申报》,1909 年 2 月 18 日。
④ 《创办高等巡警学堂(苏州)》,《申报》,1909 年 1 月 12 日。

铁路培养了一批铁路巡警人员。

近代中国私立大学中创办铁路学堂的主要有:1912 年林兆禧在上海创办的南阳路矿学堂,设立铁路、矿学和普通三科,1924 年改为东华大学①;1907—1911 年在上海创办的江西铁路专科学校,毕业生 40 人②;上海管理学院、上海土模工程学院、上海机械工程学院、上海电机工程学院等,均开设了铁路专业的课程。

从新式教育机构来看,洋务运动时期,江苏境内的新式学堂寥寥可数,而自铁路通车前后,诸多新式学堂次第开办。尽管有的学堂后来停办,但是它们对江苏教育的近代化还是起到了一定的促进和推动作用,为近代教育的起步奠定了基础。

清末铁路学堂的兴办,是中国实业教育的重要组成部分,是新式教育发展的结果,也是清末执行新的实业政策的结果。这些新式铁路学堂的教育与传统的教育相比有诸多特点,教育体制上尽管仍有传统的成分,但是在整个教育体系上西式内容占据主要部分。在课程设置和教育方式上也发生了很大变化,有普通学科,也有专业学科,除了课堂教学外,新式学堂还非常重视实习和实验环节,有的学校要求没有实习的不能毕业等。新式学堂更加注重技术型和实用型人才的培养,是中国教育近代化的一个重要表现。

## 四、铁路留学教育

我国铁路创办之初,铁路人才多为留学人员。1872 至 1875 年,我国即有留美幼童肄习铁路。之后,湖北、四川等省赴比利时学习路矿者较多。据第一次庚子赔款留美学生追忆,1909 年考选游美同学中攻习的学科大都为理工农矿等,其中铁路工程 3 人、铁路管理 2 人;第二次庚子赔款留学生中亦有 5 人学习铁路工程和

① 宋秋蓉:《近代中国私立大学研究》,天津人民出版社,2003 年,第 29 页。
② 张毅、易紫:《中国铁路教育的诞生和发展(1871—1949)》,西南交通大学出版社,1996 年,第 167、168 页。

铁路运输。到日本学习铁路技术的更多,1905 年,仅潮汕铁路一处就派遣 30 人赴日本学习铁道工程学。据统计,到光绪末年,中国学习铁路的留学生中,留日者 568 人,留比利时者 80 余人,留美者 60 余人,留英者数人。[①]

　　江苏重视铁路人才的留学教育。中国铁路是经由西方引进的,为了驾驭这种先进的外来之物,当然需要到海外去取经。江苏重视向国外学习铁路知识,江苏铁路留学人才主要来自交通大学上海学校即上海交通大学。以 1922 年为例,全国共 3 所交通学校,路政方面共派 7 人,上海交通大学新派留学的人数为 5 人,且都是路政专业。[②] 这些留学生回国后,为中国的铁路建设做出了重要贡献。

　　交通部每年派遣的留学生人数较少,沪宁铁路练习车务总管戴麟书建议,应"多派留学生分赴美国、日本、欧洲各国专习铁路,每年至少十名"。同时,他还对中国铁路人才的任用提出改革意见,即实行"人才主义,中国铁路专才实已不少,近年来留学生中之专习铁路者亦已较往昔为多,惜中国政府未能重用,而各路用人方针又多半偏于势力取人,故一般有铁路专门学识者往往因灰心,而改就他业,此实国家莫大之失策,愚见以此后,取人宜以才识与经验为标准,而尤宜注意于一般年富力强之青年,不分南北,不咎既往,如有特别才识与专长者,取之用之提之拔之,期以造成一般有学识有经验之铁路人才,以发展我中国之铁路事业"。[③]

　　虽然沪宁铁路局、江苏乃至全国都很重视铁路教育,努力培养铁路人才,但中国的铁路人才仍然匮乏。以 1908 年为例,全国各

---

　　① 　沈殿成:《中国人留学日本百年史》,辽宁教育出版社,1997 年,第 743 页。

　　② 　《交通部东西洋留学及经费》,《交通部国有铁路 1915 年和 1922 年会计统计总报告》,北洋政府交通部档案,中国第二历史档案馆藏,全宗号 1056,案卷号 16。

　　③ 　《沪宁练习车务总管戴麟书对于改革及整理沪宁铁路之意见书》,《建议收回路权制止军队扣留车辆添加国库收入意见书》,京沪沪杭甬管理局档案,中国第二历史档案馆藏,全宗号 457,案卷号 159。

铁路学堂的人数共计 1 517 人。按照欧洲各国铁路公司平均计算,每一里需用人 4 名。中国已营业铁路共 14 495 里,以此例推,则应该有 57 980 人,而中国所有毕业及未毕业的在校学生尚不及欧洲的 2/57。中国铁路,算上正在修建的,一共 60 000 余里,仍需要 25 万人以上。[1]

在半封建半殖民地的中国及军阀混战的背景下,中国的铁路人才数量与西方国家相比差距甚远,中国铁路人才教育举步维艰。但是,中国的铁路教育仍是多方面、多层次、多形式的,与其他产业相比,成绩仍比较出色,对中国铁路的建设和发展做出了重要贡献。

清末开始的江苏铁路教育,为中国及江苏培养了一批铁路方面的人才。江苏各铁路学堂的教育总体表现为重视技术,尤其注重实习或实践,有些学校还把参加社会实践作为能否毕业的重要条件等。这种注重技术型和实用型人才的培养理念,促进了江苏铁路的发展,也推动了江苏教育近代化的进程。

---

① 曾鲲化:《中国铁路现势通论》(下),化华铁路学社,1908 年,第 103 页。

# 第五章　沪宁铁路的余利交涉

## 第一节　沪宁铁路余利纠葛之缘起

近代以来,铁路开发及铁路借款是西方列强惯用的一种侵略方式,而谋取铁路余利则是其中一个较为隐蔽的重要侵略手段。铁路交涉因之成为近代中外关系中的矛盾焦点,并贯穿于中国对外交涉的全过程,当时的内政外交多至力于维护和力争中国利权。其中,中英关于沪宁铁路余利的纠葛是20世纪20年代前后中外铁路交涉中较为重要的一项。

铁路是近代文明发展的一大产物,可是,随着中国国内外局势的变化及列强划分势力范围对路矿的激烈争夺,中国的铁路权成为俎上之肉。"今外人有不战而侵略吾土之术,其所持以为军械者,曰建路之权。"① 英国是近代史上侵华的先锋,攫取在华铁路特权方面,亦复如此。

从19世纪80年代起,英国殖民者不断夺取中国铁路特权,在英国的胁迫与要挟下,中国政府接受了英方关于沪宁铁路修筑的全部要求。1903年7月9日,盛宣怀与中英银公司在上海正式签订《沪宁铁路借款合同》。根据借款合同,英方以分取余利的方式来攫取营业进款的利润,这样,不管铁路营业状况好坏英国都能分到五分之一的余利。

---

① 《论外人攫取矿权之害》,《外交报》癸卯,第26号。

沪宁铁路开办初期,因有河运和海运与之竞争,营业并不发达,历年均有亏折,无余利可言,"徒以数年之前,营业未臻发达,行车进款,除经常费用外,尽付借款利息,不敷尚多"。[1] 直至1916年,沪宁铁路运营收入才渐见盈余。然而,余利的计算及其分摊成为中英双方有争议的问题,余利纠葛随之产生。

关于余利,《沪宁铁路借款合同》第12款内仅载有"铁路所得余利,应以五分之一即值百抽五分归银公司所得,即照铁路成本价值总数的1/5发给余利凭票""铁路每年进款除提付各项经费及养路、修路,并添换机器车辆及办公一切费用;除借款小票年息5厘及中国总公司自备,或另借银公司购买地价之年息6厘外,所剩是为余利"。[2] 因合同上无明确文字记载如何计算余利,而当时双方的约定亦不甚明了,因此,中英双方关于沪宁铁路余利的计算及分摊分歧较大。

根据《沪宁铁路借款合同》的规定,沪宁铁路借英款共325万镑,即出售小票总额为325万镑,实际售出小票总额为290万镑,其中造路工程款约280万镑,10万镑作为购地之用,其余则由中国交通部筹拨。工程款为3 672 671.12元,购地款为946 413.45元,"此两款既系拨归该路资本之用,又系拨补应售借款小票额之不足"。当初拨款时,邮传部向中英银公司代表濮兰德声明,此项拨款应由该路管理处缴息五厘利息,濮兰德"大致已允"。因此,中国政府认为,在沪宁铁路建筑过程中,"所有部拨该路资本之款,应自1916年起,由该路行车进款,每年付给利息,然后可计算余利"。[3]

中英银公司以《沪宁铁路借款合同》中有关余利的文字记载

① 谢彬:《中国铁道史》,中华书局,1929年,第103页。
② 沪宁沪杭甬铁路管理局编查课:《沪宁沪杭甬铁路史料》,沪宁沪杭甬铁路管理局印,1924年,第157页。
③ 同①,第103页。

为由,坚决反对中国政府的余利计算方法,要求先提分余利,再付中国政府所得利息。他们认为"中国政府自行筹款,不令公司续发债票,是中国政府已实享合同所载减轻借款之权利,倘公司允照中国政府,因减轻合同所订定之借款,其所垫之款,得于铁道进款项下拨付利息,则不但破坏借款合同,且妨害执有债票人及执余利凭票人之权利,并援据合同内载有借款利息及购地小票利息,得于铁道进款项下拨付,此外之资本,并未载明"。又,合同第12条载有每年余利分配,"不得牵涉上年之盈亏,故照此条办法,除去行车开支费养路费、添换车辆费及寻常费用外,所余之款即为净利,其五分之一应归公司所得"。①

1916年至1918年,中英双方关于沪宁铁路余利的分歧始终没有达成一致意见,双方争论不已,沪宁铁路余利纠葛问题日益凸显。

## 第二节　中英双方争论的余利焦点

中英双方关于沪宁铁路余利交涉的矛盾焦点主要集中在4个方面,即在铁路进款内是否应扣除垫付建筑费之五厘利息,在铁路进款内是否应扣除垫付购地款之六厘利息,在铁路进款内是否应扣除历年垫付之借款利息,在铁路进款内是否应扣除每年酌留添换车辆准备金。以上方面,交通部路政司咨询了西方律师,双方争执之观点如下:

### 一、在铁路进款内是否应扣除垫付建筑费之五厘利息

建造沪宁铁路,所需资本除购地外,工程用款共计33 620 184.9元,而沪宁铁路借款合同上规定出售小票总额为325万镑,实际售出小票额为290万镑。其中,尚有提为购地付偿之数。实

---

①　谢彬:《中国铁道史》,中华书局,1929年,第104页。

际上，由借款拨充工程之用者不过 280 万镑上下，其余则由交通部
筹拨，共计 3 672 671.12 元。此项交通部拨款系给沪宁铁路作资
本之用，3 672 671.12 元即为交通部拨给沪宁铁路的工程款。至
1916 年，沪宁铁路营业开始稍有盈余，在沪宁铁路建筑过程中，
"所有部拨该路资本之款，应自五年（即 1916 年）起，由该路实行
付息，洵为争夺拿过办法，乃中英公司力持反对之议，并先要求提
分余利，彼此争执各不相下"。关于交通部拨给沪宁铁路的建筑工
程款的利息是否应该先从行车进款的盈余中扣除再计算余利，双
方分歧较大。

### （一）中国政府的观点

关于沪宁铁路建筑工程款利息的扣除问题，中国政府认为，沪
宁铁路有了盈余后，交通部拨付给沪宁铁路的工程款，应该由该路
行车进款中付给五厘利息，然后才可以计算余利，理由如下：

其一，当初，中英银公司代表濮兰德曾口头同意，沪宁铁路工
程款利息由沪宁路管理处缴息五厘。根据合同规定，中国借英款
325 万镑，实际上仅借款 290 镑，其余所需工程款，经中英银公司
代表濮兰德同意，由交通部拨付；英方亦赞成该款由沪宁路管理处
缴息五厘。因此，中国政府认为，此项交通部的拨款"既系拨为该
路资本之用，应由该路行车进款付给利息，且又是常理"。

其二，根据沪宁借款合同的规定，此款的利息也应该由沪宁铁
路局先付给中国政府。据合同第十二款第一项载，"除支付各项经
费外，铁路所得余利以五分之一归银公司所得，即照铁路成本价值
五分之一之数，发给余利凭票"。中国政府根据"沪宁余利凭票既
系照铁路成本价值五分之一之数发给"的明文规定，认为既然合同
中载有所有铁路成本，其借款部分均应该由该路进款付给利息，那
么，交通部拨款之部分，不应该受到歧视，亦应付给利息。又，根据
借款合同第十二款第四项"此铁路历年进款除提付各项经费及养
路修路，并添换机器车辆与办公费用，又除借款小票年息五厘及中
国总公司自备，或另借银公司购买地价之年息六厘外，所剩是为余

利"的规定,中国政府也认为交通部拨给沪宁工程款也应该由该路行车进款付给利息。

借款合同中又载有,沪宁铁路如"遇有款项,既有可以拨交总公司归入铁路帐内,与售卖小票一律支用之权利,则此项拨款即为未经发售之小票,合之已发售之小票,其总额尚未超过合同所定借款小票总额,即应与已发售之小票,一律看待,由铁路进款支付利息,亦毫无疑义"的规定,中国政府认为交通部拨给沪宁铁路的工程款就应该由沪宁铁路局付息。①

因此,根据沪宁铁路借款合同及中英银公司代表濮兰德的意见,中国政府认为,交通部拨给沪宁铁路的建筑工程款均应由该路进款内扣除五厘利息,然后才可以计算余利。

（二）西方律师的观点

对于沪宁铁路建筑工程款利息的扣除问题,西方律师认为不应扣除交通部拨给沪宁铁路的建筑款之利息,理由如下:

其一,西方律师认为只有发出债券的款项才能扣除利息,否则不予扣除。根据借款合同第一款订明,"借款总额为325万镑,其发出债券只达290万镑。从290万镑中提出10万镑作为购地之用,只余280万镑作为建筑费",此数不敷沪宁铁路建筑总费,因此,交通部实垫足3 672 671.12元作为沪宁铁路的建筑费。又,根据借款合同第五款第十一节"债券分批发售,及每次未发售之前,须先行知照驻英中华公使,俾中国政府遇有款项可以拨交铁路总局,归入铁路建筑费帐内,与借款实数一律支用"的规定,西方律师认为若是该借款总额325万镑之数,按照中国政府所拨给者若干照数扣减,中国应该要求剔除利息。然而,沪宁铁路仅借英款290万镑,并发出债券290万镑,交通部拨给沪宁铁路建筑款3 672 671.12元,没有发出债券。假使中英银公司按照借款合同第

---

① 《部拨沪宁工程款应由该路行车进款付给利息之理由》,京沪区铁路管理局档案,中国第二历史档案馆藏,全宗号457,案卷号2773。

二款完全发售债券筑成该路,该款之利息当由铁路赢利项下扣除,即或公司预付借款,以作建筑之费,其利息则亦必扣除无疑。如果中国铁路总局要求其所垫之款,当与铁路完全发售债券所得之款处于同一地位,即可支付利息。然而,中国政府垫款没有发售债券或小票,所以不能先扣除利息。因此,西方律师认为沪宁铁路借款总额没有按照合同规定全数售出,中国政府的垫款利息不予扣除。

其二,沪宁借款合同中仅规定行车经费款之利息可以扣除,并没有明文规定建筑款之利息,所以不予扣除利息。因为,西方律师认为合同上规定"应由铁路每年进款中扣除行车经费,与夫办理铁路事务有关系之各种经费及付交债券年息五厘,而后核算净利",因此,中国铁路总局所拨付的款项为沪宁铁路建筑费,非行车经费。尽管中方认为,交通部所拨建筑款是关于办理铁路事务之一种经费,且若无此款,沪宁铁路不能有今日之发达。然而,西方律师以合同明文规定为由,不赞同工程款利息的扣除问题。①

### (三) 沪宁铁路局局长的观点

针对西方律师不同意在沪宁铁路进款内先扣除建筑费的利息再计算余利的问题,1918 年 2 月 6 日,沪宁铁路局局长任传榜发表了关于沪宁铁路余利问题意见书,认为交通部垫付给沪宁铁路的建筑费共 367 万余元,应按年计算利息。理由如下:

其一,从沪宁铁路借款合同的内容来看,交通部的拨款应该有利息。根据《沪宁铁路借款合同》第五款"中国遇有款项可以拨交总公司归入铁路帐内与售卖小票之借款一律支用",第十二款第四节"每年进款除小票年息五厘"的规定,任传榜认为中国拨款既然与售卖小票之借款可为一律之支用,且小票之借款既有年息,那么,中国交通部之拨款,当然亦应有年息。

其二,从资本与外资的角度来看,局长认为交通部的拨款属于

---

① 《准驻英施公使函送英京叙案律师及核案律师对于沪宁铁路划分余利意见书》,京沪区铁路管理局档案,中国第二历史档案馆藏,全宗号 457,案卷号 2773。

营业性质,则自应统计其资本之利息。即"中国拨款筑路,本为财政起见,并有营业性质。按本计息,实为营业上之正式开支,毫无疑义。假如自垫之资本独无利息,则垫资者,必将其自己资本提出另放于他处,为生利之谋,再行添借外资,以补其数"。①

## 二、在铁路进款内是否应扣除垫付购地款之六厘利息

沪宁铁路购地用款共支出 2 553 361.935 元,除由原借款提出 25 万镑(此款后只续借购地款英金 15 万镑归还一部分)合 1 835 065.43元应付外,余者均由交通部垫付,即交通部垫付购地款为 71 余万元,其六厘利息是否应该先扣除,再计算余利,双方争执不大。

### (一) 中国政府的观点

中国政府认为沪宁铁路购地皆在勘界之内,按照借款合同,交通部拨给沪宁铁路购地款,应由该路行车进款付给利息。理由如下:

《沪宁铁路借款合同》第七款第二项载,"该路所需用各地,均由总工程师前后详细所绘之图,呈请督办大臣核准之后,即由中国铁路总公司就其筹款能力所及,或全数筹足或筹多少购备应用,悉照实价核算,总以不过英金 15 万镑为度"。同时,合同第七款第三项载,"铁路总公司於标界内购地所需地价总数,银公司可以借垫,不得逾英金 15 万镑"。也就是说,沪宁铁路购地全在英方所规定的标界内,中英银公司可以借款,且不超过 15 万镑。第九项又载,"凡用垫款购地於勘界之外者,概是总公司之事,各地购完后,查明共用过款项若干,则另续出小票,连此款上文所言之英金 15 万镑,合计不逾英金 25 万镑,以便付还购地之款"。即沪宁铁路购地若在勘界外,又续售小票,英方也予以借款,但不超过 25 万镑。合同

① 《沪宁铁路管理局任局长关于沪宁铁路余利问题意见》,京沪区铁路管理局档案,中国第二历史档案馆藏,全宗号 457,案卷号 2773。

还规定,"凡此借款用以购标界外之地者,其借款利息须先由中国所占之铁路余利项下拨付,如不能,则由铁路进款付给",同样说明,若购地在勘界以外,也可付给利息。

至于沪宁购地勘界内外的标准,据沪宁铁路借款合同第七款第二项所载,"自应以总工程司前后详细所绘之图,呈请督办核准者为标准"。又,查核沪宁铁路前总工程司格林森原勘界内铁路所用之地,即"核计价款,初为英金25 五万镑,嗣后又续行圈购上海老车站,接连上海地义袋角货栈地及张华浜机器厂地,共计694亩,需80 万两",此即格林森后来将原勘测的沪宁估单进行修正,并"开明全路购地款为35 万镑"。此项已经经过沪宁铁路总管理处第70 次会议调查核准,因此,中国政府认为沪宁铁路购地应该以此估单为范围。对此,各方均毫无疑义。

由此,中国政府认为,沪宁铁路所购地既未出此范围,且"皆勘界内之地,而无勘界外之地"。因此,交通部为沪宁铁路购买勘界内之地所筹垫款,应按照合同第七款第二项所载,"中国铁路总公司所自备之资本购买铁路地基,应由铁路进款提付利息於缴费沿路费及小票五厘年息付给之后,乃照地价年息六厘核算",即应由沪宁铁路进款按年息六厘付给。如果此项垫款不由沪宁路付息,那么,即说明沪宁铁路所购之地必为勘界外之地①,这必然与沪宁借款合同有矛盾。

### (二)西方律师的观点

沪宁铁路"除由购地券及债券贷得25 万镑不敷购地外,总局确经垫付718 296.505 元作为购地之用",中国铁路总局所争论的是"该718 296.505 元之利息,应先行支付,然后核算净利"。西方律师认为,根据合同规定,无论沪宁铁路购地在勘界内还是在勘界外,英方均同意扣除利息,具体如下:

---

① 《部拨沪宁购地款应由该路行车进款付给利息之理由》,京沪区铁路管理局档案,中国第二历史档案馆藏,全宗号457,案卷号2773。

合同规定，"在测量界线内购地所筹款项不得过15万镑；在测量界线外，铁路总局以自款所购之地，应归该局账内，而对于此种地价均不付息"。但是，合同又规定，"于购地告竣及所用款项能将全数计算之时，可再发债票，其总数合并上述之15万镑，不得过25万镑，用以偿还购地所费之款项"。这说明，沪宁铁路购地款售出债票，总数不得超过25万镑。经过研究沪宁借款合同及铁路总局的函件，西方律师认为，按1913年10月30日订立之合约，所发购地债券只15万镑，其余10万镑由借款中筹拨，中英银公司认同中国铁路总局可将25万镑计算利息。

对于铁路购地款项，合同规定"除常年养路经费及给债票五厘息外，每年准以六厘息计算，买地经费若干，并无限制，其规定只限制利息若干"；又第十五款第二节载，"当全路工程告竣之后，对于债票及购地经费准以六厘息计算，此息由该路收入项下支配，每年发给二次：一在6月1日；一在12月1日。此款亦无规定购地之款项，其原文只云'购地款项'之利息而已"。又，第十二款第四节载，"对于购地之费用出自铁路总局或由公司借出者，每年准以六厘息计算"。

关于1913年10月30日之附带合同及其中条款，经过西方律师详细研究认为，该借款合同第七款记载，沪宁铁路买地用款不得超过15万镑，沪宁铁路所购地款可由建筑项下支配作为偿还建筑款项，然后再发购地债票，所以合同规定此种债票总数为15万镑。西方律师认为此合同对于铁路总局于未清算纯利之前，有先计算购地款项之利息之权力，且合同并无任何限制。①

因此，西方律师认为，沪宁铁路由发售购地债券或由发售债券而得之款，不敷购买建筑铁路地亩之用，总局代为垫款，该垫款之利息应该提除。

----

① 《准驻英施公使函送英京叙案律师及核案律师对于沪宁铁路划分余利意见书》，京沪区铁路管理局档案，中国第二历史档案馆藏，全宗号457，案卷号2773。

### （三）沪宁铁路局局长的观点

沪宁铁路局局长认为中国政府垫付给沪宁铁路的购地款项，共 71 万余两，应按年计息，理由如下：

沪宁铁路局局长认为交通部所垫购地款是就原定地价 15 万镑以外之垫款而言的。据借款合约第七款第四节"铁路所需标界内地价总数，银公司借垫不得逾英金十五万镑，此款应得年息六厘"的规定，局长认为，这是指发行小票之借款垫付地价之用者，以 15 万镑为最多数目，并非 15 万镑。限制全路所需地亩之价值，若仅此 15 万镑，亦不足以购全数之地。又据条约第十二款第四节"铁路每年进款除借款小票年息五厘及中国总公司自借，或另借银公司购买地价之年息六厘外，所剩是为余利"的规定，沪宁路局局长认为应除去国家自备款项之利息才是沪宁余利。①

## 三、在铁路进款内是否应扣除历年垫付之借款利息

沪宁铁路自建成通车至 1916 年，亏损较多，每年"行车进款，除经常费用外，仅付借款利息尚多不敷，故此项拨款利息，即由本部自筹自付，未便转饬该路管理处办理"。可见，沪宁铁路每年偿还英借款方利息一直由交通部帮助拨付。尽管沪宁借款合同规定，中国政府于沪宁路进款不敷借款付息时应有凑补之义务，然而至 1916 年，沪宁铁路营业开始稍有盈余，在沪宁铁路建筑过程中，关于交通部历年垫付之借款利息是否应该扣除再计算余利，中西方意见向左。

### （一）中国政府的观点

中国政府认为历年垫付沪宁铁路借款利息应在铁路进款内扣除，才可计算余利。

中国政府历年拨补给沪宁铁路借款利息之款，截至 1915 年，

---

① 《沪宁铁路管理局任局长关于沪宁铁路余利问题意见》，京沪区铁路管理局档案，中国第二历史档案馆藏，全宗号 457，案卷号 2773。

共 5 507 172.16 元。对于此项拨款,按照沪宁借款合同第十五款第二项,"国家于该路进款不敷借款付息时,应有凑补之义务,然于该路进款付给借款利息,尚有余数,应即由余数仅先还清后,方得计算余利,是亦各项营业中之常道";又据第十二款第四项,"该路进款内应除支之各项利息,既未订明,只除支本年各项利息,则所有每年以前该路应支之各项利息,应包括在内"。① 因此,中国政府认为交通部以前垫付该路各项利息之款,应由该路进款归还。不仅如此,交通部拨给沪宁铁路历年凑付借款利息之款,也应该由该路进款内尽先付还。

**(二)西方律师的观点**

针对在铁路进款内是否应扣除历年垫付之借款利息一问题,西方律师认为不应扣除。

按照沪宁铁路借款合同第十五款第四节"不论何时,如该路所有进款,不敷付还借款利息,铁路总局应设法筹垫"的规定。西方律师认为中国铁路总局已照约办理,只是中国铁路总局与执持余利凭票人所争执的问题是"铁路总局对于此种款项,须视为垫款,此种垫款未还清以前,不得有余利可言"。又,合同第十二款第四节载明,"借款利息常年五厘,须于每年进款项下扣除,不得以铁路总局垫款之故,减少第四节所载扣除进款之权"。② 因此,西方律师认为交通部历年垫付之借款利息不应在铁路进款内扣除。

**(三)沪宁铁路局局长的观点**

按照铁路营业性质,沪宁铁路局局长认为,凡遇有盈余时,在分派余利之前,必先扣补其逐年之亏耗。此外,若有余利者,方可

---

① 《部拨沪宁历年凑付借款利息之款应由该路进款尽先付还之理由》,京沪区铁路管理局档案,中国第二历史档案馆,全宗号 457,案卷号 2773。
② 《准驻英施公使函送英京叙案律师及核案律师对于沪宁铁路划分余利意见书》,京沪区铁路管理局档案,中国第二历史档案馆,全宗号 457,案卷号 2773。

谓之真正余利。沪宁路在营业之初不发达，连年亏损，国家为沪宁铁路逐年垫付年息亏耗之款项。沪宁铁路有了盈余，自应先将垫付之款归还，此也在情理之中。①

## 四、在铁路进款内是否应扣除每年酌留添换车辆准备金

沪宁借款合同规定，"铁路每年进款，除提付各项经费及养路修路，并添换机器车辆与办公一切费用"，而添换机器车辆之意义，即此项折旧准备金之用意。该路之所以提此项折旧准备金者，即为添换此项机器车辆之用。中国政府认为在铁路进款内应该先扣除每年酌留添换车辆准备金，再计算余利，也是常理。西方律师予以反驳。

### （一）中国政府的观点

中国政府认为每年酌留添换车辆准备金应在铁路进款内扣除，理由是：机车车辆之折旧，皆在铁路营业过程中发生，因此，折旧准备金应在营业账内开支，是极为正常之事。再根据沪宁借款合同内第十二款，"此铁路每年进款，除提付各项经费及养路修路，并添换机器车辆与办公一切费用，又除借款小票年息五厘，及中国总公司自备或另借银公司购买地价之年息六厘外，所剩是为余利"的规定可知，每年添换车辆准备金亦应在铁路进款内扣除。又，折旧准备金之用意就在于铁路添换机器车辆，之所以提此项折旧准备金，即为沪宁铁路添换此项机器车辆之用。因此，此项开支应该为沪宁铁路正当营业账内之开支，这丝毫不违背常理和合同精神。② 因此，中国政府认为，在铁路进款项下先扣除该项折旧准备金，才可计算余利。

---

① 《沪宁铁路管理局任局长关于沪宁铁路余利问题意见》，京沪区铁路管理局档案，中国第二历史档案馆，全宗号457，案卷号2773。

② 《沪宁机车车辆之折旧准备金应在营业帐内开支之理由》，京沪区铁路管理局档案，中国第二历史档案馆藏，全宗号457，案卷号2773。

## （二）西方律师的观点

对于中国铁路总局是否应在每年进款项下预留一部分款为车辆折旧准备之用的问题，西方律师认为应该依据沪宁铁路借款合同的规定来解决。律师认为，沪宁铁路合同虽然有"每年进款项除去下列营业费及其他一切费用外，所余之款为净利；每年进款项下应提付各项经费及养路修路，并添换机车车辆与办公一切费用"的规定，但是合同并未声明只能在本年内进款中扣除，且合同中亦未载明"各款均须付出，方可扣除，即车辆添换费，无论已付未付，亦可扣除"。① 因此，根据沪宁铁路借款合同，西方律师不赞同中国铁路总局于每年进款项下提出一款为车辆折旧准备之用。

## （三）沪宁铁路局局长的观点

根据沪宁借款条约第十二款第四节"铁路每年进款应除添换车辆与办公一切费用外，所剩是为余利"的规定，沪宁路局局长认为此项费用对沪宁铁路非常有必要，自应按年扣除。另外，"按机车行驶，多则数十年，少亦二三十年，虽不必逐年添换，亦无添换预定之期限，然断无久而不敝之物，不得不先事预筹，由盈余之中，逐年酌提积存的款，以为随时添换及折旧修整之预备，此为营业上一种必不可少之款，实属正当费用"。② 因此，沪宁路局局长认为，只有扣除机器车辆折旧准备金，方可计算余利。

总之，根据西方核案律师的意见，以上4个焦点问题，仅一项即在铁路进款内应该扣除垫付购地款之六厘利息，中西方观点一致，其余三项观点不一。

中国政府意在于进款项下扣除以上各款，所剩者，方可确定为余利之数。而中英银公司则不以为然，且以合同未有明文规定为

---

① 《准驻英施公使函送英京叙案律师及核案律师对于沪宁铁路划分余利意见书》，京沪区铁路管理局档案，中国第二历史档案馆藏，全宗号457，案卷号2773。
② 《沪宁铁路管理局任局长关于沪宁铁路余利问题意见》，京沪区铁路管理局档案，中国第二历史档案馆藏，全宗号457，案卷号2773。

由，认为中方的观点会破坏合同精神，因此反对中方的观点，要求先提分沪宁铁路余利。到 1918 年，双方针对沪宁铁路余利问题仍无法达成一致意见。中英银公司态度强硬，要求向英国法庭提起诉讼，中国政府也希望依靠法律来维护自己的权益。1918 年 2 月 27 日，交通部即电令钟文耀将中国政府观点汇集成《关于沪宁铁路余利问题意见书》带赴英国，以备伦敦公断。8 月，双方订立合同，表示愿意将此争执之事在伦敦各延请律师辩护，并公请一位仲裁人，即以此仲裁人所断为最后之判决，双方不得有异议。

## 第三节 余利计算与余利交涉

### 一、余利计算

沪宁铁路余利问题的分歧必然导致中英双方余利计算结果的不一致。中国政府认为，沪宁铁路余利应该按照合同所定此项盈余总数，除去中国政府历次所垫购地款之年息一项，方为合理，为 49 万元；而沪宁铁路洋账房则强行将折旧准备金及消除债款折扣两项加入盈余数内，为 67 万余元，双方争持不下。

1917 年 2 月，中国代表张竞立在上海与中英银公司代表梅尔思和英国使馆参赞巴登进行沪宁铁路余利计算的交涉。

中方认为，英方所计算的沪宁余利并未除去中国政府拨给该路工程款 600 余万之利息，因此，英方所计算的余利并非实际余利。对于中方的观点，中英银公司代表梅尔思认为沪宁余利应完全按照沪宁借款合同上的规定去计算余利，即合同规定"此铁路每年进款除提付各项经费及养路费修路并添换机器车辆与办公一切费用，又除借款小票年息五厘及中国总公司，自备或另借银公司购买地价之年息六厘外，所剩是为余利"。他认为合同中并没有"该路应在余利内除去政府拨充该路工程六百余万之利息"的明文规定，因此，不承认中方的计算方法及结果。

中方依据合同中有"借款小票应付利息"的规定,认为政府拨充工程款也应该计算利息,且符合常理,也符合沪宁借款合同精神。梅尔思认为合同已经对余利解说得非常详尽,决不能有其他之解释,并认为此项余利非银公司所得,而为债票所有人所得,如果银公司遵照交通部的办法,则有损债票所持人之权利。中方又以沪宁借款总额和实际借款金额不同来驳斥英方的观点。中方认为沪宁余利除去中国政府拨充沪宁铁路工程款之利息,并未有损债票所持人之权利。因为沪宁铁路原借款为325万镑,而发行额仅290万镑,差额为35万镑。如果当时政府无款拨充沪宁铁路工程,则其余35万镑当然发行,沪宁铁路必付35万镑之利息,利息多,付余利当然减少。因此,中方认为,英方所计算的余利非实际之余利。所谓实际余利者,应除去政府拨充沪宁铁路工程所用款之利息。中方还认为合同规定所谓1/5是按照借款全数325万镑而言的,而中国借款未及全数,仅290万镑。因此,中方认为1/5余利之中以35/325归政府所得,方为公允,进而认为"此项计算利息办法与彼等,毫无损失,盖债票所有人固承认借款为三百二十五万镑,其未发之三十五万镑由政府拨充,其用于资本性质,与借款无异,应行计算利息"。

英方认为中方的观点虽然有道理,但是,他们以沪宁借款合同中没有明文规定为由,对中国的观点予以否决,认为中方所指"借款全额未发足一节,本公司曾向贵部要求将余额35万镑发行,而交通部没有同意,且合同并未载有计算利息的字样①。因此,英方对中国的计算结果坚决不予承认。

无奈,中国代表只好以中英银公司前代表濮兰德曾经同意向总公司力求妥善解决此事为由,转向恳请梅尔思给予关照。然而,英方以此事确实无通融之余地为由,丝毫不让步。

---

① 关赓麟:《交通史路政编》第11册,交通铁道部交通史编撰委员会编印,1937年,第3401–3403页。

从双方谈判的情况来看,中国代表主要依据沪宁铁路借款合同来阐释、计算余利,并以常理来说服对方。然而英方完全以沪宁借款合同中的具体文字为由,拒不承认中国政府所谓的"常理",且态度坚决,并以在伦敦解决为前提,照会中国外交部,要求中国政府从速解决并施行。

## 二、余利交涉

1917 年 4 月,交通部将沪宁余利交涉的缘由及各项材料译成英文,由驻英公使施肇基在伦敦聘请律师研究解决办法。

4 月 24 日,驻英公使施肇基与英国律师商谈,阐述了中国关于上述 4 个问题的意见,尤其强调的是中国交通部拨付给沪宁铁路的借款利息应先扣除。理由是,沪宁铁路运营初期营业不发达,不足以付借款利息,因此,交通部拨款偿还其利息。交通部垫付沪宁路借款利息之款,共计 5 507 172.16 元。此款按照借款合同与该路进款不敷借款付息时,交通部虽有拨补之义务,然而,在沪宁路进款足敷借款付息而有余时,应由余数中尽先拨还,亦在情理之中。英国律师则认为交通部垫借款付息之款及折旧费较难实施,对交通部拨购地款应得年息六厘表示赞同。①

1917 年 7 月,英方代表梅尔思电催中国交通部,要求交通部向伦敦公署起诉。中国代表施肇基以沪宁余利案取决于英国法庭,有损国家体面为由,请求改为公断办法。中英银公司同意采用公断办法,但是必须依照英国法律规定的手续,并在伦敦实行。

为了让伦敦公断对中国有利,交通部电告驻英公使施肇基,让其努力寻求解决办法。后来,中方聘请了当时英国著名的法律家、声价甚高的约翰·蒙德代尔(John Medonell)先生,还专门将"圆明

---

① 《照抄咨驻英公使文》,京沪区铁路管理局档案,中国第二历史档案馆藏,全宗号 457,案卷号 2773。

园之两件玉器,赠送予他"①,希望他关照中国。

1918 年 4 月,梅尔思致函中国交通部,关于沪宁余利案,双方均愿意接受伦敦仲裁裁判解决。交通部遂令施肇基全权主持沪宁余利案一切事宜,同时,选派代表去伦敦参与仲裁。5 月,中英双方在伦敦进行谈判。在沪宁铁路余利案的初次谈判中,英方律师不与中方律师会晤协商,自行拟具解决办法,引起中国代表的强烈抗议。经过中方代表与英国律师的直接交涉、据理力争,英国律师对裁判办法"修改重拟",中方认为"颇公正简明"。但是,英方又增加了抵押一项,要求中国政府拿出沪宁路所购之地全在堪界之内的证明,律师认为这关系到整个评判结果。② 施肇基将谈判情况致函中国交通部。

1918 年 8 月,沪宁铁路管理局把证明沪宁铁路购地全在界限内的材料寄到伦敦,同时还寄去一份洋文证明书(如下)。双方关于购地界限已经商妥,彼此签字互换。

Dear Sir:

### L A N D.

Your No. A 24/4219 dated 29/7/18

In accordance with your request; I hereby certify that the land purchased for the construction of this Railway is within the survey limits as laid down by my predecessor.

Yours faithfully

(Sgd. ) A; C. Clear.

Engineer-in Chief& General Manager.

自 1918 年 8 月开始,沪宁铁路余利仲裁案在伦敦召开,由英

---

① 关赓麟:《交通史路政编》第 11 册,交通铁道部交通史编撰委员会编印,1937 年,第 3405 页。

② 同①,第 3406 页。

国人沙勋爵主持,前后共召开 7 次会议。①　其中,1918 年 8 月 13 日召开的第二次会议,订立了沪宁铁路余利案仲裁合同,②双方愿将争执之事交付仲裁,以一仲裁人所断,为最后之判决,双方不得有异议。兹将争执之事列下:

(一) 应否于余利项下先扣除下列各款,然后分配余利。

(甲)政府垫付建筑费之利息周年五厘。

(乙)堪界内及堪界外之购地款未经发行购地小票付还以前,周年六厘利息。

(丙)政府遵照 1903 年 7 月 9 日所订合同订付之借款利息。

(二) 交通部应否于分配余利之前,每年酌留款项以备添换机车及车辆之需。

合同载明仲裁人对于争执各事有相机判决之权,并责令双方执行,仲裁人并有权可逐次宣布其亲手签字之中段判决文,双方均须遵照执行,视为最后之断定,仲裁人亦可判定何方面应付仲裁费,或全份或一部分,及仲裁费之如何付法,并应于末次判决后,三个月以内决定,此项仲裁费之数目,又按政府与公司愿将争执之事付交仲裁人判决,业经双方律师致函证明。又按听审时,政府取消问题(一)(乙)将该问题改为"堪界内之购地款,未经发行购地小票付还以前,周年六厘利息"。

---

① 7 次会议分别是:1918 年 8 月初召开第一次会议;1918 年 8 月 13 日召开第二次会议,并订立之仲裁合同;1918 年 12 月 19 日召开第三次会议;1918 年 12 月 27 日召开第四次会议;1919 年 1 月 2 日召开第五次会议;1919 年 1 月 3 日召开第六次会议;1919 年 4 月 14 日召开第七次会议。

② 《译沪宁余利仲裁案中段判决文》,《沪宁路余利仲裁会议(共 7 次)记录及仲裁合同》,京沪区铁路管理局,中国第二历史档案馆藏,全宗号 457,案卷号 2660。

沪宁铁路余利案仲裁合同签订后,英国仲裁人沙勋爵召集双方法律顾及检事律师开庭审讯。其中一位西方律师颇为公正,他认为"判定该路余利,应先将偿还政府,按合同自 1903 年 7 月 9 日起,垫付债券利息之数减去后,方可付给各股东余利"。1919 年 1 月 3 日,双方召开第六次会议。至 22 日,经仲裁人沙勋爵宣告沪宁余利仲裁案中判决文,并签字生效。各问题判决如下:

(一)兹判决铁路进款内不应扣除政府垫付建筑费之五厘利息,后始分配余利。

(二)兹判决铁路进款内应扣除政府因 1903 年 7 月 9 日,所订合同垫付之借款利息,后始分配余利。

凡 1918 年 8 月 13 日合同内及双方律师来函内所载各问题,未经本仲裁人判决者,此时暂不宣告判决。①

这次沪宁余利仲裁公断出两个结果,即工程款利息不应扣除和历年政府垫款利息应扣除。从沪宁余利中段判决文的内容可以看出,中国政府所争论的 4 个焦点问题,政府垫款利息一项中国胜诉,政府垫付建筑费利息一项中国败诉。同时,该判决文还规定"其余未经判决各点,留待第二次判决"。

对于此次判决结果,中国政府不甚满意,遂对所聘英国律师"颇怀戒惧之心"。因此,交通部特电京汉铁路局局长王景春自美国赶赴英国,主持一切关于沪宁铁路余利交涉事宜。随后,双方律师及仲裁人多次开会讨论沪宁余利问题。

5 月 10 日,沪宁余利仲裁案在伦敦举行第二次判决,经仲裁人沙勋爵宣布并签字生效,沪宁余利仲裁案第二次判决,解决了两个问题,即不应扣除购地款之六厘利息和不应扣除车辆准备金。

---

① 《译沪宁余利仲裁案中段判决文》,《沪宁路余利仲裁会议(共 7 次)记录及仲裁合同》,京沪区铁路管理局,中国第二历史档案馆藏,全宗号 457,案卷号 2660。

各问题判决如下：

（一）兹判决铁路进款内不应扣除堪界内购地款之六厘利息，该购地款未经发行购地小票付还者。

（二）兹判决交通部不应每年酌留款项以备添换机车及车辆之需作为准备金，并铁路进款内于分配余利之前，不应扣除车辆准备金。

兹判定 1919 年 4 月 14 及 15 两日，厅审费及见证费，由政府全数付交中英银公司，该费数目不必依照合同，可由高等法庭管税员定夺，双方所用之讼费由双方各自担负，判决费则双方各出一半，此判决文于 1919 年 5 月 10 日经本仲裁人英国邓复冷地方沙勋爵签字。①

至此，沪宁铁路余利纠葛中中英双方所争论的 4 个焦点问题，即"在铁路进款内是否应扣除垫付建筑费之五厘利息、在铁路进款内是否应扣除垫付购地款之六厘利息、在铁路进款内是否应扣除历年垫付之借款利息、在铁路进款内是否应扣除每年酌留添换车辆准备金"，仅"在铁路进款内应扣除历年垫付借款之利息"，中国胜诉，余者中国均为败诉。

在整个伦敦仲裁过程中，一位英国裁判官认为中国"交通部之辩论实为正当"，然而"领其数甚微，即使付还政府，于实际上亦无甚轻重"，建议中国"惟不应使中英银公司，特开一种先例，此类事项少一让步，或且启觊觎之渐其情形，大抵如是"。②

此时正逢巴黎和会期间，中国同希腊、葡萄牙等小国一样，只有两席，且只有在被邀请时才能列席陈述意见，这种差别待遇使中国处于十分不利的地位。中国代表的辩论陈词，各国颇少同情，对

---

① 《译沪宁余利仲裁案第二次判决文》，《沪宁路余利仲裁会议（共 7 次）记录及仲裁合同》，京沪区铁路管理局，中国第二历史档案馆藏，全宗号 457，案卷号 2660。
② 《关于解释滕芳林裁判官贵族邵判词之意见书》，京沪区铁路管理局档案，中国第二历史档案馆藏，全宗号 457，案卷号 2773。

于中国之问题未予以讨论，"我方虽节节退让，但大会当局迄不允行"。[①] 英美等国出于自身利益考虑多袒护日本、压制中国，致使巴黎和会上中国外交失败。在这种中外国力悬殊的背景下，中国代表只能以"应与不应"二字来答。最终，中国政府只能接受伦敦的判决，中国"一胜三负"，这在意料之中。

英国的强权及其对中国施压是这次交涉失败的重要原因，民国铁路界人士谢彬先生认为，"我国铁道外交之失败，固由于国力未充，然亦有因当事人头脑不明，或自暴自弃，而受意外之祸者，兹特揭而出之，以告办理铁道交涉者"，尤其是"沪宁之失权过巨者，乃当时订合同者失察之故"。[②] 的确如此。为了确保能够长期控制沪宁铁路，沪宁铁路借款合同规定中国不得提前还款，否则加价，加价幅度为每百加二厘半；若中方赎回余利凭票，则须先偿付应分之余利，再按照票面价值 100 镑赎取，并从债票发行之时就发给余利凭票，期限 50 年[③]；借款利息为五厘，远远高于同期欧洲国际金融市场 3% 及以下的利率，沪宁铁路借款的折扣为 9 折，也高于当时国际融资中通行的 9.7 折。沪宁铁路余利的 1/5 作为中英银公司的酬金，这确保了在铁路亏损的情况下，自身能获得巨额经济收益。沪宁铁路借款合同还规定以英文为作准文字，"如有翻译辩论之处，以英文为主"。[④] 沪宁铁路所订借款条约，诸多损失，"诚为我国铁路借款，丧失利权之最大者"。

## 三、余利分配

1919 年 5 月，沪宁铁路余利案判决已经结束，接下来应分摊余

---

① 张忠绂：《中华民国外交史（1911—1921）》，北京华文出版社，2011 年，第 338 – 339 页。

② 谢彬：《中国铁道史》，上海中华书局，1929 年，第 60、59 页。

③ 凌鸿勋：《中国铁路志》，台北畅流半月社，1954 年，第 104 页。

④ 王铁崖：《中外旧约章汇编》第 1 册，生活·读书·新知三联书店，1957 年，第 833 页。

利。至 1920 年 12 月 30 日,沪宁铁路尚欠中国政府 2 698 730.71 元,照表面观之,非超过此数,初无余利可言。而自 1921 年 1 月 1 日起,业经付给政府或代政府支付若干数目,以减少上项结欠之数,其余数结至本年年终,可以清还。

1921 年 5 月,沪宁铁路账务总管米杜敦致函交通部,称 1920 年全年账目已经清算结束,所有盈余已经按照前拟计算分成办法,中英银公司应摊分沪宁铁路 1920 年余利 1/5,计 224 454.31 元,并称沪宁铁路应还政府垫款总数为 5 544 872.63 元,除历次提还现款及转账列销各数外,尚余 1 239 239.16 元,再加列销本路经常资本支出不敷之数,至 1920 年 12 月底止,营业准备金之数,两项共计 146 849.92 元。其不足之数,则由一、二两批购地债款还本所得总汇盈余内拨款支销,沪宁铁路应还政府垫款已全数清讫。交通部派专员来沪宁铁路局查核账目,发现与"沪宁铁路余利纠纷审判的数据尚属相符"。

"一战"后,英国在华地位削弱,中国人民的反英斗争又打击了英国在华势力,迫使英国政府考虑调整其对华政策。在此期间,中国政府与英方多次交涉,1921 年 6 月,英方同意与交通部订定沪宁铁路余利交款办法,共 4 条。即"(1)兹允按照 1921 年 6 月底结帐之数将平、三、一政府暂垫款项下余数即行偿还交通部;(2)为偿还上述款项起见,应即由伦敦存款内提取 2.5 万镑或 3 万镑,如必要时提款亦可较多,唯必须视力能所及为限;(3)于偿还上述之款后,应即按总会计 1921 年 7 月 29 日 1253 号函中所述将结至 1920 年底止,中英银公司按照借款合同之规定应用;(4)于计算中国政府应分 1921 年度之余利时,应参酌中政府之要求,将进款账由 1908 年 4 月起至 1921 年 12 月止所有租金之收入,确为中政府所应得者,即归还中国政府"。①

---

① 关赓麟:《交通史路政编》第 11 册,交通铁道部交通史编撰委员会编印,1937 年,第 3410 页。

根据该办法,将中英银公司应摊分沪宁铁路1920年余利1/5,计224 454.31元,交中英银公司分给执余利凭票者,并加应摊分中国铁路总公司1920年余利1/5,计897 817.24元,由沪宁铁路代替交通部另立还债,公积专账分存于上海妥实银行,并收入专账,以备按照合同偿还路债或购地之用。①

第一次余利分配之后,中英银公司应得的余利,沪宁铁路及时拨付了。然而,由于沪宁铁路洋总工程师及账务洋总管多方留难,中英银公司又从中操纵,中国政府当得的有些款项不能顺利实施。交通部虽然与英方多次进行交涉,英方却仅于偿还广九及浦信等路款时,量予移拨一点,嗣后又归于停顿。广九借款在拨还时,又被中英银公司所阻拦。中国政府援引沪宁铁路借款合同第十二款第三项之条文,谓中国政府"所得余利可用以随时随地还清,或清偿所有中国铁路之债务"等,同时根据广九、浦信铁路的先例,中国交通部多次与英方争持、交涉。终因双方对于条文解释各不相同,中方未得到满意结果,而中英银公司却公然声明此项余利应作为沪宁借款还本到期时之预备金。

西方列强之间的利益争夺一直未停止,1921年11月至1922年2月,美国发起并召集华盛顿会议,会议的主要目的是讨论限制军备问题、太平洋及远东诸问题,尤其是中国的问题。经过中国代表的努力交涉与争取,中国在华盛顿会议期间取得了一些收获,然而,这次会议仍是巴黎和会的继续,是帝国主义划分势力范围、分赃的会议,是对积弱不振、贫穷落后中国的争夺。尽管英国在亚太霸权实力渐弱,但仍力图维护其在华利益。1923年5月10日,中英银公司代表梅尔思致电中国铁路督办,提议募集新债收回余利凭票,交通部给予"拒驳"。这"突出总公司诸董事意外",他们"不解交通部对于收回余利凭票及募集新债之办法,何以不蒙容纳。"

① 沪宁沪杭甬铁路管理局编查课:《沪宁沪杭甬铁路史料》,沪宁沪杭甬铁路管理局印,1924年,第158页。

中英银公司认为其"所拟用以收回余利凭票之新债,总额凡58万镑,以常年八厘利息计算,正与总公司所得余利五分之一数目相同,且因余利凭票之收回,更可续增资金,即从前中国政府对于沪宁铁路投资或其他债款之利息,亦可拨还至关于25万镑之急,借款据诸董事意见,除由沪宁进款拨付利息新债之一节有法律问题外,咸以为就沪宁铁路营业情形而言,似已得有募集新债之相当必要,现在需款,既殷何必仅恃公司之款,殊难索解总之敝公司诸董事甚愿与贵部协力合作,以谋斯路之发达",最后,英方一再强调"惟双方问题之解决,必以收回余利凭票为前提"。[①] 中国政府均未予答复。

经交通部与英方多次交涉协商,6月19日,沪宁铁路财务总管米杜敦将所核定的公文函至交通部。交通部认为,米杜敦所列"本部所垫之款目,共580 446.7元为垫给沪宁铁路,以为付还1922年5月18日应付借款利息之用,其延期付款应出之利息及汇兑之亏耗,共7 415.12元,系由借款所发生之费用,应由铁路担负,不能由政府垫款。58 446.7元内扣除,绝无疑义"。又因该路"经济困难,本部允其将此项垫款陆续归还,应先还284 158.35元,7 415.12元在内至米君公文所云,296 288.35元一款,应由其他政府暂垫款项下扣除,而此项垫款,一俟该路经济充裕,即当从速清偿为是,鄙意米君公文所开(丙)条应即取消,因284 158.35元应如何存放之处,本部自有权衡该路,未便干涉"。梅尔思及米杜敦亦"承认中国政府所垫给沪宁铁路的款项,无论是充为资本或营业之用,均应按照铁路成规,索取利息,甚属正当"。但是,交通部"对于正当之利率,则尚未议定,兹为两方便利起见,拟从速结束此项问题,本部允按照米杜敦君所提议之年利五厘行息,并盼梅君从速极力向伦敦中英银公司说项,

---

① 《照译中英公司梅尔思致铁路督办函》,京沪区铁路管理局档案,中国第二历史档案馆藏,全宗号457,案卷号2773。

从速承认为要".①

　　至此,中国政府也明白了沪宁余利交涉若不彻底解决,以后会给中国带来更多的损失。1923年9月,正值欧洲召开国际交通大会,中国政府派交通部委员陈清文参加此次大会,并赴英与中英银公司交涉沪宁铁路余利分配问题。因中英银公司董事态度坚决,毫无通融余地,因而交涉屡告停顿,迁延数月。

　　至1924年春,双方签订了关于沪宁余利问题之新合同。内容如下:

沪宁铁路余利问题合同②

　　一、铁路进款内应扣除政府垫付建筑费之五厘利息及购地款之六厘利息,始能分配余利。

　　二、铁路进款内应酌留款项作为添购机器及车辆之准备金,始能分配余利。

　　三、自1923年起每年应在政府余利项下提出英金2万镑存入银行,积至1928年之末,除去银行手续费外,应将存款11.6万镑作1929年第一次还本之用。

　　四、自1929年起迄1953年止,每年应在政府余利项下提出11.6万镑以备历次还本之用,如不足此数时,应由政府以他款弥补之。

　　五、政府余利项下除前述两项外,所有余款应递年提存25万元作为铁路增加资本之用,或短期及暂时之借款担保,倘所余不足25万元时,应尽数提存。

　　除上述所提各款外,所余款项,政府得移作其他铁路之用,但以兴中英或华中公司有借款关系者为限。

---

　　①　《译交通部路政司司长包光镛司长致任传榜局长函》,京沪区铁路管理局档案,中国第二历史档案馆藏,全宗号457,案卷号2773。

　　②　关赓麟:《交通史路政编》第11册,交通铁道部交通史编撰委员会编印,1937年,第3411页。

此合同于 1924 年 6 月经中国交通部签字寄往伦敦,由双方律师磋商商定,经英国最高法庭批准,再由中英银公司签字。所有批准手续及凡应纳费用,均由中英银公司负其全责。至此,沪宁余利交涉案告一段落。

中英关于沪宁铁路余利交涉经历巴黎和会与华盛顿会议,从巴黎和会到华盛顿会议,中国代表的一次次努力均告失败,一个个希望相继破灭。在帝国主义强权政治时代,政治上支离破碎,经济上孱弱不堪,更没有强大的武力为后盾的中国希望在外交上以公理战胜强权以维护国家权利,只能是一个浪漫的幻想。

20 世纪 20 年代,中国政局动荡,内政纷乱不堪。军阀混战,战争连绵,致使沪宁铁路收益顿减,沪宁铁路余利分配问题无法顺利解决。中国所处的外交局势复杂,并饱受不平等条约体系的严重侵害。第一次世界大战中,中国丧失了许多利权,尽管北洋政府战后也力图把握时机以恢复国家利权而努力,然而不断分裂并逐渐走向衰亡的北洋政府无力挽救民族的危机。

至 20 世纪 20 年代末,随着国内革命形势的迅速发展,英国在华势力和利益均受到空前挑战,为了保住其在华的既得利益,英国着手实施所谓的对华新政策,承认国民政府的存在,同意在一定条件下修改对华条约。1930 年 1 月,国民党政府与中英银公司进行交涉,修订了《沪宁铁路借款合同》,将该公司按照借款合同规定的享有分配余利的权利改为按年付给酬金。同时,裁撤沪宁铁路洋总管一职,由铁道部派一名经中英银公司同意的代表任董事会主席,除工务处长和会计处长由中英银公司推荐,由交通部委任外,其余各处处长均由华人担任。经过艰苦卓绝的斗争,中国人渐渐收回了一些属于自己的权利,维护了国家的主权,也维护了江苏的利益。

# 第六章　沪宁铁路与江苏社会发展

## 第一节　沪宁铁路与江苏经济发展

近代中国社会是一个动荡不安的社会,剧烈动荡的根本起因是西方列强的入侵。西方列强入侵的主要表现形式为由沿海港口向内地的侵入,其中铁路有着不可替代的载体作用。铁路的通车不断冲击着近代中国的社会经济结构,瓦解了几千年封闭的自然经济的根柢,加强了各地区之间的经济联系和文化交流,从而带动了铁路沿线地区社会经济的发展,成为近代中国社会经济结构深刻变化的助推器。

### 一、沪宁铁路改变江苏传统交通运输格局

中国传统的交通主要指水路和陆路,其交通工具主要是依靠畜力的车辆和依靠人力或者风力的船只,交通设施是传统的木制或者石制桥梁、土路。中国传统社会的商品交换水平并不很高,而在当时的历史条件下,水运作为最先进的运输方式,无疑是保证各地经济正常交流的重要工具。在 19 世纪六七十年代以前,传统性河海航运是江苏交通运输的命脉。江苏东濒黄海,有长江横贯东西,大运河纵贯南北,省内河网密布,具备水上运输的优越条件。随着明清以来经济的活跃和商业的繁荣,加上每年须为清政府转运 100 余万石漕粮,江苏渐渐拥有了一支庞大的以木帆船为主的航运队伍。咸丰年间,仅在上海浏河一

带运送漕粮的沙船就有3 000余艘。① 江苏沙船大者可装运2 000至3 000担,远胜过陆上人力和畜力驮运。因此,运河是贯通江苏南北的交通大动脉,并已经形成江苏传统的运道和基本的货流趋向。

鸦片战争后,外国航运势力开始侵入江苏,轮船在技术上所显示的优越性及其带来的竞争压力,使得中国传统航运业务受到了沉重的打击。东南沿海的许多口岸,木帆船都遭到了轮船的排挤,经营范围也开始受到严重削弱。外国商船“资本既大,又不患风波盗贼,货客无不乐从,而上海之商船船户,尽行失业,无须数月,凋敝立见”。② 美国驻华公使列卫廉(W. B. Reed)也承认,“中国大部分的沿海贸易从本地船只转移到外国船只手里”。③ 有人说,中国帆船正在迅速从商业航线上消逝,上海海关的一份报告也有这样的言论,“帆船华运的黄金时代已成为历史了”“帆船根本没办法与轮船竞争”。然而,江苏有长江横贯全省东西400公里,亦有大运河作为贯通南北的交通大动脉,水运仍是江苏交通的特点。

因此,沪宁铁路通车初期,因有运河和长江等河道与之竞争,多数货物到了江边仍是由轮船转运到上海或其他地区,只有少数货物经由铁路运到沿途城乡各地,表6-1为1912年江苏各地交通方式的比较。江苏货物运输仍以水运为主,铁路运输较为冷清。

至民国初年,水运在江苏交通运输格局中仍占一定优势。据统计,直到1913年,仍有3万多艘木船在江南航行,约有2万艘航行于苏中河道。因此,在江苏政府的鼓励和支持下,沪宁铁路局积极加强该路的经营管理,采取各种优惠政策来吸引客商,如规定本

---

① 《总署致两江总督曾国藩函》,《海防档》,第861页。
② 《筹办夷务始末》(咸丰朝)卷三〇,故宫博物院影印,1930年。
③ [美]丹涅特:《美国人在东亚》,姚曾廙译,商务印书馆,1959年,第321页。

路货运价格低于全国平均价,为部分货物如糖、猪、牛等制定特价,并公布了一些货物的特减运价规则及每公吨运价表,又对大吨位、整车、长距离的货物在运价上给予优惠等政策。同时,铁路运输方式与其他运输方式相比,较为先进,其运输能力强、费用低廉、速度快、运量大、受气候影响小等特点使铁路运输的优势渐渐显现出来。

**表 6-1　1912 年江苏各地交通比较**

运线单位:条　　长度单位:千米　　密度单位:米/平方千米

| | | 苏南 | | | 苏中 | | | 苏北 | | | 全省 | | |
|---|---|---|---|---|---|---|---|---|---|---|---|---|---|
| | | 运线 | 长度 | 密度 | 运线 | 长度 | 密度 | 运线 | 长度 | 密度 | 运线 | 长度 | 密度 |
| 水运 | 长江 | 1 | 440 | | 1 | 440 | | | | | 1 | 440 | |
| | 运河 | 1 | 211 | | 1 | 288 | | 1 | 188 | | 1 | 687 | |
| | 其他 | 11 | 789 | | 11 | 1 207 | | 3 | 306 | | 25 | 2 300 | |
| | 小计 | 13 | 1 440 | 51 | 13 | 1 935 | 53 | 4 | 494 | 13 | 27 | 3 427 | 34 |
| 陆运 | 铁路 | 3 | 387 | | | | | 2 | 57 | | 5 | 444 | |
| | 公路 | | | | 2 | 12 | | | | | 2 | 12 | |
| | 小计 | 3 | 387 | 13 | 2 | 12 | 0.3 | 2 | 57 | 1.5 | 7 | 456 | 4.5 |
| 合计 | | 16 | 1 827 | 64 | 15 | 1 947 | 53.3 | 6 | 551 | 14.5 | 34 | 3 883 | 38.5 |

资料来源:姜新:《近代江苏交通发展的不平衡及其影响》,《中国矿业大学学报》,2000 年第 2 期。

以上海与杭州之间部分农产品的运输费用为例。根据 1910 年海关关册杭州口报告,各类货物的火车运费平均相当于轮船运费的 86%,其具体运费如下(见表 6-2):[①]

---

① 宓汝成:《帝国主义与中国铁路 1847—1949》,上海人民出版社,1980 年,第594 – 595 页。

表6-2　1910年货物火车与轮船运费表

元

| | 豆类(担) | 棉花(担) | 丝(担) | 茶(吨) | 烟丝(担) | 烟叶(担) |
|---|---|---|---|---|---|---|
| 火车运费 | 0.13 | 0.22 | 0.34 | 3.44 | 0.34 | 0.22 |
| 轮船运费 | 0.18 | 0.35 | 2.00 | 2.50 | 0.15 | 0.25 |

到20世纪20年代中期,铁路运费每吨每公里总体上仍不到0.015元,而平推独轮车或平板车的运费至少要比铁路运费高10倍,人力肩挑背负的费用则高出20至30倍。至30年代初,各类货物的火车运费平均相当于汽车运费的24%、驴车或马车运费的38%。铁路运输费用比其他运输工具更为低廉,这也是西方国家策划在中国建筑铁路所坚持的经济技术上的一个重要理由。

至民国年间,沪宁铁路开始动摇自古以水运发达著称的江苏运输格局,逐渐对江苏传统运力和运道产生一定的冲击,渐渐左右了铁路运输力量所及范围内的货物流量和流向,承揽了部分水路运输业务,改变了江苏固有的运输格局,促使传统货流改道,形成了新的货流趋向。到1912年,随着津浦铁路的通车,江苏地区货物的流向开始发生一些变化,原来依靠水运的货物渐渐经蚌埠改由火车运到浦口,然后转向沪宁铁路南运至无锡、上海等地,使得与沪宁铁路平行的吴淞等江河水运价值大为降低,尤其是进出苏州地区一带的货物,大多改用铁路运输。①

镇江地处长江与运河交汇处,传统水运使它成为南北商业贸易的周转站和集散地,是江苏地区的贸易中心。然而,京汉铁路、胶济铁路通车,北方出口货物渐渐流向汉口、青岛和南京,沪宁铁路通车,南方大部分货物又为沪宁铁路吸收,津浦铁路通车后又有一部分货物流向南京,运河水运逐渐衰落,大宗货物纷纷转走铁路,致使进出镇江的货物逐年下降。1903年,镇江的转口贸易额

---

① 宓汝成:《帝国主义与中国铁路1847—1949》,上海人民出版社,1980年,第630页。

为 1 676 663 海关两,1911 年下降为 436 652 海关两,1912 年则下降到 210 827 海关两,1914 年更锐减到 207 920 海关两。[1]

南京自古就是政治中心,商贸并不发达。沪宁铁路开通后,进出南京的货物却逐渐增多起来,南京成了南北交通枢纽,并成为沪宁地区的经济副中心。到 1911 年,南京的土货出口总值达 297 万两,洋货进口净值 395 万两。两年后,出进口总值分别增至 581 万两和 641 万两,1920 年又增至 2 500 万两和 2 100 万两,几乎达到 1911 年 10 倍和 7 倍,10 年间分别增长了 741.8% 和 431.6%。[2]

沪宁铁路的开通使上海的交通愈加便捷,进出上海的货物增加更为明显。1900 年,上海对外贸易的输入总额为 12 600 万两,1910 年增加至 19 800 万两;1900 年输出为 7 800 万两,1907 年为 12 000 万海关两,1911 年增至 15 000 万海关两,1915 年为 17 000 万海关两,1919 年达 22 000 万海关两,1925 年突破 30 000 万海关两,是沪宁铁路开通前的 10 倍,"此殆由于所感铁道交通之便利也"。[3] 足见,沪宁铁路逐渐替代运河成为贯穿江苏南北的重要交通线,并成为近代江苏交通运输的重要方式。

沪宁铁路的通车使江苏摆脱了内地交通区域化的桎梏,改变了农村地区原有的交通面貌,加强了农村地区与外界的交流,农村交通及贸易路线随之改变。以前基本自给自足的产品陆续向外输出了,原来经过各河流运输的内地农产品渐渐改由铁路输送到沿线城市及其他地区。随着铁路的通车,甚至安徽北部、山东、江苏等广大地区的农产品也大量经由铁路转运至上海等地。至 1909 年,沪宁铁路全线开通的第二年,全路发送货物总重就已达 20.6

---

① 宓汝成:《帝国主义与中国铁路 1847—1949》,上海人民出版社,1980 年,第 612 页。

② 同①,第 612 页。

③ 《铁道与贸易》,《铁路协会会报》,1922 年,第 11 卷,第 114 期第 2 册,第 145 页。

万吨,1912 年增至 48.9 万吨,1920 年则达 139.9 万吨。①

沪宁铁路所提供的客运服务更是传统交通工具难以企及的。以前,因交通不便,人们畏惧出门,但铁路的通车让百姓体验到了火车的便利和快捷。人们渐渐改变了原来的生活观念,他们走出家门谋生、访友、就学、就医、旅游、出差等多选择铁路交通。即使是乡村百姓,也打破传统观念乘火车外出闯荡世界,有些追逐新潮的年轻人,旅行结婚也要乘坐火车了。乘火车往来沿线各城乡之间的人逐渐增多起来。1905 年,沪宁铁路通车至南翔,当年发送旅客量就达 56.99 万人。1908 年,全线开通后,年旅客发送量达323.88 万人。至 1912 年 4 月,沪宁铁路日均上下旅客 5 701 人次,居全国铁路之首,当年客运量达 474.43 万人。② 1918 年,中国国有各路日平均通过列车次数为 11 次,沪宁铁路为 19 次(沪杭甬和津浦铁路仅为 9 次),远超全国平均水平。铁路已成为人们外出的重要交通工具。

沪宁铁路以其强大的运输能力和优势,改变了江苏交通运输主要靠河运和海运的格局,并在江苏综合运输网络中起着极为重要的骨干作用,标志着江苏交通进入了铁路运输时代。

## 二、沪宁铁路促进江苏农村经济的发展

江苏农村传统的运输以人、牛、马、水为主,这种交通方式限制了人的出行、货流趋向及内地产品的输出,不仅运量少,且运输成本也高,阻碍了农村经济的发展。民国人士章江波曾指出,中国农村经济的衰落,铁道运输的不发达是其"重要原因"。他认为,铁道运输对于农村社会之功用在于"便利旅行、懋迁有无、调节盈虚和沟通文化",要使农村经济日趋发展,农村交通日趋便利,农村文

---

① 江苏省地方志编纂委员会:《江苏省志·交通志·铁路篇》,方志出版社,2007年,第116页。

② 同①,第116页。

化日益向上,必须有铁道运输。然而,如何复兴农村? 章江波认为,"复兴农村,固然方策很多,而运输的便利,终为重要的手段,所以运输界同人,尤其是铁路方面所负的责任,更为重大"。但是,有了铁路就一定能促进农村经济的发展吗? 还需要政府的惠民政策。他建议,铁路沿线要"减轻税捐,与民休养生息,才能有货可运";同时,还要减低普通运价,对农产品实行"特价",对农业副产品及农民手工产品实行"特价"或免费运输,对农民实行让利政策,有利于"复兴"农村经济。① 时春在《论森林与铁路之关系》一文中论述了森林与铁路的"密切之关系",他指出,"铁路为各项事业之前提,以我国目前情势而论,需要铁路事业发展,较任何事业为尤急,若铁路事业不能发达,其他事业,必更无发展之可言";"铁路营业,以农林产品为运输之大宗,倘农村富饶,农林产品丰裕,沿线营业当因之发达。故铁路协助农民,正所以自助"。②

　　早在 1907 年,沪宁铁路局就将铁路货物运输分为 4 个等级,制定了货物运价,且低于全国各路平均价,远低于京汉铁路的运价,尤其对农村制定了倾斜政策。如蔬菜、水果、五谷、麦子、种子、面粉、花生等农产品,按一吨一里的运价,沪宁铁路为一分一厘六,京汉铁路为三分一厘一;牲畜类,按一匹一厘的运价。猪,沪宁铁路运价仅一厘六毫六,京汉铁路为五厘,全国平均值是二厘七毫七;羊,沪宁铁路运价为一厘六毫六,京汉铁路为四厘。面粉,规定凡经过沪宁铁路的运费按八折计算;牲畜类,经沪宁铁路的运费减去 25% 等。③ 沪宁铁路建成通车后,全线办理货运营业的车站就有 11 个之多。在沪宁铁路局的优惠政策导向下,铁路连接港口与内地的运输优势得以充分发挥,并成为沿铁路地区农产品及乡民

---

① 《铁道运输对于复兴农村经济上之责任》,《津浦铁路月刊》,1934 年第 4 卷第 9 期。

② 《论森林与铁路之关系》,《津浦铁路月刊》,1934 年第 4 卷 11、12 期合刊。

③ 关赓麟:《交通史路政编》第 1 册,交通铁道部交通史编撰委员会编印,1937 年,第 2273 页。

出行的重要运输工具。

一方面,沪宁铁路的通车使农民进城变得十分便利。如沪宁铁路通车以前,无锡的一个小集镇"礼社之经济尚逗留于自足经济之中。开明地主每年亦仅入城一次,农民更墨守乡土,终生未尝一睹都市文明者十之八九,其赴沪、宁、平(北平,即北京)、津各处者更加凤毛麟角,全镇(3 600 多人口)仅二三人而已",而铁路通车后,该镇农民纷纷"打破其墨守乡土之故习,进城经商或做小生意"。① 民初报人包天笑回忆到:"在沪宁路上,以三等车最为热闹,数亦最多,因沿路一带多乡村小市镇,出入往来频繁",且三等车"以农人居多数,向来以肩挑背负上市场的,现在有了火车,省力得多了。车厢中塞满了蔬菜瓜果,还有鱼米鸡豚。……车厢里一时鸡声此起彼和,令人可笑"。② 火车逐渐成为农民外出选择的主要交通工具,也使沿线城乡之间的联系变得密切了。

另一方面,沪宁铁路像巨大的吸管,把沿线地区的物产吸入自己的运输轨道,直接流向港口及其他地区,大大缩短了内地农产品储存、转运和投放市场的时间,加速了资金的周转、资源的开发和贸易的发展,促进了农村社会经济结构的改变。

沪宁铁路通车使沿线地区农作物的种植结构发生了变化,最为显著的是棉花种植面积的扩大。江苏地区的棉花种植原来并不发达,由于沪宁铁路通车、交通条件改善及国际市场的需求,沿线农民纷纷将粮田改为棉田,以致沪宁铁路沿线地区"植棉之地,年有扩张"。至 1918 年,江苏棉田"几倍于昔日""棉田之推广,不可谓不速矣",尤其是苏州、昆山、常熟、太仓等地"昔多稻作",到1920 年前后大都改为棉田,"一望青葱,稻、豆几绝无仅有矣"。③

---

① 薛暮桥:《薛暮桥学术论著自选集》,北京师范学院出版社,1992 年,第 18 页。
② 包天笑:《衣食住行的百年变迁》,苏州市政协文史编辑室编印,1974 年,第 135－136 页。
③ 章有义:《中国近代农业史资料》第 2 辑,生活·读书·新知三联书店,1957 年,第 148 页。

江苏南部地区的蚕丝出口亦因铁路通车逐年增加,蚕桑养殖业有了很大发展,沪宁铁路沿线地区常能见到连片桑田。尤其是无锡发展最快,成为"甲于东南的蚕茧之地"和江南丰沃的"养蚕地带之中心"。第一次世界大战后,中国茶叶出口量减少,茶价下降,许多茶农纷纷改种其他农作物,然而,沪宁铁路的开通便利了茶叶的外销,使得江苏茶叶的种植得以维持,并有所发展。综上所述,江苏农业种植结构发生了一些变化,粮食作物相对下降,经济作物相对有较快的发展。

铁路充当了农村货物流通的重要载体,沪宁铁路的通车运营使内地农产品流通范围不断扩大,输出量增加。据相关资料记载,江苏各地因沪宁铁路通车"农产物之输出与年俱增"①,仅通过沪宁铁路输送至上海的农产品 1907 年为 12 000 万海关两,1911 年增至 15 000 万海关两②。至 1922 年,沪宁铁路运输的农产品已约占货运的 60%,是全国各铁路中运输农产品数量最多者。沪宁铁路促进沿线农产品输出量及货流量的增多,为江苏农业发展开辟了广阔的市场。

沪宁铁路在促进农产品出口的同时,也便利了都市和国外商品通过铁路线迅速输送至沿线各农村地区,给农村带来了工业文明。原来农村一切主要消费品均属土制,"食土产、衣布衣,非惟洋货不易多见,京货、广货亦视为珍奇",而铁路通车后,"远道货物,纷至沓来。昔之视为珍奇者,今已为日常所必需"。都市工业品的输入使农村传统的自然经济受到了很大的冲击。沿沪宁铁路线的有些农村"农业之机器化亦逐渐发达,电力亦已开始引用"。同时,都市高利贷资本也来到农村,最终使有些农村"自足经济之断

---

①　《铁道与贸易》,《铁路协会会报》,1922 年,第 11 卷第 114 期第 2 册,第 145 页。
②　宓汝成:《帝国主义与中国铁路 1847—1949》,上海人民出版社,1980 年,第 626 页。

垣残壁扫荡一空"①,这无疑有利于资本主义的发展。

农业区域化种植是农业生产力提高的标志。传统交通工具下,农民仅把满足自身的需要作为生产的首要目的,采取传统的单个经营方式,这种农业结构是自给自足的自然经济。然而,铁路开通后,沿线农村地区农业开始由自给性逐渐向商业性转化。铁路运输密切了农村与城市、港口之间的联系,扩大了商品流通的范围。随之,农村地区货流量大增,农民遂改变了传统封闭的、自给自足的生产和经营方式,逐渐实现了农业生产的区域化、专业化和商品化。农民通过市场交换,获取自己所需要的产品,这大大提高了农产品的商品量和商品率,促进了农业生产力及农村经济的进步与发展。

### 三、沪宁铁路促进江苏近代工业体系的形成

铁路是近代工业文明的产物,铁路的开通反过来又促进了沿线地区工业文明的发展。近代工业大规模的生产必须解决原料和产品的运输问题,运输条件是决定近代工业区位与规模的重要因素。列宁曾指出:"主要的铁道线已经建成或已经开始兴建,发展工业的起码条件已有保证。"②

沪宁铁路出现以前,江苏近代工业只局限在通商口岸、沿江等少数地区,规模有限,也未形成体系。1908 年,沪宁铁路全线通车,江苏工业随之进入到一个快速发展期。铁路通车后的六年里,新建工厂 123 家,是以前 45 年的 1.8 倍。③ 这些企业除了少数分布在沿江地带外,多数在沿铁路线地带,如上海、苏州、无锡、常州、南京等。其中,1909 年至 1911 年创办的 38 家新式企业,只有 3 家设在南通,其余均建在沪宁铁路沿线地区,形成了江苏近代企业沿

---

① 薛暮桥:《薛暮桥学术论著自选集》,北京师范学院出版社,1992 年,第 11 页。
② 《列宁全集》第 22 卷,人民出版社,1984 年,第 233 - 234 页。
③ 汪敬虞:《中国近代经济史 1895—1927》,人民出版社,2000 年,第 38 页。

铁路线密集带。

上海是中国近代轻纺织业的发源地,沪宁铁路的开通加速了商品的流通,密切了国内市场与国外市场的联系,提升了上海集散货物的吞吐和运输能力,使之成为长江流域各省与外洋交通之枢纽及进出口货物的集散地,为上海发展民族工业提供了极为便利的交通条件,极大地促进了上海工业的发展。上海因而集中了当时中国大部分的民族资本,聚集了棉纺、染织和缫丝等工业部门,成为中国轻纺织工业的基地和生长点,是中国现代化工业的集中区域。至20世纪20年代,上海工业产值占全国工业总产值的1/4以上。

当上海民族工业发展到一定程度时,便开始向周边地区辐射,尤其是沪宁铁路沿线的苏州、无锡、常州、南京等地。一些民族资本家为了获得更大的发展空间,充分利用家乡劳动力和土地价格较为低廉的优势,纷纷在沿铁路线地区投资设厂。如上海的祝大椿、无锡的周舜卿等在苏州投资,沪宁铁路的通车是其主要因素。这便使苏州"市面益盛",工商业逐渐发展起来,尤其是阊门外一带,"本为商务荟萃之区,自设火车站后,客商往来,货物上下,更行繁盛"①,苏州愈加繁荣。

无锡原来几家纺织厂多靠近运河,产品主要靠水路运输。1906年7月,沪宁铁路通车至无锡,使得无锡"交通之便,不惟为邻县冠,且为苏省内地各县冠,毋惑乎企业家竞相咸集,如蚁之附膻也"。②便利的交通使得无锡被当作上海的郊外而发展起来,上海地价疯狂上涨,许多商家纷纷在无锡设厂。至1919年,无锡有大型纱厂3家,20世纪20年代增加到7家。纺织业在无锡迅速发展起来。无锡养蚕业因沪宁铁路的开通被纳入了世界市场体系,养蚕业遂有了新的活力与动力,其商品化与社会化程度不断提高。

---

① 《各省财政汇志》,《东方杂志》,1907年,第9期。
② 《农商公报》,1921年第8卷第3期,第35页。

至 20 年代,无锡每年收购的蚕茧达 20 万—30 万担,苏南、浙北的蚕茧大部分由这里转口,经由上海出口的生丝占全国出口总量的 25% 左右。至 1932 年,无锡生产的生丝 90% 以上由沪宁铁路运至上海,再从上海转口远销国外。沪宁铁路促进了无锡缫丝业的发展,并使其雄冠江苏省,无锡成了全国缫丝业的中心。进而,又推动了银钱业的发展。据 1914 年 6 月 11 日《银行月报》刊载,"本星期茧市登场,经由无锡银钱业向各埠调拨运锡收茧的现洋约有五六百万之巨,均供收茧之用。初以为有余,不期各茧行放盘争购,至第三日,来货大涌,如茧行急需向钱庄借款添洋,以至钱庄皆耗枯,幸沪宁铁路贯通,交通便捷,装运迅速,不然竟难以应手矣"①等,无锡新式工业有了较快的发展。南京也因沪宁铁路的开通,进出入货物逐年增加,商贸渐渐发达起来,城市工业亦有所发展。

随着沪宁铁路的通车运营,江苏民族资本投资设厂速度加快,上海、无锡、常州、南京等地的面粉业也发展起来。上海最为发达,无锡次之。有"面粉大王"之称的荣氏兄弟先后创办 10 多个面粉厂,主要集中在上海、无锡等地,发展速度十分迅速,到 20 年代,完全属于荣家企业的面粉厂有 12 个。荣家企业建设在沪宁铁路线上,充分利用铁路运输之便是其成功经营的重要原因之一。

上海—沪宁铁路沿线各城乡地区,成为江苏近代工业发展不可或缺的链条,沪宁铁路则把原来孤立的地方在空间上紧密地串联在了一起形成了统一的大市场,构成了区域工业体系。沪宁铁路的通车逐渐改变了江苏原有的沿江设厂的工业布局,使得许多主要的工业基本上沿铁路线建立起来,并呈现出点线相结合的布局。由此可见,沪宁铁路初步奠定了近代江苏区域工业沿铁路线分布的格局,促进了江苏工业体系的形成。

---

① 单强:《工业化与社会变迁:近代南通与无锡发展的比较研究》,中国商业出版社,1997 年,第 287 页。

### 四、沪宁铁路促进江苏旅游业的兴起与发展

交通对于旅游的重要性是不言而喻的,它是发展旅游的命脉,是实现旅游需求的先决条件。铁路出现后,现代意义上的旅游由此产生,英国人托马斯·库克 1841 年组织的一次火车旅行,被视为近代旅游的开端。清末,铁路引入中国,标志着中国旅游近代化的开始,江苏旅游业因之得以兴起与发展。

1. 沪宁铁路的修建及人们传统观念的转变

沪宁铁路的建设可以追溯至 1897 年,两江总督张之洞等人奏请兴建沪宁铁路。张之洞与直隶总督王文韶会奏将沪宁铁路划归盛宣怀主持的铁路总公司办理,清政府准许并决定用官款先筑淞沪铁路,然后修筑沪宁铁路。淞沪铁路自上海至吴淞炮台湾,1898年 1 月动工,12 月通车营业。1908 年沪宁铁路全线通车,沿途车站由 20 多个增加到近 50 个,车站密集度为全国之最。

铁路的通车促进了车站与城乡的连接,以及市区道路的修筑和拓展。如沪宁铁路通车至苏州,环城马路随后建成;通车至南京,下关车站一带的大马路、二马路很快建成。新建的马路宽阔平坦,不仅如此,有的市区铁轨也随之建设。1907 年,在沪宁铁路修筑接近南京时,两江总督端方认为,下关作为沪宁铁路首站,铁路建成后必然商贾云集,车船众多,遂奏请清政府修筑一条连接车站与南京市区的铁路——南京铁路,又称"宁城铁路"或"宁省铁路",获批准。1909 年 1 月,南京铁路竣工通车,每天把从上海乘火车风驰电掣而来的旅客由下关送入市区。密集的车站及便捷的道路,为人们的出行提供了极为便利的条件。

传统社会里,人们的出行只能依靠马车、小船、人力车、轿子等,前进速度缓慢、空间小、颠簸厉害,且受天气影响明显,同时道路又有限,因而根本不适应近代旅游业的发展,出现了"父母在,不远游"的无奈。出行被视为一件苦事。而今铁路作为一种新式交通工具的出现,被认为是"交通界大发明,缩地利器,较之

以往用人力畜力、挑负拖载者,不啻一大革命也"①,曾经须"数十日跋涉之劳,或动辄旬月者,仅以博一二日游观之乐者",自"铁路通行,瞬息千里。今则朝看钟山之云,午饮浦江之水,晚听南屏之钟矣"。② 江苏沿沪宁铁路沿线地区往来极为便利,空间和时间被铁路征服了,人们的出行变得自由和从容,近代旅游由此产生。

淞沪铁路开通之后,有人指出:"也许是比坐轿子迅速,比坐小车便宜,所以小火车的生意一天好似一天。后来用两个火车头牵引,拖上九节车厢,还是人满为患。"③ 1908 年 4 月 26 日,苏省陆军速成学堂的全体学生乘坐火车前往无锡,专赴长途行军演习会,约三四日后回苏州④;5 月,复旦公学定于本月 20 日午后三点钟举行毕业礼,预先商明铁路公司于是日午后 1:40 分由上海开往炮台湾,6:05 分由炮台湾开回上海。火车均在该校前面暂停,前往观礼者,上下颇便。⑤ 1909 年 3 月,无锡三等公学及城外四小学堂,教员、学生共 200 余人,于本月初三日"行春季旅行,午前 11 点钟在本校出发,会集惠山假□孝子祠,为休息处,午后 5 点钟摄影,傍晚回校"⑥;4 月 10 日,常熟石梅公立高等小学校职员 6 人与学生 37 人,先是乘船到苏州,后由火车到无锡参观,至下午三点余钟,遂由第四次火车赶赴苏州等。⑦ 铁路通车初期,一些官员、教师、学生等中产阶层成为旅游的主体队伍,后因火车的快捷、便利、安全、准时及票价低廉等优势为人们所青睐,选择火车出行的人逐渐多了起来,即使是农民也打破故习,纷纷走出家门,外出谋生、闯荡世界,旅游渐渐成为民国时期的一种社会风尚。

① 张星烺:《欧化东渐史》,商务印书馆,2000 年,第 82 页。
② 《沪宁沪杭甬铁路旅行指南》序,台北国光书局,1918 年,第 1 页。
③ 柯兆银、庄振祥:《上海滩野史》,江苏人民出版社,1993 年,第 902 页。
④ 《陆军学生赴会》,《申报》,1908 年 4 月 29 日。
⑤ 《复旦公学定期毕业》,《申报》,1908 年 5 月 18 日。
⑥ 《学堂春季旅行(无锡)》,《申报》,1909 年 3 月 7 日。
⑦ 《常熟学堂到锡旅行》,《申报》,1909 年 4 月 14 日。

1912 年,上海海关税务司墨贤里在《海关十年报告》中提及这样的事实:"中国正在很自由地利用增加了的交通设施,无论在国内或到国外,乘轮船或火车旅行,目前已为一切社会阶层所乐于接受。"①到 1920 年,乘火车外出者非常多,尤其是秋游旺季,沪宁铁路上往来的旅客更是人满为患,上海、苏州、无锡、南京等车站,周末乘客尤为拥挤。1923 年,通过沪宁铁路出行的旅客已达 1083.78 万人,是营业之初的 90 倍。② 这种人口的流动是旅游发展的原动力,促进了人口都市化进程,也为旅游业的发展提供了广大的空间。至 20 世纪 20 年代末,上海"已经有许多人养成了这种习惯(旅游)。不看见周六的火车上不是每一次都挤满了男男女女老老少少往各地去的游客吗?"③

铁路的运营及旅游的热潮使人们开阔了视野,增长了见识。人们享受着现代文明带来的舒适与惬意,以愈加开放的姿态认识世界并接受新事物。国人初见外国人或西方器物时曾作惊奇、诧异之情状,而今已属司空见惯,即使是乡村地区,铁路初通时,有人购置小风琴一架,乡民争先参观"门为之塞",后来留声机等西洋乐器亦已不能引起人们的注意了。人们渐渐由封闭走向开放、由传统走向现代,铁路连接的区域呈现出动态发展之趋势,社会经济快速发展起来。

2. 沪宁铁路局适时制定各种营销策略

沪宁铁路通车后,旅游的人如潮涌,客运呈旺盛之势。这与铁路部门适时制定的各种营销策略密切相关,具体表现为及时增加客车的数量与行车次数、制定低廉的车票、加强广告宣传、提供优雅的乘车环境等。前文已论述,在此不再赘述。

---

① 《中国发展游客事业之机会》,《旅行杂志》,1931 年第 7 期。
② 江苏省地方志编纂委员会:《江苏省志·交通志·铁路篇》,方志出版社,2007 年,第 116 页。
③ 《令人又惊又爱的虞山》,《旅行杂志》,1935 年第 1 期,第 6－7 页。

　　沪宁铁路还根据时局的变化设计出种类繁多的票种，如1907年，设一等、二等、三等和四等通常票；一等、二等、三等和四等特种票；二等和三等半价利益票；二等和三等四分之一价利益票；二等和三等特别快车（半价利益票）；二等和三等特别快车（四分之一价利益票）；一等月台票，二等月季票（6个月）。1908年增设免票、单程免票和限期免票。1910年，在原有二等、三等特别快车票的基础上增设一等特别快车票。1911年，设一等、二等区间来回票及星期尾来回票。1912年，增设三等床位票及一等睡票。1913年，设二等、三等和四等半价票；二等、三等特别快车半价票；一等、二等、三等联运票。1914年增加国际车票，如中日联运一等票、中满联运一等票。1915年增设加价特别快车一等、二等、三等票和座位特别快车一等票。1916年又设来回游历一等票及中日周游一等票。1917年，增设国内周游一等票。1918年，开设团体游行一等、二等、三等票。1919年再设国际鲜满周游一等票。1920年设中日联运区间一等票和中日周游一等票。1921年设国内游览，有上海至北京的混合联运一等、二等、三等票和华北周游一等票。1922年，增设上海至北京特别快车来回游历一等票，特别快车来回游历一等、二等票，中东铁路联运、来回及单程一等、二等、三等票。1923年，再设寻常来回一等、二等、三等票和特别来回一等、二等票。1924年，设中日联运空白单程票、来回票和周游一等、二等、三等票。1925年，设奉天至大连的中日游行一等、二等、三等票，天津至北京的中日游行票一等、二等、三等。① 从中可以看出，沪宁铁路的票种足以满足社会各阶层人群的需要。

　　打造优雅、干净、舒适、安全的乘车环境是沪宁铁路构建高品位优质服务的重要内容。路局要求本路员工接待旅客须格外亲

---

　　① 关赓麟：《交通史路政编》第11册，交通铁道部交通史编撰委员会编印，1937年，第3333－3336页。

切,并努力使旅客以"旅行为乐境,不可使之视行车为畏途,是为至要"。清末民初,政权频频更迭,时局动荡,自铁路开通后,火车上偷盗、犯罪等事件频繁发生,沪宁铁路局专门派遣路警随车保护乘客的安全等。正是由于"南京上海频繁的往来决定着沪宁线专车的特殊地位,它有着民国时代火车最华丽的外形,它的头等车厢较之国外同类火车毫不逊色,也代表着民国铁路客运工艺和社会风情的极致"①,因而旅客体会到了沪宁铁路"坐车之精美,招待之周到,实较奉汉(京奉铁路和京汉铁路)为优"。②

这些都为沪宁铁路树立了良好形象,从而吸引更多的人乘坐沪宁火车。沪宁铁路给江苏民众提供了更多的出门游览的机会和可能。人们不仅可以亲身体验华丽的沪宁火车,还可以前往江苏各地游览,这又使上海、苏州、无锡、南京等地成为人们游览的热点城市和风景区,促进了江苏近代旅游走向大众化。

1914 年,沪宁铁路参加了全国铁路旅客联运;1916 年,沪宁铁路又与沪杭甬铁路实行旅客联运。"国有铁路联运,尤增旅行上之便利"③,沪宁铁路自加入联运之后,极大地方便了旅客,客运量猛增,营业收入大幅度提高。如 1915 年,客运进款为 2 506.00 元,1916 年为 2 739.499 元,1917 年为 2 923 234 元。据沪宁铁路局统计年报,1917 年旅客进款已经占总收入的 70%,货物进款占总收入的 28%,其他营业与附属营业进款占总收入的 2%。④ 1917 年沪宁铁路总收入为 4 249 519.09 元,盈余 742 514.70 元;1918 年为 4 912 143.75 元,盈余 816 568.27 元;1919 年为 5 990 599.18元,盈余 1 442 762.13 元;1920 年为 6 696 166.32 元,盈余

---

① 《一个时代的谢幕:蒋介石私人摄影作品集》,广西师范大学出版社,2007 年,第 112 页。

② 《为请定规则保护行旅事》,《申报》,1909 年 5 月 13 日。

③ 于贵棠:《旅游事业之理论与实践》,中国旅游出版社,1994 年,第 202 页。

④ 《沪宁沪杭甬铁路旅行指南》,国光书局,1918 年,第 5、4 页。

2 259 519.71 元。[1]

交通消费是旅游消费的重要组成部分，不仅提高了沪宁铁路的经济效益，也为江苏旅游业带来很好的经济效益。旅游交通也被视为旅游业的支柱产业之一。

3. 沪宁铁路交通促进沿线旅游服务业的兴起

随着旅客的增多，沿沪宁铁路线的南京、镇江、丹阳、常州、无锡、苏州、昆山、南翔、上海等出现了众多的接待旅游者的新式饭店、宾馆。

上海是现代中国经济文化、交通运输、旅游业最发达的城市，是国内外游人都向往的东方都市，旅馆、饭店林立。如孟渊旅馆，共 3 层，客房 100 余间，内均置古色古香的全套红木家具，设中西餐厅，供应中外佳肴，旅馆派专人于车站码头接送旅客；东方饭店，共 7 层，客房 420 间，另设有书场、东方广播电台，是旧上海大型旅馆之一。金门饭店、静安宾馆、大中华饭店、中央饭店、礼查饭店等均接待游客，生意红火。

苏州的旅游业因铁路的通车及大马路的建成而兴盛起来，"旅客群相趋之，阊门外一带市面顿时繁荣，于是旅馆业兴起，如利昌、老苏台、新苏台、惠中先后创设"。[2] 据统计，1921 年，苏州就有旅馆 50 余家，其中城中饭店、东吴旅社、大东旅社、惠中旅社等 10 多家旅社在当时均属一流。而苏州火车站附近一家豪华的中西合璧的旅馆——惟盈旅馆（英文招牌为 Village Inn）尤为耀眼，它不仅有大型快船多艘，还有专供游客饱览苏州水城风貌的小汽艇，更有英语导游，吸引了沪宁线上的中外政要权贵、富商巨贾纷纷前往旅游。1923 年，苏州成立上海商业储蓄银行旅行部分部时，观前街、北局一带即开始有经营旅游食宿的苏州饭店和大东旅社。

---

① 《国有各路实际收支盈亏最近三年比较》，《交通部国有铁路 1920 年会计统计总报告》，北洋政府交通部档案，中国第二历史档案馆藏，全宗号 1056，案卷号 20。

② 王稼句：《苏州旧梦》，苏州大学出版社，2001 年，第 32 页。

无锡城区与石塘湾设置了两个车站,吸引了周边的大量客流,临近的宜兴、溧阳、靖江及如东等地的旅客也大大增加。为了适应这一新的需要,无锡车站至吉祥桥、老北门一带新式旅馆不断涌现。镇江旅馆亦颇多,城内有"省府路之东南旅社等,便于省府接洽公务";城外有"江边二马路之大华饭店等,交通便利也";江边左右有"盆汤巷之一品香等,便于游览而俭省也",以及万全楼等。①

新式旅馆的出现,使中国传统旅馆业渐渐摆脱固有的模式,迈入近代化发展的历程。除了新式的旅馆、旅社外,沿铁路线地区还保留了较多的传统客栈,其规模、陈设和经营方式传统,但数量众多,大多价格比较低廉,客房按照房间大小、设备优劣等条件,分为上等、中等、下等或一等、二等、三等和四等。如镇江小码头附近的万福楼,一等客房每间二元四角,二等客房一元二角,三等客房八角,四等客房五至六角。旧式客栈因不向旅客供应饭菜,故又称"干店"。无论是上等的官房还是下等的厢房,招牌上明文写着房费均不包括被褥费、茶钱和水钱。客人用饭,可以到客栈附近的饭馆,或者托茶房(服务员)代买,但要给小费。也有的客栈备饭不备菜,菜须客人外买。② 这些遍布于铁路线上的旧式客栈,在当时的国民旅游行动中起到了相当重要的作用。

在这些星罗棋布的新旧旅馆、饭馆中,沿沪宁线一带还出现了众多的菜馆、酒馆、茶馆、商店、浴室、茶楼、酒楼、妓院、戏馆、戏院、电影院、游乐休闲场所、俱乐部、公园等服务性行业,它们的兴起带动了城市的发展。据1919年的资料,苏州阊门一带有"无数的洋货店、旅馆、茶馆、饭馆、妓楼,极为繁华"③,这里渐渐成为苏州最

① 王仁兴:《中国旅游史话》,中国旅游出版社,1984年,第111页。

② 同①,第116页。

③ 姚伟译:《苏杭概况·苏州》,《苏州史志资料选辑》,苏州市地方志编纂委员会办公室编印,1991年第1期,第121页。

为繁华的商业地段。其他如无锡的老北门、南京下关等一带均逐渐走向繁盛。城市近代化速度加快,城市建筑也逐步展开,一些公共建筑不断出现,如园林艺术建筑、旅游设施建筑、文化教育建筑等,这些又有利于城市文明的建设。

随着铁路的运营和旅游的旺盛,旅游专业机构开始出现,其中的中国旅行社是现代旅行业确立的标志。1923 年 8 月,银行家陈光甫感于中国"缺少像欧美国家中为游客服务的健全机构"①,旅游业完全由外国人操纵,遂在上海商业储蓄银行国外部设立旅行部,创办了中国第一家旅行社——中国旅行社。

上海是一个各种文化交汇的场所,与它相邻的又是旅游名胜区,客源地与旅游地也很近。所以,中国旅行社初创时期组织的旅游活动均侧重于江浙一带城市风景区。除上海外,在杭州、苏州、无锡、镇江、南京等城市均设立中国旅行分社,组织游览杭州西湖、苏州园林、无锡太湖、镇江三山、南京二湖、济南大明湖及温泉、北京故宫等,尤以杭州、苏州、无锡游人最多。其中,无锡分社不仅组团去惠山游湖、超山探海,还在太湖专设游览汽船办事处,经营旅客雇船游太湖业务。每年春天专门组织游览苏州、无锡、杭州的专车,交通由路局负责,途中餐点由上海支香菜馆承包,社里派招待员随车照料。夏天则于避暑地设立夏令办事处,接待国内外游人避暑休养;秋天则组织海宁观潮专车。中旅社还在上海北站、南京下关车站、无锡车站等处设立办事处、休息室、进餐室,以供旅客咨询、候车、进餐及委托办理各事。

中国旅行社成立初期,开展的业务仅是代售沪宁和沪杭甬两路火车客票。为了扩大影响、招徕顾客,它培训了一批接待人员,着统一制服在火车站迎送来往旅客。由接待人员在交通枢纽或旅客较多的大站协助旅客上下、中转车船,搬运行李,订票定座,这些服务为旅客提供了极大地方便。为了便利沪宁铁路与津浦铁路联

---

① 孙晓村:《陈光甫与上海银行》,中国文史出版社,1991 年,第 224 页。

运的旅客,旅行社还特派熟练招待员,于客车抵达镇江之先预搭火车至镇江,等火车抵站,即上车与旅客接洽照料随身行李,告知为旅客在津浦铁路上所定的卧铺铺号。因此,旅客在南京下关渡江至浦口登车时,即无须顾虑行李及争抢座位。[①] 中国旅行社还经营入境游览。据相关资料显示,20 世纪 20 年代末 30 年代初,中国旅行社曾接待日本来华的京沪考察团 20 余次,参观者先后达 3 000 余人,考察团在上海、杭州、苏州、南京等地所耗游览、购物、车资等用费达 20 余万。[②] 此外,民国规模最大、最著名的旅游团体为友声旅行团,由上海孙宗源等 5 人于 1915 年利用休假发起,游览沪郊,1921 年开始游览京沪杭一带等。这些都促进了江苏旅游业的发展。

"国家经营之铁路,以繁荣其沿线为目的。"铁路的通车运营带动了大批游客外出,而旅游的发展为铁路交通事业提供了大量的客源,亦提高了铁路部门的经济收入。铁路为旅游业带来了较好的经济效益,从而极大地带动和促进了旅游目的地区社会经济的发展。同时,为了适应旅游业发展的需要,铁路交通的数量和质量都有较大的增长和提高,交通基础设施的兴建、扩建与改造,交通工具的增添和更新换代为旅游者提供了舒适、快捷、安全、高质量的环境。因而,旅游的发展又促使了交通业的良性循环发展。也正因为如此,20 世纪 20 年代,江苏经济增长进入最快最好的时期。

## 第二节　沪宁铁路与江苏城市变迁

近代中国城市的形成与发展往往是多种因素综合作用的结果,而交通是否便利则是其中一个重要的因素。传统交通方式下,

---

① 王仁兴:《中国旅游史话》,中国旅游出版社,1984 年,第 219、209 - 210 页。

② 孙晓村:《陈光甫与上海银行》,中国文史出版社,1991 年,第 199 页。

中国城市一般临水而建,数量少,规模较小,功能单一,房屋低矮简陋,外有城墙和护城河,多数处于封闭状态。清末,铁路来到中国,并逐渐取代江河成为近代中国最主要的交通方式,由此带动了沿线城市的发展,改变了近代中国城市发展格局及分布特点。城市变迁的内容繁多,如人口增长率、新兴工商业、服务业、城市物质形态和精神形态的变化等。本节主要从微观和宏观的角度,分析铁路交通与江苏城市空间变迁的关系,探讨铁路交通与近代城市化过程中的关联度。

城市空间是由人口、建筑、道路、广场、绿化、组织、公共设施等物质要素组成的,各要素在城市地域的分布和组合创造着城市空间格局,从而形成各种类型的城市空间形态。这些要素分布和变迁的动力机制不尽相同,所以城市空间的形成和发展是多种力量综合作用的结果。而交通是影响城市空间形态变迁的重要因素,交通技术的每一次创新都对城市空间形态的演变起着重要的不可替代的作用。清末,沪宁铁路出现后对近代江苏城市的地理空间、经济空间和社会空间等均产生了积极影响。

## 一、沪宁铁路与城市地理空间

城市地理空间承载着城市活动、物质设施和组织机构,其形成发展与城市中物质实体在城市地表上的运动息息相关,而城市发展与交通工具的发展直接有关。在一定历史时期内,城市的地理空间规模与支配着交通发展水平的技术之间有密切联系,城市的半径等于人在一小时内所能到达的距离。例如,在罗马,当步行为行路主要手段时,其城市半径是 4 公里;19 世纪的伦敦,有了公共马车和有轨马车后,城市半径为 8 公里;到 20 世纪,当人们利用市郊铁路、地铁或公共汽车行路时,城市半径就达 25 公里;到 20 世纪末,在发达国家,当汽车即使没有普及但至少也十分常见时,城市半径就达到 50 公里。① 在中国,交通工具落后,运输条件较差,城市规模较小,外有城墙,其半径为 8~13 公里;有了轮船,城市半径约为 30~50 公里;有了火车,沿线主要城市的半径增大到 100 公里左右。②

城市空间形态的演变与交通方式的发展是一种空间互动过程,而交通方式的演变最直观的反映就是交通网络的演变。铁路的开通促进了旧道路的拓展和新道路的修筑,城市内外交通网络快速发展起来。如 1906 年,沪宁铁路通车至苏州,通往火车站的道路得以修筑。1907 年,从车站通往阊门的道路建成通车。至 20 世纪 20 年代初,城区通往火车站的道路又被"加宽一倍,以防止各种车辆的拥挤"③,期间多座城门开通,市区数条马路在修建。苏州市区交通在铁路的带动下获得了难得的发展机遇。沪宁铁路通车至无锡,靠近车站的一带的马路迅速建设,无锡的交通网络随之扩展。沪宁铁路通车至南京后,下关车站一带的道路亦快速扩建,至 1910 年,"模范路门面北比别处整齐,街道比别处宽敞",沿线其他城市均出现了连接车站及市区"马路修筑矣"的局面。④

铁路交通打破了传统城市城墙的束缚,使城市向郊区延伸,而城市也给了交通舒展自己的天地。同时,道路建设又是城市发展的最佳切入点,它可以带动社会、经济、空间乃至政治的转型。城市内外交通的合力促使城区同外界的联系加强,城市空间迅速扩大。

铁路的通车及城市道路的扩建促进了人口的大量集聚,城市人口迅速增加,城市空间容量不断增大,地理空间随之扩展。

① ［法］皮埃尔·梅兰:《城市交通》,高煜译,商务印书馆,1996 年,第 1 页。
② 《京粤线浙江段经济调查》,南京铁道部财务司调查科编印,1930 年,第 41 页。
③ 陆允昌:《苏州洋关史料》,南京大学出版社,1991 年,第 126 页。
④ 《敬告江宁模范路各商店宜用积极主义不宜用消极主义》,《江宁实业杂志》,1910 年第 1 期。

如上海在开埠之初仅是一个周围约 5 里、影响力较小的小县城，然而依靠便利的水陆交通，上海在开埠后很快就取代广州而成为中国进出口贸易的中心。1909 年"自沪宁铁路既通，由苏达沪瞬息可至，租界商民，络绎不绝"①，一年后，人口已从开埠初期的 27 万增至 128 余万。② 人口的增多又促进房屋的建造。据沪宁铁路常年报告记载，"盖近接车站或通车铁路之处，屋宇则增多矣，均足为人民受赐于该路之迹象"。③ 至沪宁铁路开通后的 1911 年，上海对外贸易总值占到全国的 44.2% 以上。此后，这一比例进一步增加④，上海逐渐发展成为近代中国进出口贸易、工商业兴旺的大城市。上海的迅速发展，从交通运输上来说，内河与海上运输的便利是一个巨大的促进因素。沪宁铁路和沪杭甬铁路的开通及延伸，则使这个城市增加了集散货物的能力。上海的城市面貌亦因沪宁及沪杭甬铁路的运营发生了巨大变化。20 世纪初，资本主义工商业、近代市政设施和管理、新式科技、文化、教育事业等，在这里都已经有了较大的发展。到 20 世纪 20 年代末，上海的交通网络日益发达，面积扩大了 10 多倍。⑤ 上海从一个旧式县城已成为一个重要的港口枢纽城市进而成为全国最大的城市。

无锡亦因铁路的通车得到不同程度的扩张。1895 年以前无锡人口不及 10 万，沪宁铁路开通后，从宜兴、溧阳或从苏北、江阴乘火车来无锡的人数越来越多，至 1928 年人口即达 94.1 万。民国初年无锡城市面积就达 5 万平方公里，1931 年面积已达 10 万平方公里。铁路开通后，江苏区域城市的半径增加了约 4～10 倍。⑥

① 陈晖：《中国铁路问题》，生活·读书·新知三联书店，1955 年，第 173 页。
② ［美］墨菲：《上海：现代中国的钥匙》，上海人民出版社，1986 年，第 82 页。
③ 《沪宁铁路常年报告录》，《安徽实业杂志》第 1 卷第 7 期，第 4 页。
④ 严中平：《中国近代经济史统计资料选辑》，科学出版社，1955 年，第 69 页。
⑤ 姚贤镐：《中国近代对外贸易史资料》第 1 册，中华书局，1962 年，第 556 页。
⑥ 《京粤线浙江段经济调查》，南京铁道部财务司调查科编印，1930 年，第 41 页。

铁路的修筑及延伸加速沿线地区进出口贸易的发展,促进了城市在地域空间范围内的扩张,带动了一些新兴城镇的崛起。铁路运输事业的兴起和发展,便利了货物的运输,拓宽了商品流通的范围,促进了商业贸易和工矿业的繁荣,沿线地区出现了密如繁星的小城镇。如嘉定县的南翔镇,原来仅是一个落后的小乡村,铁路通车后,它距沪宁铁路车站仅2里,距翔沪铁路车站8里,且有马路直通车站,交通极为便利。受沪宁铁路交通运输及翔沪通车的影响,南翔镇日益繁华。据民国年间编纂的《嘉定县续志》称,这里"士商之侨寓者又麋至,户口激增,地价、房价日贵,日用品价亦转昂,市况转囊时殷盛",大小商铺400余家,客商如云。[1] 南翔发展成为一个商业繁盛的城镇,其繁庶程度超过了当时的嘉定县城,成为嘉邑首镇。又如无锡的洛社,该"市镇喧嚣,商店连续,铁道径行,乡民聚荟,而农桑之盛,富利优厚,周围数里之间,户口约二千家"[2]等。铁路交通是城市形成和发展的重要动力,它的延伸渐渐改变了传统城市沿江、沿河分布且呈现单侧带状发展的特点,使近代城市开始沿着铁路线分布,并呈现扇形或星状分布。铁路枢纽城市迅速发展起来,这也增强了沿铁路线地区人、物、信息之间的联系力度,促进了区域都市圈的生长和发育。

城市因铁路的开通不断向郊区扩张,城市规模的扩大缩小了沿线城市之间的地理空间距离。同时,铁路打破了地区之间的原有限制,缩短了区域城市之间的时间距离。如从苏州到上海,以前,乘民船需四五日,小轮船需12小时,沪宁铁路开通后,两地间"只需两个半钟点(特别快车只需两小时,当天可以来回),可云迅速"。南京到上海乘坐长江轮船,往来许多跋涉,而沪宁铁路通车

① 储东涛:《江苏经济史稿》,南京大学出版社,1992年,第479页。
② 单强:《工业化与社会变迁:近代南通与无锡发展的比较研究》,中国商业出版社,1997年,第232页。

后,两地间不过八九个小时。① 铁路交通将沿线城市紧紧衔接在
了一起,密切了城市之间的联系和沟通,使传统封闭、狭小的城市
走向开放,拓展为统一的区域性大市场,并与国际市场接轨。这极
大地拓宽了城市空间的广度和深度,加速了区域城市一体化的
进程。

## 二、沪宁铁路与城市经济空间

中国传统城市在空间上主要表现为以衙门官署为中心的有城
墙的内向型城市,其功能主要是军事或政治中心,铁路的出现使城
市空间格局发生了显著变化。铁路对城市空间的影响体现在外部
资源的空间需求上,包括企业、投资者、旅游者等,从而带动了经济
空间的发展。城市格局变化最大的当属铁路开通后,原来荒芜的
地区变成了工商业繁华之地,并形成了城市密集区。铁路交通为
人口流动和客货运输带来了便利,促进了商品流通的扩大和信息
的传播。其便捷的交通优势使沿线城市商业中心由原来的靠近运
河向铁路附近转移和扩张,靠近车站的地方成为商贸繁盛之处。
一些新生事物也相继开设,如商店、照相馆、旅馆、转运公司等逐渐
增多,城市工商业及进出口贸易随之发展和繁荣起来。城市功能
和结构开始向以商业区、金融区、工业区转变,逐渐形成了以经济、
商业为主的空间格局。

苏州"近为沪宁路线所经,商务繁荣,市面益盛"②,尤其是阊
门一带,"自设火车站后,客商往来,货物上下,更行繁盛"。③ 恒孚
银楼很快在阊门设立分店,生意极为红火,成为整个沪宁线上极具
影响的名店。苏州的发展中心由城南盘门地区向城北阊门一带转

---

① 包天笑:《衣食住行的百年变迁》,苏州市政协委员会文史编辑室编印,1974 年,
第 134 页。

② 《各省商务汇志》,《东方杂志》,1906 年,第 3 期。

③ 《各省财政汇志》,《东方杂志》,1907 年,第 9 期。

移,城北借助铁路这个巨大运输纽带迅速发展起来,并成为新的商业区。而原来繁华的商业活动中心盘门一带日渐凋零,一些工厂,如苏州沙厂、苏经丝厂、太和面粉厂、三鸿生火柴厂等陆续迁往车站附近。火车站附近开办的豪华中西合璧旅馆——惟盈旅馆,将沪宁线上各地之中外政要权贵、富商巨贾吸引到苏州旅游。[①] 沿车站至阊门一带很快成为苏州早期的商业区。

　　无锡,原是常州府下的一个县级城市。因靠近上海,水路交通便捷,又邻近原料产地,成为上海生产和进口商品的中转城市。而沪宁铁路的通车改变了无锡主要依靠水路运输的格局,无锡的交通愈加便捷,发达的陆路交通沟通了无锡城乡之间,以及与外县、外省之间的物资与人员交流,进而影响到其商业中心的变迁及城市格局的演变。无锡火车站设在城北,其商贸中心随之北移,北门一带快速发展起来。一些洋行、新老商贾等纷纷在这一带抢购地皮、大兴土木,新的建筑群迅速形成,街道两旁的店面很快被占满,并发展成为新型商业街。1909 年,无锡乡绅孙鹤卿、薛南溟等在北门的太平巷成立了耀明电灯公司。同年,民族资本家朱晋良从上海购回发电设备和车床,在棉花巷设厂,专门加工机器零件。后为了扩大与发展,1912 年将工厂移至北门,北门一带很快成为粮食业、金融业、服务业等集中之地。此外,这一带还出现了矿油、颜料等专门推销洋货的新生行业,原来的传统手工行业业主则纷纷前往上海采购洋货回来销售,甚至有人在车站附近开设转运公司等。据不完全统计,至 1913 年,无锡已建有工厂企业 38 家,资本总额达到 1 442 000 元。[②] 至 20 世纪初,全市形成了以纺织、缫丝、面粉工业为主体的近代工业部门,无锡发展成为一个新兴的轻工业城市,成为苏南的经济中心,近代化程度远远超过了常州,在当

---

　　① 饶金宝、施士英:《清末民初的苏州几家名旅店》,《苏州文史资料》第 18 辑,苏州市政协委员会文史资料委员会编印,1988 年,第 274 页。

　　② 汤可可:《近代无锡的转口贸易》,《商业资料》,1986 年第 4 期。

时有"小上海"之称。

南京,自古就是政治中心,商贸并不发达,经济地位远远比不上传统商贸大埠的镇江。然而,1908年沪宁铁路开通后,靠近南京车站的地区商贸渐次繁盛起来。尤其是津浦铁路的通车及铁路轮渡的出现,使南京不仅成了南北交通枢纽和重要转运站,而且成为沪宁铁路沿线地区的经济副中心,经济地位超过了镇江。其新式工业随之兴起,并有所发展。据相关史料记载,1899年的前8个月,南京的贸易值约240万海关两,至沪宁铁路通车后的1909年则增至1100万两。① 由此可见,沪宁铁路在促进南京成为一个商业中心的过程中起到重要作用。

沪宁铁路促进了沿线城市功能的转变及商业中心的转移,同时,它也使区域经济中心发生变迁。沪宁铁路的通车使江苏原来的商贸中心镇江逐渐衰落,商贸中心向铁路交通更为便捷的无锡和上海转移。

遭受铁路运输打击最显著的江苏城市是镇江。镇江,因地处长江与运河交汇处,传统水运使它成为南北商业贸易周转站和集散地,在历史上就是商业繁荣的华东大埠、长三角地区的贸易中心。然而,清末民初,京汉、胶济铁路通车,北方出口货物渐渐流向汉口、青岛和南京。1908年,沪宁铁路开通,南方大部分货物又为沪宁铁路吸收,津浦路通车后又有一部分货物流向南京,运河水运逐渐衰落。镇江交通条件的变化,使大宗货物纷纷转向铁路,镇江港口逐年淤浅,外地出口商品大多改道或直运上海,镇江对外贸易逐渐衰落。②

镇江土货出口值在铁路开通前后几年间发生了明显的变化,

---

① 王树槐:《中国现代化的区域研究·江苏省(1860—1916)》,台北"中央"研究院近代史研究所,1984年,第496页。

② 《清末民初镇江海关华洋贸易情形》,《近代史资料》第103号,中国社会科学出版社,2002年,第11页。

如表6-3、表6-4所示。

从表6-3中可见,镇江的转口贸易1903年为1 676 663海关两,1904年胶济铁路通车后为2 090 202海关两,1906年京汉铁路通车后为1 400 279海关两,1911年津浦铁路通车后为436 652海关两,1912年则下降到210 827海关两,1914年更锐减到207 920海关两。铁路的通车使镇江的转口贸易额逐年下降。

表6-3 1900—1914年镇江口土货出口值的下降情况

海关两

| 年份 | 出口值 | 年份 | 出口值 |
|------|--------|------|--------|
| 1900 | 926 245 | 1906 | 1 400 279 |
| 1901 | 1 437 084 | 1911 | 436 652 |
| 1902 | 1 277 180 | 1912 | 210 827 |
| 1903 | 1 676 663 | 1913 | 573 685 |
| 1904 | 2 090 202 | 1914 | 207 920 |

表6-4 1908—1909年镇江转口贸易衰落对比表

千海关两

| 年份 | 往安徽 | 往山东 | 往河南 |
|------|--------|--------|--------|
| 1908 | 820 | 1 498 | 4 011 |
| 1909 | 54 | 268 | 2 947 |

资料来源:宓汝成:《帝国主义与中国铁路》(1847—1949),上海人民出版社,1980年,第612页。

镇江的转口贸易,无论是转往安徽,还是转往山东、河南,在沪宁铁路通车后基本上都是连年下降。至1912年,镇江的进出口贸易额更减少到964.1万两,只有1907年的63.8%。原来"运河功用仍大,故镇江进口最多。迨铁路修成后,镇江进口量大减少,南京、苏州则起而代之"①。后来南京铁路轮渡建成②,南北铁路运输更为方便,运河航运更为衰落。镇江的出口贸易额和内地转口贸易额大幅度下降,其商业中心地位更是日趋衰落。

铁路运输不仅导致镇江的经济地位下降,还导致其人口减少。1911年以后,镇江的进出口贸易因逐年减低,百姓谋生不易,故多迁往他处。因此,1911年镇江的人口几乎与10年前相同,1912年后镇江经济再受打击,人口随之而减低。③ 人口数量的增减或经济的消长所反映的虽然不是城市化进程的全部内容,但是却能够在很大程度上体现一个城市发展演变的轨迹。

常州,原来是江南商业中心城市,"三吴襟带之邦,百越舟车之会"。自沪宁铁路通车后,原为常州经济势力范围的宜兴、溧阳、江阴、金坛等地及江北的货物纷纷转经无锡至上海;北方货物也大量

---

① 王树槐:《中国现代化的区域研究·江苏省》,台北"中央"研究院近代史研究所,1984年,第433页。

② 筑路热潮兴起之后,关内地区除了旧线路的修通和延展及新路的修筑之外,政府还注意到干线联络工程建设,最重要的工程是"首都轮渡"工程。自沪宁和津浦两条铁路干线修通后,南京成为重要转运站。沪宁路通到南京下关,津浦路到达浦口,下关与浦口一江之隔,江面不过1 000米,犹如一道天堑,两条铁路干线不能接通,来往客货运输,靠船只盘运转驳,既不方便,又耗时费资。一道长江,紧卡两条干线联络的脖子,成了两线客货运输的天然障碍。尤其北煤南运量大,顺津浦线南运的煤炭,运到浦口之后,大部分由浦口装船走走,不愿意装船运到对岸,然后下船再装火车的鼓捣折腾。这样一来,沪宁线上的货运量大减,影响了沪宁路的货运发展。国民政府定都南京之后,南京成了全国政治中心,更显现出连接沪宁和津浦线的重要性……1930年底,孙科任铁道部部长时南京轮渡工程开工兴建。到1933年两岸升降码头工程完成,9月从英国购买的列车轮船开抵南京,年底正式投入使用。整个轮渡工程包括两岸的轨道、引桥和列车渡船,引桥采用活动式升降码头,渡船长约113米,宽近19米,船面铺轨道3股,可容40吨货车21辆,或最长客车12辆,置放机车1台,以便装卸车辆。全部工程用款由铁道部拨款25万元,津浦铁路局垫款6万元,向英庚款董事会借款17.6万金镑付国外材料费,4万金镑付国内工款。南京轮渡工程建成通车,津浦、京(宁)沪两条干线联运接通,大江南北货运畅通,上海、北平间直通特别旅客列车,旅客过南京无须换车,行旅称便。王晓华、李占才:《艰难延伸的民国铁路》,河南人民出版社,1993年,第108页。

③ 同①,第494页。

经由沪宁铁路运往无锡、上海,以致常州人感叹:"宜兴、溧阳、金坛等地在昔皆为吾常之附庸地,而今均为无锡夺去"①,"自沪宁通车以来,吾邑实业不但未见发展,且中心均有渐移于无锡之势",而"乡居者足不得至城市,即货至车站,分送亦苦无力"。常州人不禁疾呼:"若不亟图,吾邑将终于闭塞。"② 常州虽在铁路线上,但逐渐失去了原有的转运功能,江南经济中心的地位日益下降。而无锡"溯自民国以来,工商业日渐发展,经十余年之惨淡经营,一跃而为苏省工商业中心区,无论米麦、杂粮、丝茧、棉纱等货物,均以无锡为集中之区"。③ 到 20 世纪 30 年代初,无锡已跨入全国主要工业城市的行列,成为苏南商业中心。

　　一种经济、便利和有效的运输体系对于大工业的出现及市场的运行是非常重要的。上海、无锡等长江三角洲重要口岸的工业产品得以运往广袤内地,内地的农产品和土特产品也运往港口城市,地区间商品流通的快速发展,铁路交通起了极为重要的作用。沪宁铁路促进了以上海为中心的近代区域经济发展,并增强了上海的吞吐能力和辐射能力。中国纺织工业主要分布在江浙两省,江苏以上海、苏州、南京为丝织业重地。1927 年全国华商纱厂 73 家,江苏 43 家,占半数以上。江苏的棉纺织业多数在上海,其次在无锡。"棉纱大王"民族资本家荣宗敬、荣德生兄弟创办经营的申新系统棉纺织企业,到 1931 年已发展到 9 个工厂,其中 7 家设在上海。中国的面粉工业也发展起来,也以上海最为发达,无锡次之。有"面粉大王"之称的荣氏兄弟先后创办或租办 14 个面粉厂,主要集中在上海、无锡。到 20 世纪 20 年代,完全属于荣家企业的面粉厂 12 个,粉磨 300

---

　　① 奚祝庆:《武进城市小志》,《地理杂志》,1931 年第 4 卷第 4 期。
　　② 万灵:《常州的近代化道路:江南非条约口岸城市近代化的个案研究》,安徽教育出版社,2002 年,第 175 页。
　　③ 汤可可:《近代无锡的转口贸易》,《商业资料》,1986 年第 4 期。

多部,生产能力占全国民族资本粉厂生产能力的31.4%,占全国所有粉厂(包括外商在华粉厂)生产能力的23.4%。① 一些新型企业纷纷在沪宁线上集聚,无锡逐渐成为近代江苏新的工业核心城市。

总之,铁路交通为城市规模的扩大提供了基础条件,并引导城市的发展方向。同时,它又改变着区域经济空间。原来因运河而兴盛的商业重镇走向衰落,而铁路通达的城市逐渐走向繁荣。铁路交通区位优势渐渐转化为区域经济区位优势,拓展了城市发展的市场空间。沪宁铁路促进近代江苏沿铁路经济带的形成及区域经济朝着外向型发展,使内地同上海乃至世界市场联系日益密切,加快了区域经济一体化的步伐。

### 三、沪宁铁路与城市社会空间

相对于自然空间而言,城市社会空间是指人们的活动创造的生活和生产空间。这些空间与一定社会中占据主导地位的社会生产方式和生活方式有密切的关系,内容较为丰富,有城市的各种生活和生产设施和建筑,有公共的也有私人的,主要包括居住、公共场所、城市环境等。

城市社会空间在地域上最直接的体现就是居住区的地域分异,它是城市社会空间结构的重要反映。铁路影响土地的使用方式。铁路作为近代最为重要的大型交通运输工具之一,它的运行缩短了沿线地区间的时空距离,便利了人们的出行,人口向城市移动和积聚,商业人员往来更加频繁,市区住房不断增多。据上海工部局调查,1909年沪宁铁路全线开通后不久,房屋已"积至两千余户之多,房租亦因而减少,此内地交通之效也"。②苏州通铁路后,有人在阊门一带购置三处地产,用以开设饭店和

---

① 王晓华、李占才:《艰难延伸的民国铁路》,河南人民出版社,1993年,第208页。
② 陈晖:《中国铁路问题》,生活·读书·新知三联书店,1955年,第173页。

建造别墅①等。又据记载,"盖近接车站或通铁路之处,屋宇则增多矣"。铁路还影响了土地价格,不同地区土地价格差别很大"沿马路之地价,则今已涨至每亩自二三十元至二千元不等云"②。交通便利、环境优雅、设施齐全等条件使地价提升,土地呈现出商业性城市中才有的特殊价值——土地价格的区位性。由此,改变了城市分区,从而带动了房地产业的兴盛,城市面貌随之改变。

铁路的运营加快了人们的生活节奏,城市交通工具逐渐趋于多样化,人力车(东洋车)、脚踏车(自行车)、摩托车、汽车等纷纷出现。就现代城市而言,汽车交通很快占据主要分量,越来越多的人选择公共汽车往返居住地和工作地。"盖以粗足自给之人,节衣缩食,视一钱如性命,而乃甘心舍此二三枚之铜币,无所顾惜,或且以工作往返,晨夕乘坐。"③民国初年,南京下关电灯厂创始人许肇南"每天乘坐汽车往返奔波于下关和学校(河海工程专门学校)之间,……此为缩短里程宝贵光阴而设,繁盛之都会,诚不可少"④等。这一记载说明当时某些中上层人士中,已经用汽车作为代步的交通工具,同时也表明人们可以居住在偏离城市中心的区域,汽车等新式交通工具成为人们出行或上下班的重要选择,人们的社会活动范围扩大了。

新式交通工具和道路不仅改变了城市的交通状况,也改变了城市的空间形态。在城市发展进程中,拓宽的、便于车辆通行的道路在物质层面改变了城市的形态、尺度,进而改变了城市格局的发展方向;在精神层面则改变了人们的时空观念,也改变了人们的生活状态。

---

① 饶金宝、施士英:《清末民初的苏州几家名旅店》,《苏州文史资料》第18辑,苏州市政协委员会文史资料委员会编印,1988年,第277页。
② 《沪宁铁路常年报告录》,《安徽实业杂志》,1913年,第1卷第7期,第4页。
③ 徐珂:《清稗类钞》第13册,中华书局,1986年,第6109页。
④ 震持:《水利先驱许肇南》,《南京史志》,1987年第5期。

中国传统城市缺少类似西方国家的那种具有一定面积的公共活动空间,而铁路的通车则改变了沿线城市的面貌,带动了具有现代城市性质的公共活动空间的开发,促进了市政建设向近代化迈进。第一个具有近代意义的公共空间——公园开始出现。公园是近代城市娱乐空间变化最明显的表征,是城市发展的重要里程碑,也成为比较普及的公共活动场所,拓展了人们的社会活动空间。

江苏是中国公园建设最早和最活跃的省份之一。最早的公园是建于 1906 年的无锡锡金公园,它是江苏历史上第一座近代城市公园,1912 年改名为无锡公园。其他还有 1906 年的昆山马鞍山公园(今亭林公园)、1908 年的丹阳公园。辛亥革命后,江苏各城市自建公园数量迅速增加,著名的有南京玄武湖公园(1911 年)、常州第一公园(1913 年,今人民公园)、苏州皇废基公园(1927 年,今苏州公园)等。一些私家园林也逐渐开放成为公园,如上海的张园、徐园、愚园、西园等。公园成为城市的一部分,城内及周边地区的民众乃至富商大贾均择其为活动场所。地理与场所意义上的休闲娱乐空间得到拓展,城市结构与城市生活内容发生相应的变化,人们精神层面的空间发生了变化。

西方娱乐方式也随着铁路的延伸传入沿线各城市,都市出现了电影、文明戏、舞会、游戏等新式娱乐活动。上海车站附近有了游乐厅,1908 年 6 月"日斯巴尼亚商人对利门在沪宁铁路车站附近,支搭厂棚,开设游戏、玩艺会"(后被取缔)。[①] 1910 年,苏州出现了"影戏"(电影短片),后来又有了电影院、书馆等。一些西方乐器,如风琴或留声机等"洋玩意儿"逐渐兴盛起来。这些开阔了人们的视野,丰富了人们的娱乐空间。

文明风气通过铁路不断被传播,西方的城市观念也被引入和借鉴,有些城市还创办了现代型的学会、商会等,资本主义工商业、市政设施和管理、新式科技、文化、教育事业等一些新的公共事业

---

① 《不准开设游戏玩艺会》,《申报》,1908 年 6 月 13 日。

在沿铁路线的城市都有了较大的发展,一些体现现代城市公共性内容的,如电灯、电话、消防队、巡警、霓虹灯、图书馆、饭店、下水道、公厕、浴室、发电厂、医院等也相继出现。如 1910 年的南京,"巡警、邮政、电杆、消防、保险、自来水、德律风,凡一切公安公益上的,俱已布置完全"①;至 1913 年,沿沪宁铁路的各城市更加繁华了。据记载,"盖近接车站或通车铁路之处,电话之四通八达,电灯之光明洞澈,均足为人民受赐于该路之迹象"。② 城市空间的扩展标志着城市由封闭走向开放,城市格局向近代化都市转变。

铁路交通还提高了区域整体的可达性,改变了区域内部联系,增进了区域内的互动,从而促进了区域内社会空间的不断扩大、交流与开放。

新文化、新思想、新技术等西方文明的传入,使人们的思维方式、生产方式、交往方式均发生了变化。这些变化深刻影响到城市空间格局的演变,从而改变了城市的空间态势,影响着区域城市的发展进程,同时又反作用于地区经济发展模式及人们的生活方式。

马车、小船、轿子等曾经是人们乘坐的主要交通工具,但这种交通方式限制了人们的交往。铁路的通车改变了这一切,其运输优势使沿线各地区之间的往来十分便捷,人们出行变得从容了,活动空间扩大了。以前农村人一生中很少走出自己的村子,铁路开通后,农民进城变得十分常见和方便了,从内地各乡镇到上海、苏州、无锡等城市谋生、求学、就医、访友的人数逐渐增多起来。因苏州至上海间每日有两对列车开行,苏沪间的绅商经商办事,早去夕还已习以为常。江苏实业家张謇就常常自上海早车而来,晚车而返。甚至有学生乘沪宁火车去常州开运动会。1908 年 4 月,"常州武阳公立小学,日前开春季运动会。城内外男女学生到者十余

---

① 《敬告江宁模范路各商店宜用积极主义不宜用消极主义》,《江宁实业杂志》,1910 年第 1 期。
② 《沪宁铁路常年报告录》,《安徽实业杂志》,1913 年第 1 卷第 7 期,第 4 页。

校,无锡有五校,亦乘火车到常"。① 也有乘火车去旅游的。1908
年4月,江宁暨南学堂教习及学生共40余人,于本月初五乘火车
到镇江,连日游览了北固山、金山、焦山、五洲山和车站码头等地,
然后乘坐沪宁火车回南京。② 沪宁铁路与沪杭甬铁路接轨后,更
加方便了区域内人们的往来,两路接通后的第二年即1917年,选
择沪宁铁路的乘客由550万人次增至600万人次,沪杭甬铁路乘
客由111万人次增至450万人次。③ 至1920年,乘火车外出者更
是人满为患,尤其是秋季,"逢星期日,苏州等车站,乘客尤为拥
挤"。沪宁铁路局遂规定,"每逢星期日,由沪至苏特开加车一次,
往返开驶运载旅客"。④

　　铁路交通促进了人员的流动,加速和扩大了信息、知识和技术
的传播,使区域间的文化联系更加密切。1906年,上海至苏州段
铁路通车,两地往来不过两三个小时,苏沪间的商品流、人流更加
频繁,公众媒体几乎可以将上海发生的新鲜事当天就传到了苏州。
苏州商市行情涨落"大致悉依上海市价为准,苏沪商业一气联
络",且"所有商务行情,随时涨落,立即登报,朝发夕至。近今宁
沪铁路火车开行,尤为捷速,是以一切市面与沪市不相上下"。⑤
苏州当天也可以看到上海发行的报纸,苏人看报订报的也日趋增
多。苏州典当业巨擘吴清卿家长年订阅上海报纸,每日下午亲戚
朋友便到他家账房看报谈话,获取外界信息。⑥ 至20年代,甚至
经济困难的家庭,每月也要花费半个大洋与人合订1份《申报》。
据一位订户说:"盖阅报足以知时事,长知识,诚一日不可少之

---

①　《武阳公学运动会纪事》,《申报》,1908年4月16日。

②　《暨南学生莅镇游历》,《申报》,1908年4月10日。

③　《上海档案史料研究》第9辑,上海三联出版社,2010年,第61页。

④　《星期日沪宁特开加车一次》,《申报》,1920年9月18日。

⑤　章开沅等:《苏州商会档案丛编》第1辑,华中师范大学出版社,1991年,第202页。

⑥　包天笑:《钏影楼回忆录》(上),山西古籍出版社,1999年,第127页。

事"。① 铁路促使人们交往的地域空间越广阔,视野越开阔,思想交流的品质便越高。西方现代化思潮逐渐扩散,俘获了社会精英乃至一般民众的心,人们试图摆脱自己的落后状态,采用一种主动相应的方式。铁路使区域内人们的社会文化观念愈加开放。

城市作为一个复杂的反馈系统,不断与内地进行辐射与交流。这种交流不仅包括物质流、资金流、人才流、技术流等有形辐射,也包括意识流、文化流、信息流等无形辐射。铁路线既是物质交流的传输线,又是精神产品的传输线,这种外来的动力促进了城市规模的成长和壮大,并沿着交通方向形成了强大的凝聚力。随着交通时间的缩短及经济的发展,城市对周边地区的吸引力越来越大,其辐射带动力也越来越强。沪宁铁路作为近代江苏城市辐射的轴线,有效地促进了资源要素的自由流转及合理配置,市区及区域内社会空间因之不断扩大。

城市发展,交通先行。沪宁铁路促进沿线城市的崛起及其功能的发挥,影响着区域城市的盛衰消长,改变了区域的可达性,缩小了地区间的时空距离,推动了江苏区域城市空间形态的演变。城市空间形态的改变和拓展直接体现了社会生活观念的空间化,空间化意味着社会生活观念在物质层面形成、表达和解读的过程,包含着空间建构和人的行为的互动关系,也意味着城市空间演变必然以社会生活变迁的方式表现出来。因此,城市空间既是一个实在的物理空间,也包含了人们的生活、各种价值观念及相互间的关系等社会文化空间,它们的相互结合和作用构成了城市空间。

## 第三节　沪宁铁路与江苏社会文化变迁

交通,从学科分类上看属于科技与经济的范畴,因而,人们较少关注它的文化功能。其实,交通属于社会文化的一部分,且对社

---

① 《避难中之我家经济》,《申报》,1924 年 9 月 22 日。

会文化的发展和传播有着至关重要作用,交通的类型决定着文化传播的深度和广度。

中国在清中叶之前是自给自足的封建小农经济社会,交通主要依靠人力、畜力、风力等自然力。交通工具落后、效能较低等制约着人们的交往,阻碍了文化的交流与传播,造成了社会闭塞,使人们思想保守,从而钳制了社会的发展,社会处于相对封闭的状态。铁路交通具有极强的文化信息输送和传播功能,它不仅传播了西方近代文明思潮,也对中国传统文化产生了冲击,两者在激烈的碰撞中产生出诸多社会文化效应,促进了沿线地区社会文化的变迁。

## 一、人们对铁路这一异质文化态度的转变

社会文化的发展与传播基于文化构成的基本单位"文化特色"的有机复合,它一方面经是自然历史的过程,另一方面则是自觉意识的选择,而选择加速了文化特质的生成。铁路这一现代化传播媒介使自觉选择便捷化,它克服了传统交通媒介传播方式的不足,加速了人们与外部世界的接触和联系,使人们对自己和社会有了更多的认识与理解,在一定程度上改变了自己原有的文化模式,对异质文化的相容性增加了。文化变得更加开放,尤其是人们对铁路的态度发生了巨大转变。

19 世纪中期的中国还处于传统交通时代,人们不知铁路为何物。西方人屡次向政府请求修筑铁路,均被讥笑、拒绝或拆毁,建成通车的吴淞铁路亦旋即被拆除。吴淞铁路未能将中国带入铁路时代就夭折了,但它是古老的中国大地上出现的首条运营铁路,让人们感受到也体验到了铁路交通的便利和快捷。

那时人们是抵制铁路的,认为铁路是西方侵略中国的象征,会招致旱涝之灾,会侵害民地、妨碍风水、破坏祖坟等。然而随着铁路的通车运营,人们内心对这一外来事物的抵触情绪渐渐淡化了,不论是主动的接纳抑或被动地融入,铁路开始进入人们的日常生

活,并打破了人们原有的观念桎梏。人们渐渐以开放的心态来认识世界,接受新事物、新思想。因此,铁路交通所建构的"媒介环境"造成的"舆论氛围",渐渐成为人们生活选择的理性界标,从而促使新的文化流为一种行为时尚,表现为社会生活演进的方向。

## 二、铁路交通促进人们时空观念的转变

时间观念是人们日常生活中的重要观念之一。在漫长的农业文明时代,传统落后的交通工具与人们封闭的生活心理和生活模式是相适应的,并在一定程度上也使人们安于节奏缓慢的生活。如人们日常生产生活中很少需要准确的时间,人们的时间观念非常模糊和淡薄,常用拂晓、早上、中午、黄昏、早饭前、晚饭后、日上竿头、四更天、一炷香光景、一袋烟的工夫、掌灯时分、鸡叫两遍了等来表达时间,这些现象是人们对时间的粗略把握,它体现了农业经济时代人们的时间观念。后来,尽管西方钟表传入中国,但它并未真正进入人们的日常生活。

铁路出现后,人们原来的时间观念被打破了。"在铁路来到之前,每个城镇都有它自己的时间,与几里外的其他小镇不同。但被铁路连接后,这个地区的所有时钟,就开始走标准的铁路时间"①,此即所谓的格林尼治标准时间。人们的时间观念渐渐由模糊向精确转变,并有了时间观念。在近代的中国,这是一个全新的变革。

原来的模糊时间根本不适用于现代化交通工具——火车的运行需求,因为火车运行有非常准确而固定的时间点,是以分钟来计算,如早晨 4:59、上午 10:15、午后 3:24、夜 12:10 等。一方面,这种精确到分的火车运行时刻的划分改变了中国以白天黑夜分别计时的传统,使一昼夜均等 24 小时的计时制得以推行;另一方面,人们必须按照列车时刻表准点乘车才不致延误。火车按钟点发车,

---

① [英]安东尼·威尔逊:《彩色图解世界交通史》,远东出版社、外文出版社,1999 年,第 16 页。

"钟声一及时,顷刻不少留",这又迫使人们认识时间,遵守时间,从而使人们增强了时间观念,一定程度上加快了生活节奏。① 刘半农的《晓》(七月十日沪宁车中)中有这样的诗句,"火车,永远是这么快,向前飞进"②,从中可以看出近代人们对时间的新认识。这是近代文人关于新式交通工具——火车与时间较经典的描述,它代表了人们对时间的感知——快。这种新的时间观念伴随着铁路的运营开始深入人心,并改变了人们原有的舒缓的生活节奏,"时不我待,过时不候"成为人们遵守的信条。"赶火车"话语背后的行为,渐渐成为人们日常生活的重要内容,抢时间逐渐成为时尚。

铁路这一新式交通改变了人们对时间的感知——从模糊的时段精确到了时点,这是国人时间观念上的一大变革。火车的汽笛声要求并且刺激着人们以数量化时间来调节生活,这是以前所没有的,它标志着一种截然不同的生活方式,彰显了一种全新的社会生活作息规律的登场,更揭示了一种新的时间观念的生成。

随着人们时间观念的变化,其空间概念也在发生转变。在传统社会里,人们日常交往的范围主要取决于当时交通工具往返一天所达到的距离,马车、牛车、小船、人力车、轿子等是当时人们乘坐的主要交通工具,这种交通方式限制了人们交往的空间。

以蒸汽为动力的铁路出现后,人们对空间的感知耳目一新。铁路沿线地区之间的空间距离缩短了。如在京汉铁路建成前,从北京至汉口走驿道需要 27 天,铁路通车后,从北京至汉口乘火车只需 2 天半。沪宁铁路全线通车后,上海至南京也仅仅需要八九个小时,据包天笑所言,若乘夜班车的话,"大概在吃过夜饭后,十

---

① 严昌洪:《西俗东渐记:中国近代社会风俗的演变》,湖南人民出版社,1991 年,第 178 页。
② 《晓》,《新青年》第 5 卷第 2 号,1918 年 8 月 15 日。

一点钟左右,对方同时开车,到明天早晨七八点钟即达目的地"。①

　　铁路意味着联系,一个地方通火车意味着当地从偏远或边缘进入了与中心相连的网络之中,轨道相连的地区"时间与空间因铁路而被压缩了"。② 正如康有为所说,铁路"可缩万里为咫尺,合旬月于昼夜"。③ 火车的快捷使人们的活动和交往变得自由和从容,"火车当日达吴淞,女伴遨游兴致浓。今日司空都见惯,沪宁来去也从容"④,"江湾忽过吴淞来,海天空阔胸襟开"。⑤ 欧洲诗人海涅认为铁路使人类关于"时间与空间的基本概念开始发生动摇,空间被铁路消灭了"。⑥

　　可以说,铁路使人类在克服时间与空间局限上前进了一大步。对时空观念认识的加深与扩展使人们可以进一步超越原有的时空限制,从而以开放的心态来认识世界,接受新事物和新思想。铁路交通促使人们的生活由封闭向开放转变,由舒缓向快速转变。

## 三、铁路促进人们出行观念的转变

　　铁路出现之前,人们出行依靠人、畜等自然力作为动力的交通工具。这些交通工具前进速度缓慢,受天气影响大,安全系数小,人、畜又受生理条件的限制,这大大制约了人们的出行。出行被视为一件苦事,除非是灾荒、战乱、官员就职赴任、商贾贩运贸易、学子求学赶考等,人们尽量避免出门远行。"少不入川,老不入广",是中国传统社会人们因交通工具落后而形成的无奈的出行观念。

　　铁路出现后,人们感受到了铁路与轮船等传统交通工具的巨

①　包天笑:《衣食住行的百年变迁》,苏州市政协文史编辑室编印,1974 年,第 138 页。

②　包亚明:《现代性与空间的生产》,上海教育出版社,2003 年,第 391 页。

③　《康有为:上清帝第二书》,《戊戌变法》(2),上海人民出版社,1957 年,第 141 页。

④　顾炳权:《上海洋场竹枝词》,上海书店,1996 年,第 203 页。

⑤　包天笑:《钏影楼回忆录》(上),山西古籍出版社,1999 年,第 125 - 127 页。

⑥　Wolfgang Schivelbusch, *The Railway Journey: The Industrialization of Time and Space in 19th Century.* The University of California Press,1986. 37.

大差异,体验到了铁路带来的便利和快捷。随着铁路的延伸和运营,火车快捷、舒适、安全、票价低廉等独特的优势使得其渐渐成为普通大众的交通工具。人们的出行变得容易了,"父母在,不远游"的传统习惯和心理随之而被打破,人们逐渐摆脱原来封闭、与世隔绝的生活模式,开始乘坐火车走出家门、闯荡世界,频繁往来于铁路沿线各城乡之间,活动范围扩大了,交往领域也拓宽了。如1897年京津铁路通车后,北京与天津之间只四五个小时即到达,商贾官民经常往来其间。

沪宁铁路的开通,从宜兴、溧阳到无锡换乘火车或从苏北、江阴到无锡换乘火车的人越来越多。苏州至上海每日有两对列车开行,当天可以往返,因此,苏沪间绅商办事往来较为频繁。有人甚至乘火车到大城市就医,沪宁铁路一开通,苏州一官员就乘坐火车到上海就医。即使是乡村百姓也改变了原来的生活状态,积极与外界交往了。以往,农村人进城是一件梦寐以求的大事,有些人一生中很少走出自己的村子。然而,铁路让沿线地区的农民进城变得十分常见和方便了,在铁路通车以前,无锡礼社村的农民多"墨守乡土,终生未尝一睹都市文明者十之八九",而铁路通车后,他们遂打破故习,"群集都市",成为产业工人、商铺店员或劳动后备军等。①

早在1876年吴淞铁路建成营业之时,乘火车观光的人就很多。据记载,"那天下午1点多钟,男女老幼纷至沓来。顷刻之间,车厢已无虚位。小火车开动后,来人仍如潮涌。'游铁路'成了当时百姓津津乐道的一件大事。一些住在城内几乎终年不出门的人也携友带亲前来观看,停车处本来冷冷清清,竟一跃而为热闹之区了"。②

铁路带给中国的不仅是个人生活的变化,更使整个社会逐渐

---

① 薛暮桥:《薛暮桥学术论著自选集》,北京师范学院出版社,1992年,第18页。
② 《火车开市》,《申报》,1876年7月4日。

纳入到了以西方工业文明为代表的生活模式中。火车的汽笛声迫使人们认识时间、遵守时间，而铁路的通车标志着一种与传统社会截然不同的文化生活的开始。人们渐渐走出原先那个舒缓的生活模式，生活变忙了，节奏加快了。

从19世纪70年代到90年代，中国农村自给自足的手工纺织业，已在沿海各省和长江、黄河中下游各省一些地区趋于没落和解体，并开始向长江、黄河上游及边远省区扩张，加上中国近代灾荒频繁，出现了大批失业破产的农民、手工业者及大量的饥民，铁路的开通也加速了他们的出行。他们为了寻找生路、改善生活，通过铁路源源不断地涌入城市。

### 四、铁路交通促进人们消费观念的转变

消费主要包括物质消费和精神消费，它是社会文化一个极为重要的组成部分。人们消费观念的变化能够灵敏地反映一个时代社会文化变迁的程度。

靠近铁路线的地区，铁路通车之前，人们的主要消费品属“土制，食土产、衣布衣”，铁道开通后，人们的服饰变化尤最。人们在穿着上不再满足于生活的基本需要，开始模仿和效法新式服饰，沿铁路线地区人们的穿着打扮发生了显著变化。

沿海城市的人们穿着较为开放和时尚。早期上海工人多穿老土布，由于受西方文化及都市风气的影响，有些女工也购置一两套洋布衣服，后来上海女子在穿着方面越来越开放。铁路通车后，凡是上海新奇的东西，沪宁铁路沿线周边城市总能在最快的时期看到和模仿。

沪宁铁路开通后，凡是上海新奇的东西，苏州总能在最快的时期看到和模仿。如由于受西方文化的影响，上海女子穿着方面越来越开放，苏州的女子又多模仿上海，穿着不开放的女子竟以之为耻。时人这样写道：“今海内妇女之服饰，悉仿上海。开风气者，实惟女间。富贵贫贱之家，以次效之，浸及通国，是良家以不类娼妓

为耻也。"①至 20 世纪 30 年代,上海、苏州、无锡、常州女工的服装更加考究,平时多穿旗袍、皮鞋,冬天在外面加上一件绒线外套,插上一支自来水笔,被称作"学生派"。后来,凡靠近沪宁铁路线的城乡地区,人们的服饰西化程度均不断提高,"近年上流社会,多着西式洋服,概用呢制,其礼服及军警、学生服装,各有定制",尤其是"女学生及官绅妇女,多着短衣,袖仅及肘,裙不过膝,另加外套,类男子洋服,为最文明之装束"②等。此外,西式衬衣、绒衣、针织衫、西裤、沙袜、皮鞋等也渐渐为人们所接受。当然,以"西化"为特点的服饰文化的传播和新式服装的流行仍然局限于铁路沿线的城镇,远离铁路线的地方,因受交通及经济条件的限制,服饰变化甚微,人们的衣着一般照旧。再有,随着铁路的延伸,沿线的有些地区原来被当作运输工具的牛、马等开始转为食用,食肉渐成习俗这也改变着传统的饮食结构和饮食习惯。

铁路开通后,西方娱乐如电影、舞会、游艺、文明戏等新式娱乐活动纷纷传入中国,人们的精神消费因之发生了一些变化。有外国商人在上海车站附近开设了游戏场③,1910 年苏州出现了"影戏"(电影短片),前往者乐此不疲。新式娱乐亦通过铁路线传入乡村地区,购买西洋乐器的人逐渐增多起来。如前所述,无锡小镇礼社,铁路初通时,有人"购置小风琴一架,乡民争先参观,门为之塞",后来,"留声机亦已不复能引起乡民注意"。这种当时被称作"唱话匣子"的留声机,在沪宁铁路通达的乡镇逐渐增多起来。④民间的文化生活渐渐丰富多彩起来,原来落后闭塞的社会发生了一些变化。

虽然新式消费文化的传播对沿铁路线及其辐射地区人们的消

①　徐珂:《康居笔记汇函》,山西古籍出版社,1997 年,第 84 页。

②　李占才:《铁路与中国近代的民俗嬗变》,《史学月刊》,1996 年第 1 期,第 57 页。

③　《本埠新闻》,《申报》,1908 年 6 月 13 日。

④　薛暮桥:《江南农村衰落的一个缩影》,《薛暮桥学术论著自选集》,北京师范学院出版社,1992 年。

费观念产生了不同程度的冲击,但并未能影响其基础,人们仍基本上处于"稳中有变"的状态,消费观念及其方式呈现出铁路影响沿线到边远城镇和广大乡村阶梯性递减状态,且呈现出由本土化向西方化转变的态势。

### 五、铁路交通促进人们经营观念的转变

漫长的封建社会,中国形成了以家庭经营为主体的单一农业经济结构,它是完全以农民世代使用的各种生产要素为基础的农业经济,是以手工劳动进行简单再生产的相对静态的经济。而中国历代政权又重农抑商,这造就了中国人特有的经营观念——以农业种植为主。落后的交通工具制约着人们的头脑与思维,社会发展缓慢。

清末,铁路的出现带动了沿线地区人员和货物的移动,加速了信息的流通,从而促使沿线区域社会环境发生了巨大变化,人们传统的经营观念发生了转变。

有些农民乘火车前往铁路沿线的城镇为其农产品寻求销路,希望获得更多的财富。有些农民纷纷走出家门,外出谋生,他们涌向都市成为产业工人、商铺店员或劳动后备军,或经商或做小生意等。其中,经商热潮涌现,出现了流动经营。随着视野的开阔,沿铁路线的农民逐渐意识到要利用铁路交通去销售农产品。沪宁铁路上不仅三等车数量多,农民也最多,车厢里塞满了他们带去销售的农家产品如蔬菜瓜果,还有鱼米鸡豚等。[1] 有固定经营的,铁路开通后不久就在沿铁路线上的地区开展投资,经营种类繁多,如房产、转运公司、戏馆等。

铁路交通带来的各种资源优势吸引着人们投资经营。如在修筑铁路过程中就有人敏锐地发现新的商机——创办转运公司。镇

---

① 包天笑:《衣食住行的百年变迁》,苏州市政协文史编辑室编印,1974年,第138页。

江至南京的铁路正在铺设，有人"拟在京矿岭车站左右设立转运公司"①；沪宁铁路全线通车之际，亦有人在"车站附近组织一转运公司，专为车站招徕客货，代为转运"②等。沪宁铁路通车不久，有人就在苏州阊门开设恒孚银楼，生意极为红火，成为整个沪宁线上极具影响的名店。有人甚至将视野转向国外，如苏州商人姚文佺，1909 年即招股 4 万元发起成立苏州华通有限公司，专门从事进出口商品的运输与贸易。苏州的绸缎、绣货、桌帷、柳条斜纹布、台毯、门帘、帐沿、女衣、瓷器、染料、玩件、丝绒、银器、折扇、罐头食品、绣花拖鞋等商品，经过沪宁铁路被大量地贩运到南洋各国。③也有人在沿铁路线一带从事旅馆、商店、浴室、饭店等服务性行业。

随着铁路的开通，旅游随之兴盛，在铁路沿线地区经营旅馆者也日益增多，尤其是火车站附近的旅馆（客栈）更是星罗棋布。据《中华全国风俗志》载，河南郑县的客栈在铁路未通时，仅有 11 家，自京汉、汴洛铁路通车后，客栈增至数十家。沪宁沪杭甬铁路线上约有著名旅馆和客栈 61 家，其中最为耀眼的是苏州惟盈旅馆，它不仅有大型快船多艘，还有最为时尚的英文导游，生意异常红火。至 20 世纪 30 年代，全国沿铁路线的客栈已遍布如林。也有经营旅行社的，如由陈光甫创办的中国旅行社"与铁路挂钩，取得铁路局的支持，旅行社每代卖一张车票，便可提取 5% 的手续费"④，并在沪宁铁路沿线多个车站设立办事处等。观念是行为变革的先导，正是人们经营观念的转变，才促进了铁路沿线城市的发展，从而在一定程度上推动了社会的进步。

这种经商热在传统交通工具下是很难出现的。正是由于铁路的通车和人们传统观念的转变，才促进了人们的生计方式由

① 《禀设转运公司（镇江）》，《申报》，1907 年 11 月 28 日。
② 《车站近设转运公司》，《申报》，1908 年 2 月 11 日。
③ 章开沅等：《苏州商会档案丛编》第 1 辑，华中师范大学出版社，1991 年，第 326 页。
④ 王仁兴：《中国旅游史话》，中国旅游出版社，1984 年，第 119 页。

一元化向着多元化转变,才会出现"凡遇有铁路地方,生意格外兴旺"。①

## 六、铁路交通促进人们等级观念的转变

铁路交通为文化的传送创造了快捷便利的条件,加快了地区间信息传递和交流的速度。它传播了西方文明思想,带来了西方的工业文明等新事物和新观念,开阔了人们的眼界,启迪了思维,增长了见识,人们的思想观念由原来的保守、封闭转变为开通和趋新。

封建社会封闭、保守、落后,人们的生活圈子小,社会关系比较简单,主要是因血缘关系、姻亲关系产生的亲缘关系和因地缘关系产生的邻里关系。自铁路开通及延伸后,人们活动的范围随之扩大,交往对象有所增加,除亲属和邻里外,同学、老师、同事、单位领导、生意伙伴等都成为新的交往对象。不同地区的人为了生计,通过铁路线源源不断地积聚到相同的城市,因而社会关系从亲缘和邻里关系扩大到生意伙伴关系、外出打工的单位的领导和同事关系等,人际交往从"熟人社会"扩大到"为目的"而交往。有血缘关系的人不再居住一个地区,社会关系由简单向着多元、复杂转变。

铁路交通改变了落后闭塞的社会风气,促进人们思想观念的进一步开放,在某种程度上冲击了传统的"男女授受不亲"和封建身份等级观念,进而形成一种新的观念。在传统社会里,人们外出或步行,或乘轿,或骑马。后来,使用马车或人力车。无论马车、人力车、骑马和坐轿,均属于独立的个人生活方式或出行方式,且等级森严。如轿子,需要人力,费用较贵,因而乘坐轿子的主要是官员、士绅、地主、富户等有身份或有钱的人,一般百姓是没钱乘坐的。轿子又分大小,轿夫人数多少亦有别,普通人是不可以随意乘

①　《津海关年报档案汇编(1889—1911 年)》(下),天津市社会科学院历史研究所编印,1993 年,第 140 页。

坐的。而铁路的运营是采用车厢编成列车的形式,可以同时运载许多人,人们同处一个车厢,车厢内未设男厢、女厢,亦没有男座、女座。在车厢里,男女混坐,陌生男女仅咫尺之遥,摩肩接踵,气息相闻,传统的"男女杂坐不以为嫌""男女授受不亲"观念被淡忘了,被抛弃了。① 由此,产生了一种新型的社会关系和观念——人人平等。

乘火车与骑马、坐轿不同,骑马和坐轿除了要支付运费以外,还需付些小费。如果不给轿夫一些小钱,在旅途中轿夫就有可能不满待遇而降低服务质量。乘坐火车则不同了,"铁道的大量输送特性和由此产生的共乘方式以及保障移动自由的乘车券,这些将社会带入了近代之路"。② 火车车票作为有价证券,是旅客乘车的唯一凭证,除此之外,无须另外付费。因而,火车有利于破除当时社会浓厚的封建身份等级意识,易于形成人人平等的社会风气。随着铁路的延伸,人与人之间的关系趋于平等化,人们的平等意识增强了,以往的等级色彩也渐渐淡化了,社会关系亦随之进步和文明。

## 七、铁路交通促进社会习俗的转变

社会习俗有其鲜明的民族性和地方性特点,是传统文化的积淀与传承,但是当外界环境发生变化的时候,它必然随着历史的发展而演变。

新式婚姻礼俗的出现,无疑是铁路通车后文明传播过程中最为亮丽的一道风景线。新式婚姻礼俗虽然没有完全摆脱封建旧习俗的影响,也没有被人们广泛接受,但足以使传统的江苏社会呈现出礼俗变革的新气象。

中国传统的婚礼大多仍是"六礼",主要是指从议婚到完婚过

---

① 李占才:《中国铁路史》,汕头大学出版社,1994年,第50页。
② 祝曙光:《铁路与日本近代化·日本铁路史研究》,长征出版社,2004年,第187页。

程中的 6 种礼节,即纳采、问名、纳吉、纳征、请期、亲迎,程序冗长烦琐。民国以后,虽然有人提倡文明结婚、文明婚礼,但仍难推广。铁路的出现不仅使西方的文明婚礼在大都市流行起来,而且沿铁路线的城乡实行文明婚礼者亦多了起来。大部分的县志都有文明婚礼的记载,基本程序为:奏乐,入席,证婚人宣读证书,各方用印,新郎新娘交换饰物,相对行鞠躬礼,谢证婚人、介绍人,行见亲族礼,行受贺礼,来宾演说等。有些地方在婚礼上还有女宾演唱文明结婚歌。据记载,辽宁的铁岭在南满铁路通通车后,"多行文明式结婚,延里中之长者为证婚人,设礼幕于堂,并设证婚人、介绍人、男女主婚人及男女来宾位次,……证婚人展读证书,为之交换饰物,新郎新妇行相见礼,随盖章,证婚人等依次盖章、作乐、唱歌、礼成"①。新式婚礼的特点在于场面活泼,让人不再感受到那种浓厚的封建等级气氛。

新式婚姻礼俗通过铁路线不断得到传播和辐射,使由男女双方父母做主操办或听命于"父母之命、媒妁之言"的传统婚姻观念受到挑战,有些地方甚至出现了自由恋爱、自由结婚等现象。如吉海铁路线上的海龙县"近世风气大开,凡男女婚姻,不注重父母之命、媒妁之言,专侧重两性方面自由恋爱,结婚绝端开放,所谓婚姻自由,离婚也自由";平汉铁路线上的新城县"民国婚礼,不由父母之命,男女自行择配,谓之自由结婚"②等。

甚至有人实行旅行结婚——乘火车去外地度蜜月。西方的文明婚礼在中国铁路沿线城市渐渐推广开来,实行文明婚礼者愈来愈多,都市抑或中小城市追求新鲜的男女青年纷纷效法。旅行结婚,少不了要坐火车。沪宁铁路局为了人情味和生意眼,"率先推

---

① 李占才:《铁路与中国近代的民俗嬗变》,《史学月刊》,1996 年第 1 期。
② 同①。

出蜜月车,把车厢装饰得花团锦簇,尽量为新婚夫妇提供方便"。①由此可见,铁路对于推动一种新生事物的发展,无疑是有帮助的。

铁路促进社会的进步还表现在它培养人们的文明意识与习惯上。封建社会里,人们的文明习惯比较落后。近代,受西方文化的影响,卫生、守纪等文明习惯由铁路线辐射到人们的日常生活中,社会逐渐走向文明。

火车作为大型交通工具,载客量大、运行时间长,要求乘客必须严格遵守乘车规则。如 1912 年,沪宁铁路局就制定详细的章程,即规定乘客要文明乘车、准点乘车、车内保持整洁、禁止吸烟和携带无罩烟火等,还严禁偷盗,私带军火、烟草、吗啡、伪钞等;货商需将所有物件认真填写票单,银洋、铜元等免捐物品须单独填写等,严禁商人偷漏或藏匿货物等。除了要求乘客遵守规则外,铁路部门还以身作则,要求工作人员须将"所有客车必须全部清扫干净,揩抹窗户。车站内的厕所,每逢火车离站行驶之后,站长务必亲自检查厕所及坑内遗秽,全行洗刷洁净,所有厕所须时常扫除",尤其要求列车人员接待旅客需格外亲切,不仅关心乘客还要为他们提供服务等。② 这些均为人们树立了良好的文明形象,也让人们体会到了"坐车之精美,招待之周到",客商"无不赞美"沪宁铁路。

有些乡僻人士,未出门前对外界充满好奇,或对西学新说不明所以,因而思想保守、眼界封闭。后来出门远行,坐了火车,见到了外面的世界,耳闻目染,眼界开阔,思想由此开通和趋新,遂对新事物、新思想逐渐由拒绝或消极被动转化为积极主动认识和接受,甚至传播。他们把火车车厢里或都市里的文明风尚带到了家乡,从

① 包天笑:《衣食住行的百年变迁》,苏州市政协文史编辑室编印,1974 年,第 138、139 页。

② 《沪宁铁路行车规条》,京沪区铁路管理局档案,中国第二历史档案馆藏,全宗号 457,案卷号 2503。

而在一定程度上促进了社会的文明与进步。

综上所述,清末民初,铁路作为"欧风东渐"的重要传播途径之一,其到来促进了新文化的传播、兴起。在此过程中,文化之间相互博弈、适应、迁就、拼凑和调适,其结果造就了广泛的社会文化变迁。正如马克思所言:"人们的观念、观点和概念,简短些说,人们的意识是随着人们的生活条件、人们的社会关系和人们的社会存在的改变而改变。"①铁路是近代中国社会文化变迁的催化剂,促使人们传统的生活模式、消费观念、生计方式、社会关系及文明程度等诸多方面发生着变化,近代中国社会因而呈现出保守与开放、文明与落后、新风与陋俗并存的文化特征。而社会文化变迁的过程是缓慢的,不是一事一物变化的结果,是一个综合的结果。当然,铁路对近代中国社会文化的影响是广泛与复杂的,值得深入研究。

铁路没有很快将中国带入文明发达的社会,但毕竟为中国传统文化的变革及与西方文化的交流融合做出了积极贡献,逐渐展现出自身的独特魅力,给中国带来了新的面貌,并在相当程度上推动了传统社会文化的转型,是中国走向现代文明的重要推动力量。需要指出的是,铁路同时也带来了与现代文明相悖的腐朽文化,如鸦片、犯罪等。

---

① 《马克思恩格斯全集》第 4 卷,人民出版社,1958 年,第 488 页。

# 第七章　沪宁铁路与其所引发的社会矛盾

## 第一节　沪宁铁路交通事故及其防治

清末,因历史惯性沿袭下来的社会矛盾并未缓解,而铁路的引入及通车引发的新矛盾又层出不穷。其中,交通事故及其引发的矛盾冲突尤为显著。交通问题是交通社会学中一个非常重要的问题,它是指发生于交通系统中以及人们在交通行为中的社会问题,交通事故则是其中比较严重的问题。

传统交通工具运输过程中,交通事故较少发生,且,事故较轻;而自交通机械化以后,尤其是铁路的通车运营,一种新型的交通事故——铁路交通事故频繁发生且比较严重,事故发生率明显提高。

### 一、铁路交通事故类型

铁路交通事故类型较多,主要有车辆之间碰撞、碾压、刮擦、翻车、坠落等,以及车辆与行人、牲畜等之间的交通安全事故。

1. 车辆相撞或出轨

车辆相撞、出轨或塌陷指的是火车在行驶过程中,因某些原因导致火车的车厢离开轨道,或者是道路路基的扭曲、下陷等原因造成的交通事故。自沪宁铁路开通以来,车辆相撞、出轨或塌陷等交通事故频繁出现。相关资料记载了数次沪宁铁路交通事故发生的情况。

据《申报》记载,1907 年 9 月 9 日晚上,沪宁铁路之火车从丹阳车站开出时,车头忽然出轨,致受巨伤①;1908 年 3 月 3 日,沪宁铁路自南京车站行驶至离南京城十余里的姚坊门附近,铁轨塌陷三四里,致使乘客受惊;等等。②

民国年间,沪宁铁路列车相撞或出轨等事故仍层出不穷。据《交通史路政编》记载,1916 年 2 月 12 日,在距离上海 74 里半的地方,两列载重货车发生冲突,撞死火夫 1 人、管牲畜者 2 人,伤 4 人。1917 年 5 月 26 日,沪宁铁路上行特别快车驶经离上海 189 里半的地方,后方一车韧齿破裂开,裂隙伤及车轮,导致该车脱出轨外。

1918 年 5 月 15 日,沪宁铁路上行货车所挂沪杭甬路货车车辆上一轮盘之轴颈发热损坏,致使该货车及其他 5 辆车在距上海车站 29 里半地方一并脱轨,脱轨车辆直到 17 日上午方收拾干净。1919 年 1 月 29 日,沪宁铁路上行货车刚驶入常州站之际,突然被自侧线末端调车之货车数辆驶入,以致冲击了两辆货车,多辆车同时脱出轨外。

1922 年 4 月 27 日,沪宁铁路第 19 次上行货列车行至距上海 81 公里第 100 号桥时,第 521 号 40 吨棚车轴箱发热,导致后转向架之轴碎裂,列车出轨,连带其他 12 辆亦出轨,轨道损害较为严重,随车管理牲畜一人略受轻伤,并撞毙骡子一头。

1923 年 9 月 10 日,沪宁铁路 B 字 48 号机车在苏州站东端干线上,因调回货车 15 辆,恰巧有第 25 次上行夜快车越过外号志,与 B 字 48 号机车之煤水车相撞。结果快车的煤水车损坏四轮,其后,30 吨棚车一辆出轨,导致客车之气韧损坏,1 名火夫、1 名车队

---

① 《丹阳火车失事》,《申报》,1907 年 9 月 12 日。
② 《搭客之小惊吓恐》,《申报》,1908 年 3 月 12 日。

长及5名旅客受轻伤等。①

　　2. 火车撞人事故

　　沪宁铁路通车之后,火车轧毙人命之事时有发生,以下数件事故即为例证。

　　据《申报》记载,1907年11月27日,自镇江开往上海方向的火车,刚出站没多远,即发生了撞人事故。一男子当场死亡,一男孩受重伤②;1909年1月6日晚,赵家宅乡民赵圣华酒醉回家,行径沪宁铁路,被由宁返沪之火车当场碾毙。③

　　据《江宁实业杂志》记载,1910年9月19日,有数名背负食盐之妇女在轨道间行走,因避让火车不及,致使堕落河中,尸身尚未全数捞起;20日,又有一妇女背负食盐数十斤,经过黄埔桥附近,被火车碾成两截,脏腑毕现。④

　　又据《申报》记载,1918年10月7日,淞沪火车碾毙一名女孩。该女孩年七八岁,左腿被火车截断,因伤势较重,不及医治,最终死亡⑤;11月16日,有陈泾港乡民陈某进城完租,事后,步行返乡,下午5时,行径外跨塘,恰逢沪宁上行快车驶过,避让不及,亦被当场碾毙。⑥

　　火车交通事故除发生在普通乡民身上外,亦时常发生在车站工作人员身上。据《申报》记载,1908年12月9日,沪宁火车行驶至常州车站尚未完全停止,一名管车工人就在列车头沿边接取物件,结果失足坠落轨道内,猝不及避,因半身截断而死。⑦　当月11

---

①　关赓麟:《交通史路政编》第11册,交通铁道部交通史编撰委员会编印,1937年,第3248页。

②　《火车碾毙路人(镇江)》,《申报》,1907年12月1日。

③　《火车碾毙乡民》,《申报》,1909年1月8日。

④　《沪宁铁路之风潮:清杨铁道之命案》,《江宁实业杂志》,1910年9月第3期。

⑤　《火车碾毙老幼》,《申报》,1918年10月9日。

⑥　《苏州火车碾毙乡民》,《申报》,1918年11月21日。

⑦　《车头工人碾毙》,《申报》,1908年12月10日。

日,沪宁铁路夜车自南京开出,行驶至麦根路附近,一名在上海车站丁工程司写字间作侍役之本地人龚阿庆正在轨道上行走,避让不及,被列车撞倒上半身,因其是横卧在轨道上,车头司机人立即打倒车,将车停止运行。路警急忙将龚某拖出轨道外,才免遭车轮碾为两段,仅左腿被撞脱节,头与腹部均受损伤,人已昏迷。①

3. 火车碾毙牲畜事故

沪宁铁路沿途经过很多乡镇,大概每 500 米就经过一个市镇或乡村,这些市镇和乡村距离沪宁铁路在 100 米左右。因此,沪宁铁路轨道旁时常见到各种牲畜,列车碾毙牲畜之事不胜枚举,特别是每年五六月份农忙季节,经常有耕牛等牲畜被火车碾毙。

根据相关资料统计,沪宁铁路行车中发生的交通事故 1914 年有 107 起、1915 年 139 起、1916 年 182 起、1917 年 159 起、1918 年 187 起、1919 年 306 起、1920 年 286 起、1921 年 310 起。1924 年 9 月至 11 月间,江浙一带爆发战争,军人强迫开车,多不遵守行车规则,以致事故迭出,发生了诸如出轨、列车相撞、车辆走脱、车队误入歧途和火灾等事故。沪宁铁路历年行车事故具体情况见表 7-1。

表 7-1 沪宁铁路历年行车变故次数表

| 年份 | 出轨次数 | 冲突次数 | 车辆走脱次数 | 车队分离次数 | 误入歧途次数 | 路线阻碍次数 | 车队妨害次数 | 火灾次数 | 其他事故次数 | 共计(次) |
|---|---|---|---|---|---|---|---|---|---|---|
| 1914 | 6 | | 10 | 9 | 2 | 19 | 47 | 1 | 13 | 107 |
| 1915 | 10 | | 13 | 14 | 5 | 15 | 60 | | 22 | 139 |
| 1916 | 3 | 1 | 11 | 34 | 2 | 23 | 88 | | 20 | 182 |
| 1917 | 10 | | 11 | 17 | | 39 | 62 | | 20 | 159 |
| 1918 | 1 | | 6 | 13 | 7 | 43 | 102 | 1 | 14 | 187 |
| 1919 | 7 | | 10 | 17 | 13 | 38 | 154 | | 67 | 306 |
| 1920 | 5 | 1 | 12 | 21 | 1 | 28 | 184 | | 34 | 286 |

① 《火车撞伤侍役》,《申报》,1918 年 12 月 12 日。

续表

| 年份 | 出轨次数 | 冲突次数 | 车辆走脱次数 | 车队分离次数 | 误入歧途次数 | 路线阻碍次数 | 车队妨害次数 | 火灾次数 | 其他事故次数 | 共计(次) |
|---|---|---|---|---|---|---|---|---|---|---|
| 1921 | 5 | | 10 | 53 | 2 | 23 | 123 | | 94 | 310 |
| 1922 | 18 | 8 | 47 | | | 109 | 61 | 1 | | 244 |
| 1923 | 22 | 12 | 57 | | | 98 | 84 | 5 | 2 | 280 |
| 1924 | 26 | 11 | 46 | | | 79 | 115 | 3 | | 280 |

附注:1914 年以前因无正确统计,故未编入。

资料来源:关赓麟:《交通史路政编》第 11 册,交通铁道部交通史编撰委员会编印,1937 年,第 3249－3250 页。

## 二、沪宁铁路交通事故的防治与管理措施

### (一) 1908 年沪宁铁路全线通车后的措施

1876 年,英国人在上海修建吴淞铁路,即遭到沿线百姓的极力阻挠,强行阻止火车的行驶。后发生火车轧死一人的交通事故,官民"群起攘臂相抗"。[①] 后来,铁路在修建过程中占用民田,妨碍农田水利,迫使百姓迁移祖坟等情况,更激起民众的不满和强烈反抗。

1895 年后,清政府颁布上谕,广筑铁路,铁路的修建随之兴盛起来。随着铁路的通车,所引发的矛盾冲突等危机事件不断出现,政府遂设立专门组织机构防治与管理。然而由于中国铁路路权复杂,铁路行政不统一,且受西方人控制,铁路危机管理机构也就难以统一,各路多根据自己的实际需要,自行设置路警机关等类似机构。1905 年,沪宁铁路开工,尽管"江苏人士早知铁路之益,多赞成建造""宁镇一段已勘毕,民情欣悦"[②],沪宁铁路管理委员会仍专门设置了弹压委员会,招募巡勇分段弹压。1906 年 7 月,将所

---

① 宓汝成:《中国近代铁路史资料》第 1 册,中华书局,1963 年,第 41 页。

② 王树槐:《中国现代化的区域研究·江苏省(1860—1916)》,台北"中央"研究院近代史研究所,1984 年,第 108、341 页。

有通车各处工程弹压勇丁改编成铁路巡警,并在苏州设置二等巡官一员,在上海设置三等巡官一员,加强沿途巡视。1907 年 8 月,在镇江增设二等巡官一员,在常州设置三等巡官一员。

　　1907 年 12 月,上海铁路巡警局遂成立,由警务长派令各铁路学堂的毕业生站岗防范。① 但交通事故仍在发生。据《申报》记载,1908 年 3 月 3 日,沪宁铁路自南京站行驶至姚坊门附近,铁轨塌陷三四里,乘客受惊;4 月,沪宁铁路全线贯通后连续发生了多起火车撞人的交通事故;5 月 11 日,龙潭附近一名 16 岁少年在轨道行走,被火车撞毙,上千村民围攻车站并阻挠列车行驶。这引起了当地政府和铁路部门的重视,他们主要采取以下措施来化解危机。

　　1. 给予抚恤金
　　清末,铁路交通事故造成了人员伤亡及财产的损失,如何进行理赔以减少民众与铁路之间的矛盾冲突,全国没有统一的规章制度,沪宁铁路也无具体条款。时人建议,"凡火车碾毙人命,例给恤银二十四元",这是"为免图赖纠葛起见,非谓毙一命,仅值二十四元也"。② 龙潭事件发生后,两江总督端方"以其父母痛子情切,极为可怜,当饬裕宁官银钱局在振余项下,拨给洋二百元,以资抚恤"。③ 这一做法在一定程度上化解了死者家属及村民的不满和怨言,降低了危机带来的影响,避免了次生危机的发生,对减少矛盾冲突起到了一定作用。

　　2. 发布通告
　　龙潭事件的发生促使地方政府认真分析冲突发生的原因,他们认为"今龙潭附近地方有撞毙人命情事",这是"乡愚无知,往往不识利害"。为了使他处不蹈覆辙,端方下令发布通告,"由铁路

① 《铁路巡警局成立》,《申报》,1907 年 12 月 4 日。
② 《沪宁铁路之风潮:清杨铁道之命案》,《江宁实业杂志》,1910 年 9 月第 3 期。
③ 《火车撞毙人命》,《申报》,1908 年 5 月 23 日。

经过各州县,将该管城乡各车站火车往来时刻钟点,一律按表查明,出示晓谕,劝令民间互相告诫,并管束年幼孩童,不得任意在轨道行走";同时申明,"自此次示谕以后,倘再不自留心出有撞压毙命之事,绝不再予抚恤,并不准家属藉词向铁路滋扰,以重路政"。① 5 月下旬某日,沪宁火车驶至溧水县境内碾毙一乡民,村民要求给予抚恤银两,沪宁铁路"以并未违章不肯照给",乡民遂纠集男妇老幼数千人,拦卧轨道,致火车不能开驶,后"电禀府县派差前往,始得劝散"②,危机暂时缓解。

一个月后,根据两江总督端方加强交通安全的批示,沪宁铁路总办钟文耀下令沿线"各道府转饬各州县撰拟白话告示,偏行张贴,俾众周知,免罹危险",并严禁乡民阻碍车路,"火车驶近各车站,常有人击石毁坏车上玻璃,甚至击伤搭客,行人殊属不法,若不严行禁止,何足以安轨路而保行旅,并候饬由各该州县,一体出示禁令"。③

近代中国,信息传播途径较为单一,文字是主要且非常有效的宣传方式。简洁的文字不仅能普及铁路交通的基本知识,也能普及民众应对危机所必备的常识,进而帮助人们树立一定的危机意识。因此,发布通告、张贴告示成为沪宁铁路危机管理重要的预防举措。英国著名危机管理专家迈克尔·里杰斯特曾言"预防是解决危机的最好方法",当然预防也是成本最低、最简便的方法。防患于未然永远是危机管理最基本,也是最重要的要求。在当地政府与沪宁铁路部门的宣传下,1908 年 6 月至 9 月间沿线交通事故明显减少。

龙潭事件后,沪宁铁路巡警随之扩充。地方政府与沪宁铁路管理委员会先在南京设置三等巡官一员,随后因淞沪各站华洋冲

---

① 《火车撞毙人命》,《申报》,1908 年 5 月 23 日。
② 《乡民拦阻火车》,《申报》,1908 年 6 月 5 日。
③ 《严禁乡民阻碍车路》,《申报》,1908 年 7 月 9 日。

突较多,警务较为繁重,遂将原驻苏州第一段二等巡官移驻上海,派遣淞沪等站之三等巡官调驻苏州。无锡因装运漕米,货运较为兴旺,防卫应该更为周密,遂在无锡添置三等巡官一员。端方还将各处巡防营队移驻车站,并设置了护路巡官以代替警察。

10 月 27 日上午,由上海驶往南京的沪宁火车在龙潭处撞毙一名妇女,死者家属鸣锣聚集无数村民围住火车,沪宁铁路车头总管见势不佳,遂令华兵将村民驱散,该车方获开行,当车经过时,巡防队士兵站立两旁。最终,由沪宁铁路常镇道镇江巡防队统领周锦堂委派第二营管带陆如仙乘专车驰往调停,村民方才散去。[①]

### (二) 1909 年沪宁铁路管理局成立前后的措施

1909 年 1 月,苏省巡警总局在苏州创办高等巡警学堂,开始培养铁路警察,设简易和高等两科,高等科三年毕业,简易科一年毕业。[②] 当月,沪宁铁路发生多起列车撞人的交通事故,尤其是 6 日晚,赵家宅乡民赵圣华回家途中,被由南京驶往上海的火车当场碾毙。[③] 2 月初,新丰站西、高资、龙潭等多处发生了火车撞毙行人事件。其中,新丰处乡民多次聚众围攻车站,致使火车不能正常行驶;龙潭处也有人鸣锣聚众阻止火车行动。新丰等地冲突事件引起了地方政府和沪宁铁路管理委员会的高度关注,两江总督端方特派金陵洋务局委员温茇臣偕同沪宁铁路总办叶恭绰,与常镇道刘襄孙及驻扬镇巡防队统领周锦堂等筹议善后办法,积极"妥拟办法,庶不致再生事端"。仅在 2 月份,江苏政府和沪宁铁路局就制定出多项管理措施,内容如下:

1. 派兵巡护

面对多处矛盾冲突,两江总督端方立即电令常镇道就近派兵分往新丰高资两处,弹压防范,一面"分电苏抚院及瑞藩台加派兵

---

① 《沪宁火车扰事情形》,《申报》,1908 年 11 月 2 日。

② 《创办高等巡警学堂》,《申报》,1909 年 1 月 15 日。

③ 《火车碾毙乡民》,《申报》,1909 年 1 月 9 日。

队驻往巡护",告诫乡民"火车往来迅速,断不准乡人沿轨行走";一面"饬县,严拿首祸,务获重惩"。① 因沪宁铁路绵延数百里,其间遇有民间走路必须穿过铁道,"火车驶力甚速,轧毙人命,乡民因之集众滋闹阻止车行,并有以碎石向火车乱击",而现在"轨线以内屡出事端",他们认为"非增兵驻防不足以资镇慑"。2月中旬,端方遂在南京、镇江、常州三处设置巡防统领,按照所辖地段,分别派兵实力防护,按"轨道每十里设卡房一所,驻兵十名,由沪宁路局酌筹经费,按月拨解,由官添练巡防队一二营,专为巡护轨道之用",并规定"不准稍涉疏解,倘再失事,定惟该驻防营队是问"。② 月底,端方又"拟添派巡防队在宁镇一带路线内分段设卡,轮流梭巡,以防滋事"③,加强沿线交通安全管理。

2. 追究责任

相关人员的失职或违反禁令是造成公共危机发生的主要因素。因此追究责任,惩罚相关人员,吸取教训,制定有效的整顿措施,防止矛盾冲突的再次发生成为新丰事件后沪宁铁路公共危机管理的重要内容之一。

首先是严惩带头聚众者。沪宁铁路自开车以来,虽然"叠饬出示晓谕,附近居民不许在轨道线内行走,不啻三令五申,乃近来仍有碾毙人命",而且乡民"聚众滋闹",实属"顽梗不化,殊堪痛恨",两江总督端方在派兵巡护的同时即下令"自应严拿首祸,以重路政"。④ 根据端方的批示,沪宁铁路总管理处派遣洋务司温道、镇江关刘道一起去新丰等处调查,发现"孙正,大绰号蛮牛,向不安分,会曾鸣锣聚众,与火车为难;又访闻文生孙修德,向来好讼,前此滋闹,均由该生暗中唆使,以上两人均住龙潭东北之数里之孙家

① 《紧要新闻:流氓滋扰沪宁火车之交涉》,《申报》,1909年2月11日。
② 《筹防沪宁铁路办法》,《申报》,1909年2月25日。
③ 《派员会议防护路线》,《申报》1909年2月29日。
④ 同①。

场",最终两人由"句容县按名传提到案,分别讯究"。而新丰处一案,也已"批令查明为首之人,勒限拿办,应仍遵照前批,严饬丹徒县王令责成董保依限指交讯明,重惩,倘界限不获,即由道详请惩处",同时告诫乡民"不许聚众逞蛮,违即严拿重咎"。①

其次是惩罚失职人员。尽管 1907 年 5 月,当地政府与和沪宁铁路部门已经通过发布通告等方式宣传铁路交通安全,然而新丰等地冲突事件的发生促使两江总督端方再次"责成沿路各县,将火车行驶猛速不能避让以及撞毙人命,车不任咎"等告知百姓。1908年 2 月中旬又下令沿线各州县"撰刻简明告示,广为张贴,月换一次,并令地保各在所管村镇捐牌鸣锣,不时切实传谕,务使家喻户晓,勿再冒险进轨游行、聚观";同时"责成乡董,随时导解,设有砸伤等事,应禀官查办;若乡董低保等导解得力,准由地方官禀明酌奖,倘不得力,即分别换革,以示劝惩"。② 为了防止类似事件的发生,2 月下旬,端方还传令沿途各县对违反禁令的乡民进行惩罚,规定以后"无论何人不准贪便行走,致蹈危祸,如敢不遵许,由巡勇就近扭交地方官究办"。③

3. 当众演说

公共危机是突然发生的,危机的有效化解离不开民众的理解、参与和配合,这种参与、配合又是建立在危机信息及时知晓及对相关部门充分信任的基础上的。这需要当局以最快的速度做出决断,对危机事件进行紧急处理,采取有效措施和对策,防止危机的进一步蔓延,尽量降低危机所造成的损失,从而化解危机所带来的危害。

新丰等地冲突事件后,端方还委派洋务局帮办温秉忠会同沪宁铁路局黄仲良前往查勘。当新丰镇乡民齐集车站时,温秉忠对

---

① 《筹防沪宁铁路办法》,《申报》,1909 年 2 月 25 日。

② 同①。

③ 《派员会议防护路线》,《申报》,1909 年 2 月 29 日。

众演说,"人应避车,车难避人;铁路系国家所营造,与车为难,即是与国家为难之义",将铁路运输的规定及政策告知乡民,使其家喻户晓,并规劝他们"勿再有聚众暴动情形事","众皆唯唯而退"。随后,温秉忠等又到高资站东访查,召集附近乡民,亦当众演说,耐心告诉他们,"火车系为便民而设,投石击车,不特于车务有碍,且关系华洋搭客生命,异常危险,务须互相劝诫,共保治安,详细演说而散"。① 在近代文化知识普及极为有限的情况下,当众演说、发布正确信息、向民众说明真实情况和宣传铁路知识在一定程度上能够取得民众的理解和支持,从而化解危机,不失为一个化解危机的成功方法。

4. 注重形象

危机既是经营危机,也是形象危机。企业的形象是企业的生命线,危机的发生必然会给企业形象带来损失,甚至危及企业的生存。交通事故已经对死者家属造成伤害,但铁路部门个别工作人员骄横跋扈的态度,激起了乡民的愤怒,使得双方矛盾激化。新丰等地冲突事件让沪宁铁路部门意识到加强工作人员形象管理的重要性。1908 年 2 月中旬,沪宁铁路总管理处明确规定对该路所有站长以各项工役,应"慎加选择时,认真查察,严行约束,勿任倚势欺压,至激众怒"。②

新丰事件后,清政府与中英银公司改订总管理处章程,撤销总管理处,成立沪宁铁路管理局(以下简称沪宁路局)。1910 年,沪宁路局制定了《沪宁铁路各科各股办事规则》。因淞沪各站冲突较多,警务较为繁重,将弹压委员会改为警务科,设两名巡官:将原驻苏州第一段二等巡官移驻上海,管辖自吴淞站至常州站迤东之所有警务;一名驻扎镇江,管辖自常州站迤西至南京站之所有警务。除了原来苏州(淞沪等站三等巡官调驻苏州)及常州的三等

---

① 《保护沪宁铁路之周密》,《申报》,1909 年 2 月 23 日。
② 《筹防沪宁铁路办法》,《申报》,1909 年 2 月 25 日。

巡官,再增设两名三等巡官,负责巡视无锡、南京,各级巡官均有10名巡士。①

1910年9月20日,由常州至南京的客车,行经高资镇时,一乡民因买票被车站巡士打死,结果导致该处乡民聚众千余人蜂拥至车站,与站长为难。傍晚,客车由宁返常,乡民又拦阻该车去路,致使车站房屋均被毁坏,站中人亦被殴受伤。② 高资事件再次让沪宁路局意识到形象的重要性,矫正形象、塑造形象、提高本路员工的服务质量成为沪宁铁路危机管理的重要思路。1912年,沪宁路局制定了详细的铁路人员章程,如要求员工接待旅客,尤宜格外亲切,"如有越礼慢客及不留心照料等事,立即告知车务总管察夺"③;还要关心乘客,为头、二等车的乘客准备点心,为乘客准备休息的场所,"勿由本站员役任意休憩",夏季客车的头等车及二等车装电扇,冬季车内装汽炉④,并派路警随车保护乘客等。沪宁路局逐渐建立了为乘客提供优质服务的理念,这种注重服务的管理精神有助于化解沪宁铁路的经营危机和形象危机,减少了危机带来的损失,争取了人们的谅解和信任,最终为其赢得了好的声誉。

### （三）1916年沪宁铁路盈余之后的措施

近代中国铁路经营初期,交通事故频仍,多数铁路管理不善,危机重重,沪宁铁路运营初期亦如此。在地方政府和沪宁路局的共同努力下,自1916年始,沪宁铁路营运终于扭亏为盈了,成为一条经营优良的线路,沪宁路局更加注重沿线交通安全管理。它仿

① 《沪宁路局各科各股办事规则》,《交通官报》,1910年第5册第17期,第30页。
② 《沪宁铁路之风潮:清杨铁道之命案》,《江宁实业杂志》,1910年9月第3期。
③ 《沪宁沪杭甬铁路运客普通规则》,《沪宁沪杭甬铁路旅行指南》,国光书局,1918年,第3页。
④ 《沪宁铁路行车规条》,京沪区铁路管理局档案,中国第二历史档案馆藏,全宗号457,案卷号2503。

照京绥铁路制度,将沪宁全路警务实行改组,以沪宁路局警务所为汇总机关,设于上海,设置总巡一员,统辖全路警务事宜;副巡一员,以辅佐总巡;分巡五员,分段管辖。自淞沪线炮台湾站起至南京站止,共分6段,设6分所,名为沪宁铁路局驻某警务分所,除驻沪分所附属于警务所,其他如苏州、无锡、常州、镇江、南京5分所,以各站旧有警局改组,下设教练员、书记员、警长、路探、甲乙丙三级巡警等。他们除了加强行人的交通安全外,还对沿途经过的牲畜加强巡视。

铁路的修筑沿途经过很多乡镇,沪宁铁路沿线大概每500米就有一个市镇或乡村,轨道旁时常见到各种牲畜,列车碾轧牲畜之事不胜枚举。1918年,沪宁铁路车务总管制定解决办法。一是撰写白话告示,印发沿线各护路巡官,进行宣传;二是加强巡视,随地禁阻。鉴于以前"因空文告诫,未足以儆玩忽",而此次办法规定应由各段巡官督饬警务长于火车将经过该管地方,但凡"见有牛只及各种牲畜,务即预为阻止,不得横过轨道,致生车务上之危害";三是禁止乡民于路界内放牧牲畜。沪宁路局通令沿途各巡官严加管束,如有乡民在路界内牧牛者,即行拘拿惩办。如或乡民不服戒劝,应即拘送地方官厅,从重严办,以儆抗违,而防肇祸等。①

随着铁路的运营,地方政府和沪宁路局渐渐意识到"人命与铁路并重",其危机管理渐渐趋于人性化。如1918年10月18日下午2:54分,苏州人高洪生自苏州附搭四等车至南翔抵陆家浜地方,于车门口小解,"闻车票员将来干涉,慌忙失措,失足跌落轨道外,头部肩背皆受重伤,尚幸未被车辆碾及"。火车当即打倒车停止,路警将高洪生扶起,随即抬入火车,派专车将其送往麦家圈铁路病房医治。② 12月11日晨7时,沪宁铁路夜车自南京驶至麦根路附近,一人在轨道上行走,避让不及,被车撞倒上半身,横在轨道

---

① 《火车碾毙牲畜之防范》,《申报》,1918年9月11日。
② 《趁火车失足跌伤》,《申报》,1918年10月19日。

上。司机立即打倒车,将车停止,路警将其拖出轨外,免于被碾为两段,只是左腿已脱节,头与腹部受损伤,人已不省人事,路警将其抬入火车送至车站,由专车送往麦家囤铁路病房医治等。① 据笔者所收集的资料,自 1916 年后,沪宁铁路沿线不仅交通事故在减少,民众聚众之事也不多见。

为了加强管理,1919 年沪宁路局又在南京添设副巡 1 员,自上海站 90 里里数牌以东为驻沪副巡管理警务之区,以西为驻宁副巡管理警务之区。1921 年 1 月,又添设总稽查一职,专司侦缉盗窃案件,副总稽查一职及稽查侦探等,并将沪宁、沪杭甬两路警务改组,设总巡官 1 员,兼领两路警务事宜。自上海至常州、常州至南京,划分两段,每段各设巡官一员,沪常段巡官驻沪办事,常宁段巡官驻宁办事,沪苏锡常镇宁 6 站,各驻分巡官一员。1923 年,又组成随车防护队,派主任专员 11 人,按日随同上下,专门以防止匪徒、保护旅客为职务。1924 年,沪宁警务再次改组,裁撤各段巡官,改设警务总段长 1 员,沪苏常镇宁六段设警务段长 1 员。②

除了开展正规的铁路警务工作外,沪宁铁路车务处还设有辅助人员,如巡逻夫,英文名 Watchman,即看夜夫。他们专门保护沿途轨道、材料、机器厂、各站货物及车辆等。随着沪宁铁路营业渐渐发达,各货栈、码头、工厂等日渐增多,巡逻夫人数亦渐增加。至 1921 年 2 月,巡逻夫归并沪宁警务处管理,沪宁铁路局将他们改编为警务处巡逻队,分驻各重要地点,即淞沪、沪苏、苏常、常宁 4 段,并设置巡逻队勤务督察长 1 员、督察员 4 员、稽查员 2 员、书记 1 员,办理队中一切事宜以及负责沿线安全防护等。

沪宁铁路局还注重预防列车相撞或出轨等交通事故的发生,加强沿线道路的安全排查。如为了防止道路上的危险因素影响火车

---

① 《火车撞伤侍役》,《申报》,1918 年 12 月 12 日。
② 关赓麟:《交通史路政编》第 11 册,交通铁道部交通史编撰委员会编印,1937 年,第 3115 –3116 页。

的安全行驶,沪宁铁路局派人巡查沿线路基枕木,并及时修复,如沪宁铁路局任传榜局长常常"特派数员会同各展员,专司调查枕木,有无损坏,如有朽坏之处,立即饬工更换,藉资整顿而免危险"。①

同时,针对车辆运营秩序较乱,易于发生车辆相撞事故,沪宁铁路局制定了《沪宁铁路行车规条》,乘客普遍反映沪宁火车"行车极准",并对于违反规章、擅自行车的相关人员进行惩罚。如1920年1月29日,沪宁铁路货车驶入常州站与数辆调回来的货车相撞,致使多辆车出轨,除了调车夫当即逃匿,其余失察人员均受到一定程度的惩戒。② 该规条严格执行不仅规范了车辆行驶,也保证了列车运输的安全,减少了车辆相撞等危机事件的发生。

除了规范车辆运输外,沪宁铁路局还重视和完善铁路信号技术。

清末民初,铁路信号设备不完善是造成列车相撞出轨的一个主要原因,因此完善铁路信号技术是保证铁路行车安全和降低铁路公共危机发生所必需的。沪宁铁路1910年就架设了电报,1912年安装了电话、电气路签机、上下行进站及外进站信号机、电气色灯调车信号等。

交通事故具有突发性,但并非完全无规律可循。据统计,14%～20%的交通事故发生在下坡、转弯路段,而65%的发生在平坦路段。针对铁路沿线交通事故频繁发生的问题,民间有人建议沪宁铁路沿线设置"瞭望室或击警告钟、捩逆退轮、编驱逐队"等,"犹有变生意外,则亦数莫能道,而问心庶无愧也"。③ 苏州各商会积极筹议解决办法,如建议设立警告牌、拓宽路面等。1922年,江苏武进商会致函沪宁铁路局,"鉴于沪宁铁路丹阳以西高坡甚多,

① 《关心枕木》,《铁路协会会报》,1922年第11卷第113期第1册。
② 关赓麟:《交通史路政编》第11册,交通铁道部交通史编撰委员会编印,1937年,第3248页。
③ 《沪宁铁路之风潮:清杨铁道之命案》,《江宁实业杂志》,1910年9月第3期。

轨道两旁地仄致行人因车行猛力吸带,无地可避,有生命之危,特发起联合,沿路各会建议路局将轨道两旁放宽尺寸,各开辟二十英尺,削平坡土,设立警告牌,为一劳永逸,保全生命之计,希望解决"。沪宁铁路局车务处将"免除行车危险久视为重要之事",认为若"能免除危险之处,自无不尽力为之也,以后自应尽力设法减除可惨之危事"。沪宁铁路局遂将事故频发地段铁道"两旁高堆铲平"。鉴于以前所设"警告牌之无效"及"凡行人之被害者,大半均因于在轨道上行走,不循大路之故",乃另备一种图画式的标示(图7-1),"以通知行人,就近张贴,俾众周知"。沪宁路局坚持不懈的宣传教育让沿线民众不仅了解了火车的特性,也能够了解危机发生前的一般应对行为,同时也引导相关人员产生居安思危和未雨绸缪的意识。

**图 7-1　1923 年"当心火车"宣传画**

资料来源:《沪宁铁路局当心火车宣传画》,苏州商会档案,苏州档案馆藏,档号 I14—01—0606—013,1923 年 5 月 19 日。

交通事故引发的诸多公共危机事件暴露出安全管理上的漏洞和制度上的缺陷,应对危机,重在管理。地方政府和沪宁铁路危机管理机构在保护铁路设施、保证铁路运输畅通、解决和预防危机事件的发生方面做了大量工作,维护了沪宁铁路沿线地区的社会稳定,在很大程度上减少了因交通事故引发的矛盾冲突。以1920年为例,沪宁铁路交通事故中死亡人数共计59人,仅占全国铁路交通死亡人数的13.5%,京汉路最多,146人;沪宁铁路受伤人数共计71人,占全国铁路受伤人数总数的12.1%,京汉路最多,为300人;从每百万旅客平均死、伤人数来看,沪宁铁路分别为7.33人、8.82人,京汉路最多,分别为31.42人、64.57人,京奉路为13.67人、18.64人,津浦路为18.78人、25.39人。沪宁铁路死伤人数还远低于京绥路、正太路、道清路、湘鄂路等。从列车所遭变故次数来看,沪宁铁路列车出轨次数仅为10次,仅占全国总数的0.3%,京奉路最多,为116次,京汉路为34次、津浦路为58次、京绥路为29次、正太路为20次、吉长路为18次等。从列车相撞事件看,沪宁铁路仅有1次,占全国铁路总数的0.1%,是民国铁路交通事故发生率最少的线路。1920年,交通事故最多的是京奉铁路,共252次,而沪宁铁路计24次,居全国铁路中倒数第5,仅占全国铁路危机事件总数的0.3%等。①

总之,任何一种交通工具在运行中都存在安全性和危险性,现实中不存在哪种交通工具只有安全性,没有危险性。近代中国铁路在运输过程中均出现过许多交通事故,并因之引发了一系列公共危机事件。清末民初,铁路在中国是一个新鲜事物,而铁路的经营管理更是一项崭新的事业,其危机管理是在实践中不断探索和完善的。

沪宁铁路运营初期,交通事故及矛盾冲突不时发生,至20世

① 《第30国有各路车辆所遭变故回数表》,《交通部国有铁路1920年统计总报告》,北洋政府交通部档案,中国第二历史档案馆藏,全宗号1056,案卷号20。

纪 20 年代,沪宁铁路引发的矛盾冲突等危机事件逐渐减少,其不断完善的危机管理及危机意识是减少公共危机发生率的重要前提和保障。沪宁铁路危机管理是由地方政府和沪宁铁路局适时地采取一些灵活的危机化解和管理策略,从危机预防、化解及善后管理等方面采取一系列灵活且行之有效的措施和管理策略,切实加强了沿线的交通安全。诸多管理措施不仅缓解了危机的影响,减少了危机的发生,保证了列车运输的畅通,也提高了营运效益。尤其是其人性化的管理得到了人们的好评,为沪宁铁路塑造了良好形象,最终赢得了"中华模范路"的美誉。

当然,沪宁铁路公共危机管理并非尽善尽美。有时面对讨要说法的民众,当局不仅不给予解释或赔偿,反而派兵镇压或驱逐他们,这是由封建专制社会统治阶级的阶级属性决定的,他们不可能站在普通民众的立场去思考和解决问题。然而,在当时的社会背景下,沪宁铁路的公共危机管理在全国各铁路中属于佼佼者。

## 第二节　沪宁铁路犯罪及其防治

犯罪,一般被看成人类社会发展过程中的一种"病态的"的反常行为或现象,千百年来一直对人类的生命财产安全及社会的安定构成严重威胁。但犯罪又是一种相对概念,同样的犯罪行为在不同的文化中就有不同的意义。英国犯罪学家苏色兰教授指出,某些行为在某种社会中被视为犯罪,主要是因为这种行为和那个社会的特殊利益有矛盾。这类犯罪被认为是对该集体特殊的一致性有所损害。① 当一个行为危及一个现存集团或统治阶级时,它必然会被统治阶级宣布为危害国家的犯罪行为。在中国封建王朝被推翻以前,提倡民主就是叛国。1911 年辛亥革命成功后,那些

---

① 严景耀:《中国的犯罪问题与社会变迁的关系》,北京大学出版社,1986 年,第 6 页。

倡言复辟帝制的就被送进了监狱。

清末民初,中国出现了数千年未有之变局。一方面,近代西方科学技术在中国已获得相当的发展空间,电报、电话、轮船、铁路等交通通讯手段渐次流行;另一方面,当朝统治力量因政治腐败和财政危机而受到极大的削弱,官员营私舞弊,贪污成风,而农民和城市平民在西方侵入者和本国统治者的内外夹击下急剧地贫困化,沦落为漂泊不定的流民。这些都增加了社会的无序和动荡,使犯罪活动获得了合适的土壤。铁路的出现,新型犯罪日渐增多,且呈猖獗之势。

## 一、铁路犯罪的主要形态

铁路的出现推动了社会的进步和发展,在中国交通史上具有划时代的意义,但同时也出现了清末民初江苏社会前所未有的犯罪新形态——铁路犯罪。铁路犯罪形态很多①,其类型主要有铁路偷盗、铁路贩运军火伪钞、铁路贩运烟土、铁路拐卖人口等。

1. 铁路偷盗

铁路犯罪形态以铁路偷盗为多。近代化交通工具——铁路的出现,有些盗窃犯遂改变了传统的作案地点,有的到车站去找"主顾",有的把作案地点改在火车上,这种小偷有个专有名词叫作"吃火龙的","火龙"就是指火车。

铁路开通之初,匪徒多偷窃铁道设施。据《申报》记载,1908年1月16日,沪宁铁路沿线的丹阳县境之第三十五六七号及锡金境内之望亭之周泾港中间的第二十四号铁轨多次被偷盗。② 也有偷盗火车机件的。1911年11月的一天,沪宁铁路上海车站,抓获

---

① 沪宁铁路开通后,有人以石子击毁列车上玻璃,或击伤搭客,甚至阻挠列车行驶等来反抗西方侵略,也被当局认为是违法行为,在此不专门论述。

② 《紧要新闻:沪宁铁路请兵防盗电文》,《申报》,1908年1月16日。

一名闯入电报房内正偷电报机的少年。① 又据《申报》记载，1918年10月，上海北站时常失窃火车零星机件，沪宁铁路警局特饬本站侦探严查赃贼。20 日，徐探员查获二名积窃犯谢阿兴、葛林大，经审讯，均供出所偷盗之物品销往王家宅马金生所开设之马义兴铁店内。路警当即前往该铁店，收缴出大量赃物。店主已经闻风逃逸，仅将店员吴永林带同警局，听候审讯。② 同年11月，沪宁铁路又发生了沿途铁钉等物被偷盗的事件。③

随着铁路的延伸，偷盗旅客财物之事亦时有发生。1908 年 4月，在上海经商的苏州人朱明章，于14日乘沪宁火车回苏州，带有皮包1个，内有钞票洋2 000元及值洋2 万余元之契据。皮包忽然在车中遗失，朱明章怀疑是邻座王阿春所为。抵达苏州后，王阿春下车，一巡警见其形迹可疑，上前拘住。经审讯，王阿春承认其偷窃行为，将皮包打开，票据俱在。④ 1911 年 11 月，一儿童在开往上海的沪宁火车上摸窃搭客洋元，后被抓获。⑤

2. 铁路贩运军火⑥、伪钞

火车的开通便利了商旅往来，也为不法分子提供了便捷。有些人利用火车来贩运军火、伪钞等。

据《申报》记载，1908 年 3 月 28 日，台州人黄月如和王小金各带手枪至上海闸北车站被查获。⑦ 1909 年 2 月 24 日，上海车站查获一些军火。沪宁铁路快车即将开行时，车站客座处遗有衣包一个，站长查询多时，无人认领，遂即将包打开，见有 20 号子弹 40

---

① 《车站中之少年》，《申报》，1911 年 11 月 15 日。
② 《车站侦探查获赃贼》，《申报》，1918 年 10 月 22 日。
③ 《行窃铁路道钉之查究》，《申报》，1918 年 11 月 9 日。
④ 《捕头缉获巨贼》，《申报》，1908 年 4 月 17 日。
⑤ 《童孩摸窃》，《申报》，1911 年 11 月 15 日。
⑥ 在当时特殊的背景下，革命党人利用铁路购买军火，也被认为是犯罪，在此不专门论述。
⑦ 《车站查获枪弹》，《申报》，1908 年 3 月 29 日。

颗,12 号子弹 119 颗,又铜帽两盒,计 2 万个。另有棉被破旧衣服数件,"似系匪徒私运,因恐被人查见,是以弃物逃遁"。① 1911年,仅在上海车站就查获多起私藏军火炸弹等危险之物的案件。也有日本人利用火车来贩运军火,民国初年在镇江车站就查获了一例日本人贩运军火的跨国犯罪。

有些搭客利用火车私运伪钞。据记载,1918 年 11 月 28 日,沪宁铁路巡警在乘客的行李中抄获部分伪币。福建人陈新昌在沪宁车站购买火车票,前往无锡,在车站食物摊购买零食,付给小洋一枚,经摊主辨认为伪钞,要求调换,彼此发生冲突。车站巡警赶来,将陈某拘获,并在其行李中搜出 1914 年份有袁世凯像之完全铅质大洋 15 元,又铅质广东省、江南省八开小洋 607角,皆系伪钞。② 同年 12 月,沪宁车内又查获一起私运伪币者。即 12 日,沪宁火车行至苏州时,有张得胜、汪庆生二人于行李中夹带数大包私铸铅质洋,暗运来苏州,准备使用。下车时,被车站巡警察破。③

3. 铁路贩运烟土

民国年间利用火车贩运烟土的案例逐渐增多。1914 年 9 月 1日,一名姓叶的搭客串运烟土,被沪宁路局巡警查获④;1918 年 9月,沪宁车站连续 4 天均查获多起贩运烟土的案例。如 9 月 9 日,在沪宁铁路上海车站抓获一名烟贩,其携带一只白皮衣箱,内藏烟土,共 500 余两,价值万金⑤;11 月 13 日,一名丹阳妇女唐王氏,私带烟土 29 包,重 29 两,欲乘沪宁火车往内地销售,被巡警查获⑥;

---

① 《车站查获军火》,《申报》,1909 年 3 月 10 日。

② 《行李中抄获大小伪币》,《申报》,1918 年 11 月 20 日。

③ 《苏州私运铅角犯定罪》,《申报》,1918 年 12 月 9 日。

④ 《交通部收发文电簿》,北洋政府交通部档案,中国第二历史档案馆藏,全宗号1056,案卷号 24。

⑤ 《车站上搜获烟土》,《申报》,1918 年 9 月 9 日。

⑥ 《巡警查获带烟妇人》,《申报》,1918 年 11 月 13 日。

14日,妇女毛喻氏私带烟土数十包,拟乘沪宁火车前往昆山等处贩卖,被巡警查获。①

### 4. 铁路拐卖人口

有些不法之徒为了金钱利用火车把青年妇女拐走骗卖。据《申报》记载,1907年12月3日,沪宁铁路管理局人员在从上海开往南京的列车上,发现了一名男子某甲带着两名女子赴苏州。行至中途,列车人员察破是诱拐,向他盘诘,该男子即从车上跳下逃逸,巡警将两女子带回上海。② 1918年10月,沪宁车站巡警查获一拐卖儿童者。浦东人张余庆在珠家角拐走13岁女孩周爱宝,于20日乘沪宁火车来上海,被车站巡警抓获。③

民国初年被拐卖的妇女,大都被送到东北当妓女,也有的做丫头。也有人利用妇女坐火车可以不受搜查的方便让妓女携带吗啡等。此外,还有关于铁路的贪污、枪杀及抢劫绑架勒索等案例,亦不胜枚举。

## 二、铁路犯罪产生的原因

修建铁路本是一件有利于社会经济发展的举措,但在清末民初的中国却因之诱发了许多新的犯罪形态,削弱了政府对社会的管理能力,其原因主要有以下几点:

### 1. 社会贫困化加剧

在铁路运输的作用下,洋货输入超过土货的输出,这使近代中国对外贸易长期保持入超局面,中国日益贫穷。洋货充斥各地,侵夺了原有手工制品的销路,洋布、洋纱取代土布、土纱。广大农民恃为重要收入来源的纺纱、织布等副业趋于衰落,收入急剧减少,贫苦百姓的生活更加困难,经济地位普遍下降。

---

① 《妇人私带烟土被获》,《申报》,1918年11月14日。
② 《本埠新闻诱拐女子》,《申报》,1907年12月4日。
③ 《车站巡警查获拐子》,《申报》,1918年10月22日。

铁路的通行使一些原本安静的乡村变成了"闹市"，这一现象的背后是自然经济的破坏。传统经济的破坏使很多群众日益贫困。铁路不仅没有给百姓带来如西方列强所吹嘘的生命欢乐与活动，或梦想不到的繁荣贸易，带给他们的却是贫困，严重的破产、失业，以及普通百姓日益艰苦的生活。这些现实使百姓无法接受，生存的无奈使得有些人开始走向犯罪之路。社会贫困是培养犯罪的最大基础——德国经典刑法学家和犯罪学家李斯特精辟地概括了这一犯罪的社会根源。

2. 社会阶层异质化，利益冲突和政治对抗日趋激烈，朝廷对社会的控制力减退

发展近代铁路，必须有相应的管理人才，而疲于应付内忧外患的清王朝，尚未造就足够的管理人才；各商办铁路公司培养的铁路专门人才，不可能在短时间内服务于商办铁路。经营管理人才的匮乏，导致商办铁路公司经营管理不善，贪污成风，党派纷争，效率低下。

清末民初，铁路的出现引发了一系列新型社会矛盾和问题，社会政治和经济生活受到严重的干扰。国家疲于镇压百姓的不满和反抗，顾此失彼，加之官员贪污腐败，政治黑暗，吏治废弛，对犯罪行为的惩治不力，这些均导致朝廷对社会的控制力日趋减弱。

江南地区向来水运发达，有了铁路之后，铁路运输吸收了部分水路运输业务，并渐渐促进传统货流改道。沪宁、沪杭甬铁路的通车，与沪宁路平行的江河水运价值大降，进出苏州、无锡、南京一带的货物多改用铁路运输。沪宁铁路的通车打破了当地经济生活的结构和平衡，这使得相当一部分依靠传统交通工具为生的人失去了谋生的手段，他们生活无着，有的被迫铤而走险。

3. 铁路引发的空间革命和财富积聚效应成为诱发新型犯罪的刺激源

现代交通工具——铁路的出现及运用极大地方便了人们的出

行,缩短了人们对外交往的时空距离,同时这一代表着高效率、代表着社会进步的新生事物,也给不法分子提供了新的便利条件和目标。

随着铁路运输的发展,人们渐渐认识到火车便利快捷的优点。如沪宁铁路未通车之前,从苏州到上海乘传统民船须 4～5 天不等,而沪宁铁路通车之后,从上海到苏州"只需两个半小时,特别快车,只需两个小时,当天可以来回",且"沿路各站,逢站必停,自沪至苏,有南翔、黄渡、昆山以及各小站等",乡下人们乘车进城已经十分为常。① 不法分子正是瞄准铁路的这一便利条件,由以前的局限于某一地区犯罪改变为跨地区,甚至跨国界的犯罪。沪宁铁路全线通车不久,由上海至南京的夜车行至镇江车站,工作人员发现一日本搭客贩运军火,当场将其抓获。②

火车的便捷相对于当时的社会生产水平来说,其贸易量几乎不受什么限制,这就在短期内促成了当地经济的成倍增长。沪宁铁路开通以后,铁路极大地促进了江苏各地棉花和蚕茧等各类商品的生产和输出,农产物输出量与年俱增,国外货物的输入也因铁路运输逐年增加。近代铁路交通运输大大促进了商品流通,使得农民家庭的副业和手工业的产品也大量输出,所需商品不断运进,乘客如梭,营业旺盛,加速了财富的积聚。铁路运输丰厚的收入必然会吸引一些不法分子的目光。

4. 仇外心理弥漫扩散

西方列强在中国修筑铁路,大量攫取铁路附近地区的经济权益,森林遭采伐、内河受侵犯、土地被霸占,而且铁路所到处,民众利益受到巨大威胁。因此,百姓普遍把铁路及一切外来事物视为

---

① 包天笑:《衣食住行的百年变迁》,苏州市政协文史编辑室编印,1974 年,第134、138 页。

② 《交通部抄录镇江车站查获日人私带军火案的有关文件》,北洋政府交通部档案,中国第二历史档案馆藏,全宗号 1056,案卷号 18。

西方侵略中国的象征，必欲毁之而后快。

中国人以土地为生，土地是百姓的生命，然而西方人在测量线路时，频频侵害百姓民田。铁路所经低洼之处，他们任意构筑路基，使河水"无所宣泄，有伤耕作之虞"，如"沪宁铁路经大塘支河交通江阴一带者，如常州之烂钢桥及横林戚墅堰支河等处，堤身既未加高，桥工又复平塌，故民船往来，率多不便，而积年淤塞，势与农民水利大有窒碍，丹徒县高资一带，其妨害农田更甚"。[1]

自沪宁火车开通以来，外国人前往内地游玩的多了。他们践踏庄稼，有的甚至把农民家养的鸽子当鸟来打，导致村宅安全也无保障，激起了百姓的强烈不满。外国人无视当地民众的利益，民众惴惴不安，怨声载道，他们把这一切归咎于外国的影响及其侵略，对洋人、洋物产生了刻骨的仇恨。

铁路在当时被视为洋人之物和西方侵略的象征，自在仇视之列，国人"谓铁路电线皆洋人所藉以祸中国，遂焚铁路、毁电线"[2]，要把自己的国家"从外来侵略可能的瓜分中拯救出来"。[3] 吴淞铁路被拆除、沪宁铁路上偷盗猖獗及乡民向车窗内扔石子等，都是民众以自己的方式反对西方殖民者的侵略。

### 三、铁路犯罪的防治及管理措施

#### （一）沪宁铁路局开展铁路警务工作

清末，随着铁路的出现致使铁路犯罪逐渐呈现增多之势，设立铁路交通警察愈加显示其重要性。然而，由于中国铁路受西方人控制，路权比较复杂，铁路警务也就难以统一。各路多自行设置路警机关。沪宁铁路警察的出现始于1905年，此后沪宁铁路局陆续

---

[1] 曾鲲化：《中国铁路现势通论》（下），化华铁路学社，1908年，第6页。
[2] 宓汝成：《中国近代铁路史资料》第2册，中华书局，1963年，第464页。
[3] 顾长声：《传教士与近代中国》，上海人民出版社，1981年，第196页。

开展铁路警务①工作,大致可分为三个阶段。

　　1903—1906 年为沪宁路巡警起步阶段。依据 1903 年中英《沪宁铁路借款合同》第十款规定,"总管理处并准随时练养铁路华巡捕一队,其牟目专用华人,其工费概归铁路发给……借以保护铁路"②一条,督办大臣唐绍仪准许商警两部举办沪宁铁路巡警。1905 年,沪宁铁路一开工就设置了弹压委员会。1906 年 5 月,苏州巡抚以苏沪铁路行将告成,开车在即,遂与宁苏警察局及地方官会订章程,议定筹备路警办法。自 7 月起,沪宁铁路局将所有通车各处工程弹压员牟勇丁,酌量裁减,改编成铁路巡警,并设置驻苏州二等巡官一员,驻上海三等巡官一员,又酌留弹压牟勇,沿途加强巡视。此为沪宁铁路巡警之起步阶段。

　　1907—1908 年为沪宁铁路巡警扩充阶段。1907 年 8 月,沪宁铁路局将镇江弹压委员改为驻镇江二等巡官,又于常州设置三等巡官一员;12 月,上海铁路巡警局成立。1908 年,沪宁铁路通车至南京,沪宁铁路局又设置驻南京三等巡官一员。后因华洋冲突较多,警务较为繁重,遂将原驻苏州第一段二等巡官移驻上海,另外派遣淞沪等站之三等巡官,调驻苏州,并在无锡添置驻锡三等巡官一员。为了严厉打击铁路犯罪分子,江南督端方将各处巡防营队移驻车站,设置了护路巡官,以代替警察。因此,沪宁铁路的警务工作又由沪宁铁路护路巡官及巡防队来负责,他们驻防沪宁各车站巡查、稽查搭客等。此为沪宁铁路巡警之扩充阶段。

---

　　①　沪宁铁路最初设立巡警,是为弹压铁路交通事故引发的矛盾冲突。该组织除了管理沿线交通安全和防范交通事故的发生外,还负责防范沿线及车内违法犯罪活动的发生。沪宁铁路巡警在交通事故一节已经稍作分析,在此主要概述其成立与发展的过程。

　　②　宓汝成:《帝国主义与中国铁路 1847—1949》,上海人民出版社,1980 年,第428 页。

1908 年以后为沪宁铁路巡警不断完善阶段。1909 年 1 月，苏省巡警总局在苏州创办高等巡警学堂，开始培养铁路警察。①1916 年，沪宁铁路将沪宁全路警务实行改组，总机关设在上海，设置总巡、副巡各一员，统辖全路警务事宜；分巡 5 员，分段管辖其分管地段，沿线共分 6 段，设 6 分所，以各站旧有警局改组分巡，下设有教练员、书记员、警长、路探、甲乙丙三级巡警等名目。

1919 年，沪宁铁路局因铁路警务事情日见烦冗，上海站尤为往来要道运输枢纽，因此，沪宁铁路局又在原有的基础上又添设副巡一员，分驻南京站办事，同时分驻沪副巡管理警务之区和驻宁副巡管理警务之区。1921 年，沪宁铁路局又添设总稽查一职，专司侦缉盗窃案件，1923 年，沪宁路又组织三、四等列车，随车防护队，派主任专员 11 人，按日随同上下，专门以防止匪徒、保护旅客为职务。②

沪宁铁路历年警官和警兵的人数、薪水、拥有的枪刀数及工作成绩，详见表 7-2。

沪宁铁路局除了开展正规的铁路警务工作外，沪宁铁路车务处还设有辅助人员——巡逻夫。前文已分析，在此不再赘述。

总之，沪宁铁路巡警对保护沪宁铁路沿线设施和保证铁路运输及旅客的安全，确实做了不少工作，破获了很多案件，有力地打击了沪宁铁路线上的犯罪活动。

### （二）沪宁铁路局严厉打击铁路犯罪

沪宁铁路局严厉打击铁路犯罪主要是从派兵防范和制定法令等方面来着手的。

---

① 《创办高等巡警学堂（苏州）》，《申报》，1909 年 1 月 12 日。
② 关赓麟：《交通史路政编》第 11 册，铁道交通部交通史编撰委员会，1937 年，第 3115 – 3116 页。

表 7-2　沪宁路巡警历年事项表

| 年份 | 警官 | | 警兵 | | 共计 | | 枪数 | 刀数（件） | 成绩 | |
|---|---|---|---|---|---|---|---|---|---|---|
| | 人数（人） | 俸额（元） | 人数（人） | 俸额（元） | 人数（人） | 俸额（元） | | | 侦查数 | 排解数 |
| 1916 | 14 | 732 | 77 | 570 | 91 | 1 302 | 无 | 6 | 32 | 42 |
| 1917 | 14 | 757 | 78 | 648 | 92 | 1 405 | 无 | 6 | 28 | 50 |
| 1918 | 14 | 787 | 78 | 648 | 92 | 1 435 | 无 | 6 | 31 | 67 |
| 1919 | 15 | 809 | 80 | 664 | 95 | 1 473 | 无 | 6 | 40 | 32 |
| 1920 | 17 | 1062 | 85 | 860 | 102 | 1 922 | 无 | 7 | 39 | 71 |
| 1921 | 19 | 1276 | 87 | 878 | 106 | 2 154 | 无 | 7 | 51 | 88 |
| 1922 | 11 | 560 | 254 | 3803 | 265 | 8 494 | 无 | 6 | 98 | 56 |
| 1923 | 11 | 630 | 255 | 3773 | 266 | 8 898 | 无 | 6 | 140 | 68 |
| 1924 | 10 | 490 | 266 | 4021 | 276 | 8 930 | 无 | 6 | 78 | 62 |

注：1916 年以前，沪宁铁路的警务情况无法正确统计，故仅有 1916 年以后的情况。

资料来源：关赓麟：《交通史路政编》第 11 册，铁道部交通史编撰委员会，1937 年，第 3117 - 3118 页。

其一，派兵防范。沪宁铁路局采取派兵防守或随车等办法来防止和打击铁路犯罪分子。据《申报》记载，1908 年 1 月，丹阳县境内铁路设施被盗严重，有 6 名工人因与盗贼搏斗受伤严重。沪宁铁路局即派兵队防范，以重路工。①

针对日益猖獗的烟贩，沪宁铁路局专门增派兵队严查铁路沿线的烟贩。据相关资料记载，1918 年 12 月，鉴于"私贩暗运者颇多，夹带之术，层出不穷，实於禁令，大有妨碍"，沪宁铁路局特转饬沿途路警认真稽查，要求他们会同各驻站兵队，"随时留意，务使私贩，五所施其伎俩，以助烟禁"。② 同时，还严令路警每日分班至南北车站守候，严格搜查，勿使一人漏网。③ 沪宁铁路局还特派查烟专员，严格稽查烟贩，以辅助巡警之不足。据记载，1918 年 10 月，沪宁路局派吴春德等人为烟土侦察员，除了在北火车站检查行旅外，还随车检查。他们接连破获贩带大批烟土案多起，使烟贩有所收敛。④

为了保护乘客的财物及人身安全，预防偷盗事件的发生，沪宁铁路局还派兵随车保护。如 1922 年 3 月，沪宁沪杭甬铁路任传榜局长特令警务处于每列车开行之时，除添加路警在站台查察外，并派有便衣巡逻数人，在各列车分班梭巡，以保护旅客安全等。

其二，制定相关法令。为了加大惩罚力度，沪宁铁路局还制定了相关法令。针对偷割铁路沿线电线者，沪宁路局颁定了"拆毁电杆电线罪名"，规定"如有拿获拆毁电杆电线，私窃售卖之犯罪，应杖八十，徒一年。如系无心误毁者，应杖八十，杆线估价追赔。本处地保亦有保护之责，境内如有此等情事，自应责严斥革。其收买、窝藏之家，应照收藏偷窃官物之例，从严治罪"。⑤

---

① 《沪宁铁路请兵防盗电文》，《申报》，1908 年 1 月 16 日。
② 《严查夹运烟土》，《申报》，1918 年 12 月 8 日。
③ 《大批烟土运沪之侦查》，《申报》，1918 年 10 月 28 日。
④ 《车站特委查烟专员》，《申报》，1918 年 10 月 13 日。
⑤ 《颁定拆毁电杆电线罪名》，《申报》，1908 年 5 月 19 日。

　　1918 年,交通部制定了妨害交通罪。是年 11 月 11 日,沪宁铁路局任局长根据交通部的指令,规定"凡盗窃损坏已成路线上之物件及收藏人犯者一经获案,应照刑律,妨害交通罪所定之条文,从重量罪"。①

　　私运伪币者以私运铅角犯定罪判刑。据记载,1918 年 12 月 12 日,沪宁铁路局抓获私运伪币的张得胜和汪庆生两人,"于行李中夹带私铸铅质洋数大包,判决张汪二人各处三等有期徒刑二年六个月,即当送监执行"。②

　　沪宁铁路局还制定了禁烟令,违者罚款。据记载,1918 年 9 月,沪宁路警在沪宁车站上抓获一名烟贩,私贩烟土值价数千金,最终烟贩被判罚洋 830 元。③ 10 月 14 日,沪宁列车由上海到苏州,一名妇女蔡王氏身藏匣烟,约值四五十元,连同人证,被铁路警察抄获。经审讯情节属实,判将烟土没收,并罚洋十元等。④

　　沪宁铁路局采取种种措施严厉打击了铁路犯罪分子,保护了商旅的人身和财产的安全,在一定程度上维护了沪宁铁路及沿线的社会治安。但是,由于政治腐败,社会动荡,饥民遍地,盗贼如毛,铁路设施和铁路运输的安全并未有根本好转。根本好转有赖于社会环境的综合治理,仅靠沪宁铁路局及铁路警察力量和铁路警务工作显然是不够的。

　　铁路作为引入到中国的一种新事物,带给中国社会的影响是巨大的,致使犯罪也具备了不同以往的新形态。铁路犯罪是主观和客观、社会和个体等多重因素相互作用而产生的复杂社会现象。通过对铁路犯罪问题的分析可以揭示出一种新的科学技术对社会的双重作用。铁路一方面促进了中国经济的发展,传播了西方近

---

①《行窃路劫物件之重惩》,《申报》,1918 年 11 月 11 日。
②《苏州私运铅角犯定罪》,《申报》,1918 年 12 月 9 日。
③《车站上查获烟土近闻》,《申报》,1918 年 9 月 21 日。
④《苏州车站抄获烟土》,《申报》,1918 年 10 月 9 日。

代文明,推动了史无前例的交通革命和社会的进步;另一方面,铁路新型的犯罪形态也警示着人们,在看到铁路对社会正面作用的同时,不可忽视其负面影响。

## 第三节　沪宁铁路引发的社会矛盾及其原因分析

清末,铁路自西方引入中国,作为新鲜事物,带动了沿线地区的发展和活力,推动了中国社会的发展和进步,同时也引发了一系列新型社会矛盾。随着铁路的运营及延伸,诸多矛盾日趋复杂和尖锐,逐渐发展成为规模较大的群众运动。铁路交通是双刃剑,它在近代中国社会发展中具有双重作用。

沪宁铁路是近代中国丧失利权最多的一条铁路,从最初签订合同,到建成通车营运,均不可避免地引发并激化了一些社会矛盾。沪宁铁路所引发的社会矛盾主要表现为百姓与沪宁铁路局之间的矛盾及百姓与沪宁铁路局外国人之间矛盾,这些矛盾产生的原因多种多样。

### 一、铁路出现后引发的社会矛盾

#### （一）破坏铁路设施

如前所述,早期西方人在中国修筑铁路,遭到拒绝和破坏,甚至铁路建成后,人们仍强行阻止火车的行驶。[①] 直到 1900 年,仍有人试图"挑铁道,把线砍……铁桥及机器车均被轰毁不少"[②],社会矛盾因而加剧。

铁路的修建沿途经过很多乡镇,因而,铁路通车后,乡民或牲畜时常被行驶中的火车撞毙,导致乡民围攻车站,甚至阻挠列车行驶之事不断发生。1909 年,江苏发生了多起因交通事故而引发的

---

① 宓汝成:《中国近代铁路史资料》第 1 册,中华书局,1963 年,第 41 页。
② 宓汝成:《中国近代铁路史资料》第 2 册,中华书局,1963 年,第 508 页。

乡民聚众围攻列车的事件。2 月初,离镇江不远的高资,"近日复有乡民滋闹";11 日,沪宁火车在新丰站西"撞毙乡人凌盛彬一名,新丰镇群众因而纷纷齐集车站,围攻车站,阻止火车的行驶"。① 经过中英双方交涉,最终当地官府派兵将聚众乡民镇压下去。17 日,又发生一起飞石打车事件,即有人从远处"暗投石子击碎车窗玻璃致伤搭客李春商等两人"。② 同月,在龙潭处亦有人鸣锣聚众,与火车为难。翌年,又发生了更为严重的打砸事件。9 月 20 日,沪宁铁路高资站一乡民因买票被打死,该处乡民聚众千余人,蜂拥至车站,拦阻列车行驶,车站房屋均被毁坏,车站人员亦被打伤等。此类事件在全国其他铁路均有发生,从中不难看出,百姓与铁路之间的矛盾呈愈演愈烈之势。

### (二) 铁路犯罪呈猖獗之势

清末民初,铁路的出现又给中国社会增添了一种新型矛盾——铁路犯罪。犯罪类型较多,主要有铁路偷盗、铁路拐卖人口、铁路贩运军火、伪钞、烟土等。也有些人利用火车抢劫绑架勒索等,不胜枚举。随着犯罪活动的猖獗,社会矛盾日益加剧。前一节已经详细论述,在此不再赘述。

### (三) 收回路权斗争

近代中国铁路多是由外国人修筑或参与管理的,路权丧失较为严重,这引起朝野各界人士的强烈不满,人们纷纷展开收回路权的斗争。挽回利权,成为当时中国人关注的焦点。广大民众为杜绝外国人干预和把持中国铁路,尽其所能,筹集路款,自筑铁路,因而,组织公司、请办铁路成为当时的风气。全国绅商士民积极投身于自办铁路运动中,以保全中国的路权。自办铁路运动激起了全国民众的爱国热情,唤起了他们的保路意识。"若一省无之,则其

---

① 《流氓滋扰沪宁火车之交涉》,《申报》,1909 年 2 月 11 日。

② 《保护沪宁铁路之周密》,《申报》,1909 年 2 月 23 日。

人引以为辱。国民当保利权之说,至此遂遍及通国。"①1905 年,粤汉铁路成功收回路权,江苏民众抓住机会,群起争议,展开抵制借款筑路的斗争,要求废除沪宁铁路借款合同、收回路权。沿线居民、地方绅商及官员,甚至在京江苏籍官员等均卷入了争夺路权的斗争。为收回苏杭甬铁路的承办权,浙江人民也展开了收回路权的斗争,全省绅商界、学界、挑夫、轿夫、伶人甚至乞丐都"激于公愤,节衣缩食,争先认股"。② 全国各地收回路权的斗争此起彼伏,斗争最激烈的是四川民众。这股争夺路权的力量逐渐发展为强大的政治运动,武昌起义趁机爆发,封建专制土崩瓦解。

## 二、对铁路引发的社会矛盾的原因分析

### (一) 铁路腐败引起民怨

贪污腐败是中国历代王朝之顽疾。清末民初的中国,政权频繁更迭,时局动荡,社会混乱无序,它不仅继承了历代王朝的弊政,而且自从有了铁路之后,其吏治腐败"尤以铁路为最巨且深",何况铁路工程所雇佣的员役,"动以千计或万计,所收款项多则数千万,少亦数百万"。如中国铁路总公司自创办以来,一直由盛宣怀主持,账目不清,有中饱私囊之嫌。尤其是在铁路修建及运营过程中,路款靡费严重,权力部门人员趁机大力揽权捞钱,故"人皆以办铁路为优差。反言之,即可谓路务为弊薮,彼夫握有路权,卖一承办之约,受贿数十万或数百万者无论矣。等而下之,高级机关卖各部课员缺,中央机关卖车站员缺,引申推衍几人,人皆人于弊薮之中,故有某路某正副监督等以营私舞弊,见弹劾于某部矣,某路总办以服职三四年之久,而蓄积数十万元矣"。③

车站属于权力部门,而车站站长为贪污最多的职位之一。沪

---

① 《论排外当有预备》,《外交报》,第 131 号。

② 宓汝成:《中国近代铁路史资料》第 2 册,中华书局,1963 年,第 876 页。

③ 曾鲲化:《中国铁路现势通论》(下),化华铁路学社,1908 年,第 73 页。

宁铁路常州站站长薪水（除患病三天发给半薪外）明文规定为
42.75元，副站长35元，夜班站长38元。① 实际上并非如此。沪宁
某站站长"恣意娄索商贾，侧目闻其贪囊所入，每月有3千元之
多"②；又"某大站长于该站之附近建洋房一大栋，置侍妾二人，奴
婢五六人，俨然颐指气使，如观察，如方伯，待二等客位以下之人，
任意呼叱，有若奴隶。其奢淫之极，如此月入数千元，可知其气焰
之盛"。③ "上梁不正下梁歪"，上层人物大肆贪污，下面更是肆无
忌惮地贪赃枉法。有些查票员也乘机受贿。据铁路专家曾鲲化调
查发现，关内外、京汉、沪宁等各路"凡与查票人有一面之交者，苟
能稍行轻贿，即可不问其票之有无"。一次，他"由新民屯赴山海
关时，见一游民未持有车票，与查票人交手，以一元给他云，查票人
接之而去，亦不复问"。④ 连看管行李的也不例外，本来各路行李
运费皆有章程，即依据行李重量收取一定的费用。然而若与管行
李者稍有交情或进行贿赂，即可不纳分文。曾鲲化曾在京汉铁路
北京车站见一外商带大皮箱五个，约重300斤，若依照章程则需交
纳30余元，该外商给管行李者2元，最终得以不过磅而上车。⑤

　　腐败使得铁路部门一片混浊，有人无视规章制度大肆勒索。
尽管各路局对铁路运营所用银元皆有明文确定，即"四角以下者准
用小洋，四角以上者用大洋，按时价补水"，但卖票人"故意将其告
示破坏，凡客人买票，无论几角或几元几角也，即少至于一角，亦必
勒索大洋，而其找回者则皆小洋也"。⑥ 据曾鲲化记载，1906年5
月27日，他用两元英洋购买三等票两张，"卖票人接洋入内，良久

---

① 《1912年6月沪宁铁路行车》，北洋政府交通部档案，中国第二历史档案馆藏，
全宗号1066，案卷号280。
② 曾鲲化：《中国铁路现势通论》（下），化华铁路学社，1908年，第73页。
③ 同②，第79页。
④ 同②，第77页。
⑤ 同②，第76页。
⑥ 同②，第74页。

无票发出，再三询之，据云早已交出，向彼理论，置若罔闻。不得已再付洋二元向其另购，内有一元系龙洋渠只作小洋九角，余欲付渠角洋，奈又不收，无可如何，惟有听其所为而已。是日付洋而车票无着者不仅余一人，至于龙元仅值九角，尤非公理受亏之人不计其数，俱敢怒而不敢言，角洋付进不收，找出则专用角洋，更为荒谬"。[①] 因而，铁路被人称为"已完全衙门化，视为发财的捷径"。[②] 铁路部门贪墨成风、贿赂公行，令人发指，严重败坏了它的声誉，引起民愤。

"上有好者，下必甚焉。"中国封建官场"无人不嗜麻雀，无人不好冶游。"他们奢侈腐化堕落的生活，同样染指到了铁路部门，有些人追求声色犬马的糜烂生活，且风气之恶，已经到了无以复加的程度。据曾鲲化调查，早在 1907 年，他就发现全国各路的员工均普遍存在种种恶习，"各路公司员役，亦染此恶癖，相习成风。如关内外、京汉各站，麻雀牌、谷牌之声，几不绝于耳，而小站尤甚。因用人过多，除每日照料上下车数次外，无所事事耳。至淫风之炽，观袁宫保整顿路政札饬，有诱拐妇女欺压乡民之明文可知"，而沪宁铁路的有些员役则"全溺于色中，常有列车将开之时，买票者、装货者林立，而置之不顾，惟恣与娼妓戏谑者，牌风亦不减于各路"，尤其是粤汉三水支线"执役之人，公然在车站内大开烟局赌局，凡有妇女搭车，则管车人收票人及护勇等，群起而凝视之，间以恶言相讥刺"。[③] 有些人素质低下，甚至公然侮辱妇女。据记载，1908 年 9 月 18 日，沪宁铁路某警兵在蕴草浜大桥调戏妇女，被吴淞警察局 17 号巡士看到，该巡士试图阻止，结果反遭到殴打。[④]

不仅如此，有些车站人员骄横霸道、欺压百姓，甚至发生了打

---

① 曾鲲化：《中国铁路现势通论》（下），化华铁路学社，1908 年，第 75 页。
② 陈晖：《中国铁路问题》，新知书店，1936 年，第 9 页。
③ 同①，第 39 页。
④ 《警兵与巡士冲击》，《申报》，1908 年 9 月 22 日。

人致死的严重事件。1910 年 9 月 20 日,由常州至南京的沪宁客车行至高资镇时,有一名 19 岁乡民欲购幼童半价票,被"售票者斥之,该乡民照章补价,乃倾其所有,尚少铜元一枚,售票者坚欲其补足,乡民告以实难应命,售票者大怒,车站巡士,出而干预,乡民不服,一时巡士脚夫,群起将该乡民攒殴,延至午间即毙"。① 1915 年 10 月 15 日,一乘客在上海车站匆匆购买三等票先进月台,被查票人将票换掉。由于列车即将开行,他来不及与之理论。上车后,查票人"谓此系前日用过票,罚洋一元七角了事",该乘客只能忍气吞声。② 总之,铁路员工的不法行为不胜枚举。尽管有些铁路管理局对人员的任用有明确规定,即"应慎加选择,认真查察,严行约束,勿任倚势欺压,至激众怒"。③ 但多是一纸空文。

铁路腐败尽管只是清末民初封建专制社会腐败中的一种,但是铁路部门人员贪污受贿,横征暴敛,生活腐化,可以说行者不讳,闻者不惊,造成了极大的社会危害。它严重腐蚀了国家机器,破坏着国家机器的正常运转,毒化了社会风气,引起民怨,加剧了社会动荡。

### (二) 铁路利权丧失激起民愤

近代,西方列强通过直接经营、参与管理、占据技术职位等方式控制中国铁路,导致中国铁路利权丧失严重。

首先是中国铁路管理权多操纵在外国人手中。债权公司握有大部分管理权,中国政府仅有监督稽核的空名,一切路政设施常常依赖外国人。中国铁路利权丧失最重的为道清、汴洛、沪宁和北宁等路。以沪宁铁路为例,沪宁铁路采取总管理制,"最棘手者在于设立总管理处,华员二人,洋员三人,每届会议,彼众我寡。……财

---

① 《沪宁铁路之风潮》,《江宁实业杂志》,1910 年 9 月第 3 期。

② 《沪宁车务所为商人陆仲道被换票事由》,苏州商会档案,苏州市档案馆藏,档号 114—02—0123—038。

③ 《筹防沪宁铁路办法》,《申报》,1909 年 2 月 25 日。

政之权操于洋人掌握,用款虽由华员签字,而司帐者为洋员也,分段司帐,其支发权又在工程司,购料事宜又由怡和洋行经手,行车总管皆洋员所专司,以彼众我寡之因,故成事事掣肘之果"。① 另外,沪宁铁路虽然由督办派员为总办,但沪宁银公司代表又"视华督办在可有可无之数,事无巨细,独断独行,置合同于不顾,而督办等亦惟有仰天大息而莫敢谁何"。② 中国总办的实权有限,一切财政权、购料权等管理权全握于外国人手里。管理权的丧失不仅使堂堂正正之国家铁路——淞沪铁路归并于沪宁铁路,又导致用人权的丧失,"淞沪线归并沪宁以后,英将从前员役,一概裁去,易以英人"。③其他国有铁路多是如此,时人悲叹道:"中国主权之澌灭矣!"

其次是中国经济利益损失惨重。一方面表现为虚縻工款。各铁路所聘洋工程师之薪俸昂贵,"动达于数万元者无论矣,即下至于查票车守,亦四五千元不等,华人与洋人同一职务,其薪金必相差八九倍,或十余倍"。他们生活奢侈,"洋人之就路职者,类皆携眷来华,饮食起居,奢靡淫佚。自屋内陈设器具以至于日用杂费,无不取给于公司。沪宁之分段工程司,且各造坐船一艘,每艘在八千元以外,又建洋楼住房,每栋在七千元以外,以我国之血汗资本掷之如泥沙,使各路不滥用之则每年所省之款,当亦不下数十万元矣"。④ 另一方面表现为对中国的经济剥削非常严重。各国铁路借债息率大概"自二、三厘至四厘,我国则年利率以五厘为起点,有多至六厘",利息之高实为罕见。不仅如此,西方列强还强占铁路红利,铁路借款合同规定"凡铁路营业所获利益,除各项支出经费外,其净利以五分之一归债主,即百分之二十分,按年分摊。沪宁铁路且于借款时照其数之五分之一,预发余利凭票,50 年期限内,

---

① 谢彬:《中国铁道史》,上海中华书局,1929 年,第 354 页。
② 同①,第 355 页。
③ 曾鲲化:《中国铁路现势通论》(下),化华铁路学社,1908 年,第 5 页。
④ 同③,第 16 页。

须照凭票面写原价,随时取赎"。① 铁路在运营过程中又多用外国银元,这使中国的财富被无情剥夺。

最后,各路外国雇员骄横跋扈、欺压百姓、侵犯中国法律。近代中国"洋人之为铁路上司者,无不趾高气扬,视我国客商如下等动物之可任意处置,稍不如意,辄加之以老拳,随之以脚踢"②,此类事件已屡见不鲜。据记载,1905 年 10 月 19 日,沪宁铁路某车站卖票处有"西人立卖票所窗口外攘臂乱推李君云,芝已付银未得票,该西人力推排之,李君仅免猛拳,有乡老儿数人被其揽拿颠倒而去瞉餗可悯";1906 年 5 月 25 日,某车站一"深目高鼻身长面瘦之西人(疑是站内司事)将我华人乱打乱推,……该西人又上前从后用双手一推,强横无理,莫此为甚。鄙人即与辩论,该西人竟出口拿送新衙门之言噫"。③ 又如沪宁铁路某工程师"因失桥板,令巡查缉赃,旋查悉包工手下小工所窃,该洋员反传近处地保,亲手鞭责",即使是在他们"居住之处,如有乡民偶近其门前者,必令巡勇将木棍痛击,间有打倒晕去者……偶失物件,辄向该处团保人等索赔,或妄加骂击"等。外国人的野蛮和霸道行为被时人评为"其如瘕狗之狂噬也"。④

有些外国人还利用铁路交通之便利,前往内地游历。他们践踏庄稼、殴打百姓,践踏中国法律,使乡民及村宅的安全亦无保障可言。据记载,1907 年 12 月 9 日,一外国人手执双门枪到乡下游猎,击中农民李趋生家中的鸽子。李想去取回自家的鸽子,结果被击中胸膛,送往医院救治,取出两粒子弹,肺部被打坏,伤势严重,性命难保。⑤ 为了避免此类事件的发生,中外双方签订约章,外商只准持照入内地游历,不能游猎。然而,他们却无视这一规定。1908 年 10 月,在江苏丹阳县境内黄泥某地方,就有外国人搭棚住

---

① 曾鲲化:《中国铁路现势通论》(下),化华铁路学社,1908 年,第 36 页。

② 同①,第 12 页。

③ 同①,第 13 页。

④ 同①,第 6 - 7 页。

⑤ 《洋人击伤乡民》,《申报》,1907 年 12 月 12 日。

宿,驰马游猎。① 而且,"洋人之司路事者,常蔑视我国无治外法权,多以不法行为为事。如正大洋员胆敢诱拐良家妇女,白日强奸";沪宁铁路洋工程师雷斯廉竟然教唆某员役击死昆山乡民蒋鸿飞,且拒"不交首犯,不认撤差","自谓洋大人云,打死人不要偿命",而政府官员即便在场亦"不敢诘问""仅以好言相慰"等。时人因而发出感慨,"做一洋人细崽,足抵一小小知县",此绝非"苛刻之词,实阅历之语也"。纵观近代中国各铁路"洋人所带之细崽,及洋人所管之站之差役,其容貌必格外枭獍,常以敲诈银两殴辱士绅为能"。② 连外国更夫也同样骄横跋扈。据苏州商人称,1914 年 3 月,他们"屡见车站印度更夫往往虐待车夫小工,将头部身体肆意殴打,习惯成性,其凶悍行为无理可喻,诚有令人忍无可忍者"。③ 外国人如此藐视中国法纪,侵犯地方主权,无怪乎"铁路之所至即外人势力之所及也"。

铁路利权的丧失及外国人在华所作所为激起了民愤,难怪人们言:"中国弱,鄙人明知中国之弱,不欲与争,亦正惟明知中国之弱,不得不争。"④

### (三)民众利益受损激化矛盾

西方殖民者在中国修筑铁路,其目的不是让中国富强和繁荣,而是攫取中国更多的权益。铁路出现后,沿线地区损失很大,铁路所到之处,民众利益损失惨重,尤其是农田、水利等,更是遭到极端破坏。如沪宁铁路在测量线路及建筑过程中"于无锡北门外一村数十家及常州沈家村等处,全行折坏,毫无顾忌,其妨害农田更甚"⑤,民众的仇外心理不断弥散蔓延。

铁路交通事故频繁发生使人们的生命和财产受到极大损失,

---

① 《电阻洋人内地游猎(镇江)》,《申报》,1908 年 10 月 29 日。
② 曾鲲化:《中国铁路现势通论》(下),化华铁路学社,1908 年,第 14 页。
③ 章开沅等:《苏州商会档案丛编》第 2 辑,华中师范大学出版社,2004 年,第 260 页。
④ 同②,第 13 页。
⑤ 同②,第 14 页。

人们得不到应有的补偿。而相关部门不仅没有安抚百姓,还"责成沿路各县,将火车行驶猛速不能避让以及撞毙人命,车不任咎",不许乡民聚众,"违即严拿重咎",并严惩带头聚众者等。① 同时,为了防止百姓阻挠列车运行等事件的发生,相关部门还制定法规,如规定"乡民如有在路界内牧牛者,即行拘拿惩办",若"乡民不服戒劝,应即拘送地方官厅,从重严办,以儆抗违"等。② 这必然激起民众的强烈的愤懑。

铁路的通车又使一些依赖传统交通工具为生的人失去了谋生的手段,他们日益贫困。铁路的修建和运营使有些本来生活就艰辛的民众更感雪上加霜,他们稍一表达自己的合法权益,就被冠以"愚民""乱民""流氓"等加以压制和镇压。民众心力交瘁,倍感生活的艰辛,渐渐陷于纷乱无常的漩涡和对生存的焦虑中,他们不仅痛恨铁路部门的腐败、政治黑暗,封建专制政府的懦弱,更痛恨外国人的侵略和嚣张,这些都成为民众不满的根源,起来反抗就势所必然。

综上所述,清末民初的铁路没有完全成为社会的"宠儿",相反,它的出现带来了新型的社会矛盾,引发了系列严重的社会问题,致使当时的社会政治和经济发展受到一定的干扰。铁路部门的贪污成风和腐败盛行,中国铁路利权丧失过重,外国人藐视中国法律的嚣张行为等,均致使国家利益和民众利益受到巨大的威胁和损失,国人的尊严丧失殆尽。当局的妥协软弱、疲于应对及解决社会矛盾又激起民愤民怨。加之社会政治黑暗,吏治废弛,封建专制政府对社会的控制力日趋减弱,社会愈加动荡不安,社会矛盾日益尖锐复杂。然而,铁路毕竟是新的科学技术,代表着先进的生产力,在当时的社会背景下还是以新生事物的不可抗拒的力量在中国艰难地发展着。

---

① 《筹防沪宁铁路办法》,《申报》,1909 年 2 月 25 日。
② 《火车碾毙牲畜之防范》,《申报》,1918 年 9 月 11 日。

## 第四节　沪宁铁路工人生存状况及其斗争

列宁曾讲过:"铁路工人运动是很重要的。在俄国革命中,铁路工人起过重大作用;在未来的中国革命中,他们也一定会起到同样的或者更重大的作用。"[①]铁路工人在近代中国无产阶级中居于重要地位,他们的反抗斗争在中国工人阶级运动史中发挥了举足轻重的作用。

### 一、沪宁铁路工人生存状况

#### (一)沪宁铁路工人的数量

19 世纪 80 年代,随着洋务派开始修筑铁路,铁路工人就出现了。甲午战后,出现了第一次铁路兴建高潮,铁路工人数量不断增加,20 世纪初随着中国铁路网络的初步形成,铁路工人也迅速成长和壮大起来。

清末民初,修筑一条铁路干线需要几万甚至十几万筑路工人。沪宁铁路建设时期,就有成千上万人参与,他们多数来自周边农村,也有部分是从山东德州、烟台或苏北等地区的农村招募来的。[②]

铁路修建通车后,多数工人返回原地或散向四方,只有少数人留在铁路线上工作。多数铁路工人是临时的,且流动性大,如车站上的装卸工人、列车上的餐茶工人等,他们都是随时雇佣的,算不得铁路工人。只有在铁路线上参与养护、经营和管理的工人,才被称为铁路工人。因此,初期筑路工人的数量较难统计,也没有详细

---

① 中华全国铁路总工会:《中国铁路工人运动史大事记》,沈阳铁路局锦州分局印刷总厂印,1988 年,第 65 页。

② 著名铁路史专家宓汝成和金士宣等人认为中国铁路工人大多来自农民,学者孙自俭认为铁路工人除了来自农民外,还来自失业的手工业者、外资企业或国人创办的军事和民用企业的技术工人、无固定职业的城市居民、部分青年学生等。孙自俭:《中国近代铁路工人的职业、地域来源考》,《求索》,2013 年第 9 期。

的统计可考,多数是零星的数据。随着铁路运营管理的不断完善,铁路工人数量才相对固定下来。

沪宁铁路雇佣工人人数,以 1920 年为例,该路所雇佣的员役一共为 39 586 人,平均每十里员役数为 988.81 人。京汉路仅为 98.16 人,京奉路为 110.04 人,全国各路的平均数为 171.29 人。[①]在美国修筑轨道,"每一英里所用员司约为三至四人",在中国建筑同样里程的铁路,则"用至二十三人之多",而沪宁铁路所雇佣的人数又为全国之最。[②]

1922 年,交通部对国有各铁路职工进行调查,全国铁路约有 12.5 万人,其中国有铁路有 7.7 万人等,临时工人数无统计数字,约是正式工的一半左右。沪宁铁路工人总数约为 1 484 人,每公里平均约 4 人,年龄最高 54 岁,最低只有 17 岁。[③]

1923 年,交通部对各直辖铁路工人状况再次进行调查,沪宁铁路工人的情况比较详细。如沪宁线路的吴淞机车厂有工人 719 人,上海、常州、南京的机车房共有工人 904 人,上海、镇江的养路工程处工厂有工人 374 人,共 1 997 人。[④]

**(二) 沪宁铁路工人的收入**

近代中国铁路工人人数很多,每天的劳动时间长,少者 10 小时,多者 16 小时,经常要加班,劳动强度大,但是其收入却很低。根据 1913 年京奉、京汉、京绥、津浦、沪宁 5 路的工资统计,工人平均工资只有 8 元(如京绥铁路)到 12 元(如沪宁铁路),而最低工资比此数还要少。其中,机匠月薪最高,在 15 元上下;学徒工最

---

① 《国有各路员役及薪金》,《交通部国有铁路 1920 年统计总报告·甲总务》,中国第二历史档案馆藏,全宗号 1056,案卷号 20。

② 陈晖:《中国铁路问题》,上海新知书店,1936 年,第 9 页。

③ 根据 1922 年各路职工调查状况一览表整理得出,《铁路职工教育旬刊》,1922 年第 9 期。

④ 交通铁道部交通史编纂委员会:《交通史路政编》第 1 册,上海民智书局,1930 年,第 564 页。

低。又根据 1920 年 5 月上海《星期评论》调查,当时夫妻二人每月的最低生活费要 17.50 元,如果再有两个孩子,需要 34.76 元。由此看来,当时铁路工人及其家庭的最低生活是较难维持的。尤其是当时的币制混乱,在纸币不断贬值的情况下,工人真正拿到手的就更少了。1916 年,中国银行和交通银行两行纸币停止兑现,到 1919 年 10 月,纸币价值贬值到银元的 40%。当时铁路职工的工资虽然采用了搭发银元的办法,即每月工资在 10 元以内的发银币五成,20 元以内的发四成,30 元以内的发三成……但是工人的实际工资则降低了 30% 到 40%。但路局领导的薪俸却很高,如 1916 年,国有铁路一等局局长月薪为 700~800 元,几乎是工人平均工资的 100 倍。而洋员的工资更高。1919 年,京奉铁路各级洋员平均年薪为 4 800 元,相当于该路工人平均工资的 35 倍。即使是一般站长的薪水,也是普通工人无法比较的,如常州站站长薪水(除患病三天发给半薪外)明文规定为 42.75 元,副站长洋 35 元,夜班站长 38 元[①];而有的站长每月则有"三千元之多"。[②]

据 1922 年交通部对国有各路职工的调查,沪宁铁路工人的工资情况如下:"以每日计算,机匠工资最高 2 元,最低 1 元;漆匠工资最高 1.1 元,最低 0.50 元;制罐匠工资最高 2 元,最低 1 元;铁匠工资最高 2 元,最低 1 元;木匠工资最高 1.1 元,最低 0.5 元;学徒工资最高 0.7 元,最低 0.20 元;司机工资最高 3.33 元,最低 2.11 元;司火工资最高 0.80 元,最低 0.70 元。道拨头工资最高 0.80 元,最低 0.50 元;监工工资最高 1.50 元,最低 1.25 元;机匠工资、道机夫工资未报。电务人员工资额数最高 3.33 元,最低 0.20 元"。[③]

1923 年,交通部对直辖各铁路工人状况再进行调查,沪宁铁

① 《中华民国元年 6 月份沪宁铁路行车情况》,中国第二历史档案馆藏,全宗号 1066,目录号 10,案卷号 280。

② 曾鲲化:《中国铁路现势通论》(下),化华铁路学社,1908 年,第 73 页。

③ 根据 1922 年各路职工调查状况一览表整理得出,《铁路职工教育旬刊》,1922 年第 9 期。

路工人的情况如下:吴淞机车厂工人最高工资为 1.85 元,最低为 0.2 元;上海、常州、南京机车房工人最高工资为 3.33 元,最低为 0.35 元;上海镇江养路工程处工人最高工资为 1.2 元,最低为 0.2 元。[①] 沪宁路铁路工人的工资比 1922 年稍微降低了一些,但总体上仍比其他各路高。如机匠、铁匠、司机、制罐匠等,无论是最高工资,还是最低工资,都属于全国铁路中最高的。其他工人的工资无论最高还是最低,也在其他各路中居于前列。足见,沪宁铁路工人的工资收入相对其他各路稍微高一些。沪宁铁路工人状况详细见表 7-3。

铁路工人还有随时被解雇的危险,一年之中的三节(春节、端午节、中秋)和两寿(监工、工头和他们老婆的生日)还要给领导送礼,稍有不到位,则往往以"违章""犯过""病假逾期"等为借口,被罚款、扣薪、停职或解雇。一旦失业,只有流离失所,挨冻挨饿。[②]

**表 7-3　1923 年沪宁线铁路工人状况调查表**

| 款　目 | 沪宁线 | | |
|---|---|---|---|
| 工厂类别、名称、地址 | 机车厂吴淞 | 机车房(上海、常州、南京) | 养路工程处工厂(上海、镇江) |
| 工人总数(人) | 719 | 904 | 374 |
| 工人业务分类人数(人) | 铜匠 118,铁匠 39,漆匠 7,艺徒 49,电汽起重 5,司机 2,车床 7,白铁 8,木匠 86,小工 218,火夫 14,电铜 4,冷作 60,紫铜 8,装饰 11,注油 2,模型 3,擦车 14 | 司机 115,火夫 255,各种工匠 137,其他工役 391,司机稽查 6 | 监工 12,木匠 35,铰钉 5,机匠 11,铅皮 5,铁匠 6,漆匠 14,水作 14,其他工匠 17,小工 255 |

---

①　交通铁道部交通史编纂委员会:《交通史路政编》第 1 册,上海民智书局,1930 年,第 564 页。

②　胡绳玉:《中国铁路的故事》,中国铁道出版社,1999 年,第 88 页。

| 款　目 | | 沪宁线 | | |
|---|---|---|---|---|
| 每日工作时间（小时） | | 9 | 未详 | 9 |
| 每日工资 | 最高 | 1元8角半 | 3元3角3分 | 1元2角 |
| | 最低 | 2角 | 3角5分 | 2角 |
| 工人年龄 | 最高 | 70岁 | 62岁 | 54岁 |
| | 最低 | 14岁 | 15岁 | 17岁 |
| 每日最低生活费 | | 未详 | 未详 | 2角 |
| 每月休息日期 | | 星期日 | 同上 | 同上 |
| 最近三年间因工作致残废或病亡者之数目 | | 未详 | 未详 | 死亡6人 |
| 最近三年间每日生活费增高之比率 | | 未详 | 未详 | 40% |
| 工厂卫生设备 | | 无 | 无 | 无 |
| 公共食堂设备及管理 | | 无 | 无 | 无 |
| 公共宿舍设备及管理 | | 无 | 无 | 无 |
| 职工保险办法 | | 无 | 无 | 无 |
| 职工储蓄办法 | | 无 | 无 | 无 |
| 职工补习办法 | | 无 | 无 | 无 |

| 款　　目 | 沪宁线 | | |
|---|---|---|---|
| 年老及残废死亡之待遇 | 未详 | 未详 | 工资未满 30 元伤亡者服务 1 年至 2 年给恤金 1 个月，2 年至 4 年给 2 个月，满 30 元者服务 3 年给恤 1 个月，3 年至 6 年 2 个月 |
| 休假及辍业之待遇 | 除例假外每年准给短假 14 日不扣薪 | 同上 | 同上 |
| 雇佣黜陟分赏罚 | 皆未详 | 皆未详 | 皆未详 |
| 职工集会结社 | 机务同人进德会 | 同上 | 同上 |
| 职工消费组合 | 无 | 无 | 无 |

资料来源：根据 1923 年交通部直辖各铁路工人状况调查表整理得出。交通铁道部交通史编纂委员会：《交通史路政编》第 1 册，上海民智书局，1930 年，第 564－566 页。

### （三）沪宁铁路工人的生活状况

中国铁路工人生活贫困，沪宁铁路工人亦如此。沪宁铁路工人主要是沿线各站及所辖工厂里的工人，有轨道管工、扳车夫涤测夫、常备修道夫、更夫、擦机夫、夜班车夫、挂车夫、道尖夫、脚夫、管货司事、煤坑小工、扛煤小工火夫、卸煤工、挑水小工、抽水小工、装配机器匠、锅炉匠、砌砖匠、装配机器小工等。他们收入低下，生活贫困。以 1920 年南京下关车站搬运车夫①和上海北车站的铁路工人为例。

据《新青年》记载，南京下关火车站工人生活异常贫苦，如下：

---

　　① 搬运车夫主要是指用"体力"（Physical Activities）去换取报酬的工人，其生活状况非常苦。

火车站的栅栏夫和小工，每月六七元，吃自己的饭。挑抬夫子，还要押柜。替客人搬行李出站，每件二十文，送到旅馆，每件三分。有替换的班，所得的钱要和头子分的。转运公司挑抬和绞包的，都不一定。替他们平均，每日大约可得五百多文。他们的景况实在苦得很。住的是茅棚，龌龊极了。身上撕撕挂挂，没有件完全的衣服。面上污秽，像是没有水洗脸的。他们的妻子或做佣工、缝穷，或做小本营生。小孩卖香烟、烧饼、油条。一天到晚，一家人会面的时候都难得，还要受工头节制，一半为别人忙。①

上海共有两个火车站，一个南站（即沪杭甬车站），一个北站（即沪宁车站），这两个车站的工人都很多。上海北站铁路工人的生活状况如何？据当时一名沪宁铁路植树工人刘朗山叙述：

哀我苦力小工！每月将血汗所换钱财，供给私人挥霍，所居者破屋茅棚，所食者大饼麦食，或臭烂不堪之物，所穿者无论男女仅可遮羞，其子弟焉有相当教育乎？苦工人等有家属居大多数，以江北人最多，其他各外省亦有，居住尽在闸北王家闸附近一带茅棚之内云云。

上海北站外脚夫的生活同样困苦不堪。据记载：

因从前包人承办，常常有脚夫敲索客人的事情，后来，车站自行雇佣脚夫五十人，每月给工金九元，自己吃饭，并特派职员一人，专管其事，所收搬力（每件铜元一枚），抵补脚夫薪工。但是脚夫除了吃饭、房租外，多不了一两块钱，向客人多讨一两个铜元的事，还是不免的，但是比较从前已算规矩多了。车站有几处大字布告说："每

---

① 《南京劳动状况》，《新青年》，1920 年 5 月第 7 卷第 6 号。

行李一件,只准收铜元一枚,多索即要严办。"所以脚夫得客人多给几文,全是拿殷勤体贴功夫换来的。①

旧中国的铁路工人政治上受到压迫,经济上受到剥削,生活贫困,衣食无着。

### (四) 沪宁铁路工人的社会地位

近代中国的铁路工人地位低下,不管是地方官府、铁路局,还是西方列强,对铁路工人一直都采取专制措施。铁路工人除了身受封建人身依附关系的束缚,还遭到铁路局的任意惩治,他们享有"惩治小工"的私刑权,所谓小事可以"随时发落",这在当时被视若正常,铁路工人完全处于被残酷剥削和奴役的无权境地。

中国铁路工人生活在社会底层,时常遭到监工、工头等人的欺侮和欺压,沪宁铁路工人也不例外。据记载,1908 年 2 月 27 日,沪宁铁路线南京段发生了驻宁士兵殴打铁路工人之事。当天为星期日,驻南京第九标骑兵某营兵士数人,至南京下关车站游玩,"见路旁各种路工器具,以手抚弄,铁路工匠喝阻,兵士不服,因至互相殴击,该兵士以众寡不敌,回营邀集百余人,复至车站寻仇,殴伤工匠数人"。② 同年 7 月初 7 日,苏州段铁路工人遭到苏州阊门分巡捕房某号巡捕的殴打,该巡捕与铁路工人某甲"夙有嫌隙,前日偶因细故,两造各纠多人,几酿巨祸"等。③

铁路工人常受到虐待,遭受无端拘获,受辱致死之事时常发生。如报载,1908 年 2 月 17 日,沪宁铁路工程高资站分局小工某甲,"头日前因事与某司事口角,甲遂召集小工多名,将局屋等物全行捣毁",铁路工程弹压委员将"甲等三人一并拘获,送县讯办"。④ 至 5 月 9 日,当局下文称,铁路工头李德因"纵容蛮横小工阻拦沪

---

① 《上海劳动状况》,《新青年》,1920 年 5 月第 7 卷第 6 号。
② 《驻宁标兵游玩酿祸》,《申报》,1908 年 3 月 5 日。
③ 《工人与巡捕冲突》,《申报》,1908 年 7 月 7 日。
④ 《铁路工头滋事》,《申报》,1908 年 2 月 17 日。

宁铁路督办钟文耀观察的马车,并殴打家丁马夫",由钟文耀函请
宝山县暨闸北巡警局,"饬拿讯究在案",李德"畏罪,于前晚服毒
身死"。① 然而,其家属及当地百姓均认为李德是受辱致死的,不
接受当局"畏罪自杀"的定论,尽管冤屈难伸,仍一再要求"华官伸
雪"。后经过工部局出面交涉,"当经沪道函允酌量,给予抚恤"②,
此案方告一段落。

　　沪宁铁路工人人数较多,收入不高,生活非常贫困,劳动强
度大,还要忍受管理者的监督和虐待,常常受到来自各方势力的
欺压凌辱,地位低下。他们身受西方列强、封建官府和地方势力
的多重压迫,其严重性和残酷性是世界各民族少见的。铁路工
人是近代中国产业工人,是中国无产阶级的重要组成部分,他们
在沉重的压迫和剥削下,必然会起来反抗,且反抗最为彻底,斗
争也最坚决。

## 二、沪宁铁路工人的反抗斗争

　　中国自从有了铁路,铁路大权就操纵在西方列强手里。因此,
半殖民地半封建社会中的铁路工人,身受外国侵略者和本国封建
势力的双重压迫和残酷剥削,从其产生那天起,就开始了各种形式
的斗争。在 19 世纪八九十年代,各铁路的外国雇员仗着资本主义
侵略势力,攘夺管理大权,骄横跋扈。在沉重的压迫和剥削下,铁
路工人经常自发展开尖锐的斗争,如通过"聚众""拿木棒、石头"
对付他们。③

　　铁路工人的斗争是从反对直接压迫他们的工头和监工们开始
的。早在 1891 年 4 月,唐山开平铁路公司工人 100 多名,曾起来

---

　　① 《工头畏罪服毒》,《申报》,1908 年 5 月 9 日。

　　② 《饬议抚恤工头》,《申报》,1908 年 7 月 13 日。

　　③ 宓汝成:《帝国主义与中国铁路 1847—1949》,上海人民出版社,1980 年,第
566 页。

反抗外国工头伯恩的欺压和迫害,进行斗争。1910 年和 1914 年,津浦铁路工人为了反抗英籍总监工的虐待和剥削进行多次罢工。沪宁铁路是英国人直接参与管理的一条线路,因英国防范得厉害及工人工资相对其他各路较高些,因此沪宁铁路工人斗争相对较晚。

1912 年,江苏铁路公司的清杨铁路被政府收为国有。该路铁路工人为了反对将已通车的商办铁路出卖给外国及反对裁减工人,举行罢工。在收回路权和保路运动中,沪宁铁路工人也积极参加了。1918 年,沪宁铁路工人也起来反抗。当年,沪宁铁路车务处英籍处长借口实行新规章而裁减工人,沪宁铁路车务工人纷纷起来反对裁员而进行了罢工斗争,这是沪宁铁路工人反对外国人较早的一次斗争。

### (一)五四运动前后沪宁铁路工人的斗争

1919 年爆发的五四运动标志着中国新民主主义革命的开始,也是中国现代工人运动的起点。五四运动促进了马列主义同中国工人运动的结合,中国工人阶级开始由"自在阶级"转向"自为阶级"。

为了支持这次反帝爱国运动,许多铁路工人举行罢工或游行示威,积极参加收回国家主权的大罢工。沪宁铁路吴淞厂工人在 6 月 7 日首先罢工(1919 年 6 月 5 日,沪宁沪杭甬两路部分员工举行罢工)。接着,沪宁、沪杭甬铁路工人为声援学生运动罢工。他们还组织了十人团进行捐款,支援收回青岛和胶济铁路的运动。铁路工人们散发传单,并派代表到沪宁铁路局进行交涉。8 日,沪宁铁路机务工人和沿线其他部门的铁路工人集会,声援北京学生运动。10 日,两路司机、司炉都自动离开了机车,车站停售车票……全体工人罢工,停驶火车,结果全线交通顿时阻塞,交通中断。① 沪宁、沪杭甬铁路工人发动的这次大罢工,是中国铁路工人

---

① 《上海时报》,1919 年 6 月 12 日。

的第一次政治罢工,它充分显示了铁路工人在斗争中的巨大作用和力量,标志着中国铁路工人的成熟,他们的斗争已经由自由发展到自觉阶段,体现了中国无产阶级向着即将成为觉悟了的独立的政治力量转变。

南方因物价日益高涨,铁路工人生活更为艰难,纷纷起来反抗,要求增加工资。1919 年 12 月间,沪宁铁路工人为了维护自己的生存权利,多次要求沪宁铁路局增加工资,获得了部分胜利。1920 年,沪宁铁路吴淞机厂工人援例要求增加工资,并不顾英籍厂长的威胁,举行罢工,也获得了胜利。① 当年 7 月 15 日,吴淞机厂工人因米薪昂贵,所得工资不敷开销,全体工人罢工,要求路局增加工资,即按照原薪增加 25%。② 这次加薪罢工最终获得了一定的胜利,也给全国其他各路的铁路工人做出了榜样,全国各路铁路工人纷纷团结起来展开斗争,要求增加工钱,减少工作时间,增加花红,放假日和星期日都不扣薪,改善卫生条件,各人要平等,各路也要平等。③ 足见,中国铁路工人的罢工渐渐转向自觉性的斗争了。

### (二) 共产党成立后沪宁铁路工人的斗争

1921 年,中国共产党成立。之后,又成立了公开领导全国工人运动的总指挥部——中国劳动组合书记部。1922 年在广州召开了第一次全国劳动大会,给各地铁路工人以很大的鼓舞。各路工人联合其他产业的工人,于 1922—1923 年出现了中国第一次罢工高潮。

"二七"大罢工期间,全国各铁路工人和其他产业工人立即掀起了一个广泛的支援京汉铁路工人的运动,纷纷通电声援,捐款接

---

① 《沪宁铁路吴淞机厂工匠罢工记》,《申报》,1920 年 7 月 16 日;《沪宁铁路吴淞机厂工匠上工》,《申报》,1920 年 7 月 18 日。

② 中华全国铁路总工会:《中国铁路工人运动史大事记》,沈阳铁路局锦州分局印,1988 年,第 53 页。

③ 同②,第 58 页。

济,并举行游行或罢工。其间,沪宁、沪杭甬两路成立了全路铁路工人组织。[1] 在全路铁路工人组织的影响和领导下,沪宁铁路工人的斗争不断取得胜利,沪宁铁路局亦做出了改善铁路工人生活条件,为工人添筑住宿所等多项决定。1925 年上海爆发了五卅运动,沪宁铁路工人纷纷声援,参加武装革命,用实际行动响应这一运动。

### (三)沪宁铁路工人积极支持北伐战争

1926 年 4 月 12 日,中华全国总工会号召工人和各界同胞团结一致,努力援助国民革命军北伐。北伐战争期间,一万名沪宁、沪杭甬铁路工人在共产党和两路总工会的领导下,直接参加了上海三次武装起义。在第一次武装起义中,根据中共上海区委密令,吴淞机厂铁路工人破坏沪宁铁路,断绝行车三天以支援北伐,为起义创造有利条件。21 日,在铁路总局两路工会组织的领导下,沪宁铁路工人按计划破坏了铁路,使一列军车在镇江山洞翻车,沪宁路断绝交通三昼夜。第二次武装起义被军阀镇压了,有些工人牺牲了。

1926 年 10 月,北伐军占领武汉,12 月中旬,中共中央在汉口召开中央特别会议。在此背景下,在沪宁铁路工人协进会党员孙津川[2]的领导下,吴淞机厂开始秘密组织工会。从此,沪宁铁路和沪杭甬铁路工人联合在一起,互相配合,互相呼应,在后来的工人斗争中发挥了较大的作用。

第三次武装起义是在周恩来的亲自领导下进行的,先从破坏沪宁、沪杭甬铁路交通着手。在两路总工会委员长、共产党员孙津川的带领下,不仅破坏了两路线路,还截断了当时占据上海地区的

---

[1]　宓汝成:《帝国主义与中国铁路 1847—1949》,上海人民出版社,1980 年,第 561 页。

[2]　孙津川,吴淞机厂钳工,1927 年 3 月任两路总工会委员长、上海市工人代表大会执行委员,1928 年 10 月 6 日牺牲。

直、鲁联军的运输;上海工人分别在 7 个地区作战,铁路工人参加了吴淞、闸北、南市三区的战斗,其中以争夺沪宁、沪杭甬、沪松三路总站所在地的闸北区的战斗最为激烈。①

1927 年 2 月 16 日,全国铁路总工会在汉口召开了第四次代表大会,15 条铁路的代表 50 余人出席,一致决议率领全国铁路工人参加北伐战争,沪宁铁路工人积极响应。3 月 5 日,沪宁铁路吴淞机厂 700 余人罢工,全体离厂。随后,沪宁、沪杭甬两路的司机、司炉及电气匠等纷纷罢工,人数达 1 000 余人,并成立了一支 600 人的铁路工人纠察大队。12 日,两路在上海的党组织召开了 500 余人参加的职工大会,会上通过了决议,成立了沪宁铁路总工会,推选魏源等 16 人组成执行委员会,同时通电全国铁路总工会。沪宁铁路总工会成立后,向沪宁线全体工人发出参加总罢工的号召。至 13 日,沪宁线参加罢工的人数已达 1600 人。其中,南京下关铁路工人积极响应沪宁铁路罢工委员会的号召,参加了沪宁、沪杭甬铁路的同盟罢工,破坏了南京至镇江的铁路,阻止了北洋军阀的军事运输。两路运输陷入瘫痪状态。

3 月 19 日,经党组织决定,将原来的沪宁铁路罢工委员会改组为沪宁、沪杭甬两路罢工委员会,推选了 17 名委员,仍由孙津川任罢工委员会总指挥。两路罢工持续一个多月。上海第三次武装起义取得胜利。之后,铁路工人在吴淞的张华浜召开起义胜利庆祝大会。

北伐战争期间,沪宁铁路工人除了直接参加上海三次武装起义外,还在沪宁铁路线的真茹等车站附近拆毁铁路,阻止了北洋军阀的反扑。这些都表明沪宁铁路工人在北伐战争中做出了重要贡献。

沪宁铁路工人初期反对的主要是直接压迫他们的监工和工

---

① 《暴风雨中的火车头——戚墅堰机车车辆工厂史》,江苏人民出版社,1960 年,第 26 – 28 页。

头,进行的是为增加工资、改善待遇的经济斗争,但是随着共产党的成立及沪宁铁路工人队伍的不断壮大,他们的觉悟在不断提高,铁路工人的斗争越来越带有反帝反封建的爱国主义精神。总之,沪宁铁路工人的反抗斗争,不仅推动了江苏革命的进程,也有力地推动了中国革命历史的进程。

# 第八章　余论：影响及启示

　　以上章节主要选取了清末和北洋时期作为考察时段,选取沪宁铁路进行个案研究,试图从铁路的筹建、经营管理、余利交涉,以及铁路对沿线地区社会发展、社会矛盾等几个视角出发,宏观地剖析铁路与近代中国社会发展的互动关系。

　　铁路是"世界贸易发展与资产阶级民主文明的总结和最显著的指标"①,它的出现给世界带来了巨大变化,极大地加快了全球工业化的进程。清末铁路在中国的出现,不是资本主义工业化发展的自然结果,而是受到外在冲击而被动发生的,铁路成为列强掠夺中国财富的工具。然而,铁路的到来对落后封闭的中国来说,如雷麦所言:"除了铁路以外,就没有一种其他近代的经济设备,输入中国以后能够产生这样伟大的影响。"②革命先行者孙中山曾指出:"交通为实业之母,铁路又为交通之母。国家之贫富,可以铁路之多少定之;地方之苦乐,可以铁路之远近计之。"③

　　沪宁铁路将散落在长江南岸的自南京至上海的城市衔接与串联起来,可以说,正是有了沪宁铁路及稍后通车的沪杭甬铁路,才成就了上海的经济中心地位,同时,也催生了中国第一区域经济板块——长江三角洲。今天,长江三角洲是中国城市分布最密集、经济规模最大、交通最便捷、综合实力最强的地区之一,被称为世界

---

① 列宁:《帝国主义是资本主义的最高阶段》,《列宁全集》第 22 卷,人民出版社,1984 年,第 182 页。

② [美]雷麦:《外人在华投资》,蒋学楷、赵康书译,商务印书馆,1959 年,第 105 页。

③ 胡汉民:《总理全集》第 2 集,上海民智书局,1930 年,第 151 页。

第六大城市群。这些都是在 100 年前的沪宁铁路基础上发展起来的。联系实际,进一步总结沪宁铁路对近代江苏社会的影响与启示,以作为本书的结论。

## 一、沪宁铁路对近代江苏社会的影响

### （一）促进江苏交通技术革命与交通网络的完善

中国传统交通模式一直处于水、陆两分的格局,尤其是江苏（主要是苏南）,水乡河网密布,交通便利。因而,沪宁铁路通车初期,即面临与原有的运河利益集团激烈的竞争,且江苏商民利用此项运输,相沿已久,一时积习难改。虽然火车较为迅速,但一般民众视时间并不甚宝贵,这是沪宁铁路竞争之劲敌。在江苏地方政府的鼓励和支持下,沪宁铁路局充分考虑到水运竞争的因素,主动降低运价,制定各种优惠的运输及营销政策,设法招徕客货,最终,沪宁铁路运营逐渐走向发达。

铁路是一项全新的技术革命,它是结合蒸汽技术和铁轨两项技术成就而产生的一种创新运输工具。一项实验表明,铁路交通在运输能力和速度上的优势是传统运输方式所无法比拟的,如果时速确定的话,运河船只的运载量仅及同等牵引力下铁路运量的 1/8。而随着铁路线的延伸,机车和车辆的日益增多,其运输能力迅速提高,运输速度不断加快,沪宁铁路以其强大的运输能力和优势,使江苏摆脱了传统的交通运输方式对自然力的依赖和受自然条件的限制,并以前所未有的优越性引发并推动了江苏交通运输业的革命,促进了江苏交通业的现代化。同时,铁路也是江苏交通传统技术向现代技术迈进的动力,在江苏综合运输网络中占有极为重要的骨干作用。沪宁铁路的通车运营标志着江苏交通进入铁路运输时代。

铁路的发展还促进了江苏通信技术的提高。铁路信号设备主要包括信号、联锁和闭塞三种。沪宁铁路通车初期,铁路上的讯号设备比较落后,信号发送十分困难。沪宁铁路运营初期,沿线各站无闭塞设备。1910 年，自行架设电报线；1912 年，开始装设上下行进站及外进站信号机，后来又加装了臂板式出站信号机和电气色灯信号及调车信号。同年，安装电话，为行车调度和配车调度之用。12 月又安装了电气路签机，后改为电气路牌机，至 1920 年各站相继装齐。铁路信号发送设备不断得到改进和创新，既便利运行，又保障了安全。可见，江苏在学习和掌握世界先进技术方面取得的进步。

沪宁铁路的通车又促进铁路与城市连接的道路的发展，带动城市道路系统的不断修建和拓展。就交通结构而言，沪宁铁路的修建使江苏地区综合性立体交通网络得以初步构建。最终，在沪宁铁路的主导下，运河、铁路、沿线各道路等交通体系形成，江苏交通信息网络渐趋完善和发达。

## （二）促进江苏经济一体化的进程

至民国年间，沪宁铁路打破了运河航运的垄断局面，渐渐成为江苏最主要的运输手段。它使港口上海与广大内地、城乡之间的实际空间距离大为缩短，使沿线地区物畅其流、互通有无，加快了物质流动的速率，地区间的联系更为紧密。

沪宁铁路改变了江苏传统运输格局，形成新的物流通道。它的通车为江苏地区商品流通的扩展和深化清除了障碍，开辟了道路。铁路加速了信息交流，促进了资源的开发及有效利用和合理配置，使得沿线农业生产结构不断调整和优化，并向优质、高产、高效的集约生产和大规模经营方向发展，尤其是促进了农产品的商业化，刺激了生产，也刺激了消费，使乡民收入增加。同时，铁路也为都市或西方工业品的输入提供了便利的运输条件，加速农村传统自然经济的瓦解。铁路交通改变了农村自给自足的生活方式和乡村社会的消费模式，使沿铁路线农村渐渐走出原本平静闭塞的环境，在一定程度上促进了一些农村经济的发展。

铁路的运营大大扩展了市场的范围，便利了产业集聚、分工和沟通，优化了产业结构，促进了沿线各地分工协作和生产的专业化,利于打破关卡,使得区域间的商业贸易关系更趋密切,从而带动了相关产业及工商贸易的发展,推动了沿线城乡商品的流通,逐渐改变了江苏原有的沿江设厂的工业布局,导致工业活动的重新配置,使得许多主要的工业沿铁路线建立,并呈现出点线相结合的布局,初步奠定了近代江苏地区工业沿铁路线分布的格局,促进了江苏近代工业体系的形成。

沪宁铁路极大地节约了货物运输的时间,缩短了人们在人际交往和商业贸易中的时空距离,使经济效益短期内成倍增长。同时,它也带动了沿线地区对外贸易的发展,使得商品交换更为频繁,便于形成真正统一的市场,使江苏沿铁路线地区更为紧密地融为一体,"除非经济能以本地为基础,一个贸易领域的大小,它的纵深距离和人口多寡取决于运输的方式"。① 铁路运输以其运费低廉、速度快捷等优势为扩大商业贸易提供了便利。随着沪宁铁路网线的延伸,沿线人流、物流、信息流的线状空间地域综合体不断生成,形成了各具特色的产业群体,并吸纳了大量的劳动力就业,加速了江苏区域经济的发展,促进了江苏沿铁路经济带的形成及经济一体化的进程,沪宁铁路成为江苏经济对外开放的纽带,为以后长江三角洲经济圈的形成奠定基础。

### (三) 加快江苏城市化的进程及都市圈的出现

交通与城市的增长密切相关。孙中山在民国初年曾说,"振兴实业,当先以交通为重要""交通为实业之母,铁路又为交通之母"。② 交通犹如人身之血脉,人们称之为出路,它在现代化、城市化过程中发挥着巨大作用。

正是由于美国东西大铁路的贯通,其西部才得以开发得那么

---

① [美]菲特·司徒淳:《美国经济史》,方秉涛译,辽宁人民出版社,1981 年,第 97 页。
② 孙中山:《在上海与民立报记者的谈话》,《孙中山全集》第 2 卷,中华书局,1982 年,第 383–384 页。

迅速,也才有那么多城市崛起于西部荒原。铁路是近代城市发展的命脉,是近代城市突破城墙的空间限制向外进一步发展的重要力量。铁路的串联使得中心城市依托周边腹地加快发展,并对内地产生巨大的辐射与推动。铁路在人、财、物等方面,把中心城市与周边地区更为紧密有效地连在一起,铁路交通在近代城市化的起步阶段作用尤显。

沪宁铁路的通车加速了人口的流动和积聚、马路的修筑、街道的拓展、房子的增多,城市规模朝车站方向不断扩大,新兴城镇迅速崛起,铁路枢纽城市快速发展起来。

一方面,沪宁铁路的通车使沿线城市地价上涨,促进了市区地块的划分,房地产产业兴盛,新的商业街、娱乐区、居民区出现,城区结构和功能出现明显变化,商业中心向铁路附近转移,形成了以经济、商业为主的空间格局,传统城区与现代城区并存。另一方面,对大多数城市居民而言,铁路的较大影响是带来了城市的电气化,电力运输车这一新型创新技术的出现,进一步减少了旅行时间和旅行费用,城市的空间可达性提高,人们的活动范围扩大。而公园、现代型学会、商会、影院、图书馆、饭店的出现又扩展了城市的文化空间,也拓宽人们的生活空间;电灯电话、消防队、巡警、霓虹灯等体现现代城市公共性内容的出现,表明城市的社会空间亦不断在扩大……这些都标志着城市由封闭走向开放,城市格局向近代化转变。

传统依运河而繁盛的城市因远离铁路线而日渐衰退,江苏经济中心向铁路便捷的城市转移,镇江渐渐失去了华东大埠和长三角地区贸易中心的称号。沪宁铁路将沿线孤立的城市连成一体,城市之间的地理空间在缩小,人们往来其间较为便捷与频繁,信息与文化差异相对较小,铁路使江苏城市间联系更加密切和开放,江苏城市化的进程在加快,江苏都市圈亦开始出现。

沪宁铁路在江苏地区城市发展中扮演了极为重要和不可替代的载体角色,这为以后形成长江三角洲城市群奠定了基础。

### （四）促进人们社会文化价值观念的转变及人自身的发展

随着铁路的通车运营，铁路交通逐渐成为人们生活中不可或缺的一部分，在港口与广大内地之间，铁路成为人、财、物乃至信息流动的桥梁和枢纽。

铁路交通带来了西方文化，强化了沿线地区与港口和外界的联系，加速了新文化的传播和旧文化的革新，加快了地区间信息传递和文化交流的速度，"洋货""洋风""洋俗"等新知识、新文化、新技术，以及新的生活方式和生活习惯等新鲜事物以铁路为媒介在沿线城乡地区迅速流行起来，给这些地区带来了新鲜血液和全新的文明。无形之中，西方文化对人们的文化观念、社会心理和价值判断等产生了重要影响。铁路交通使得人畅其行，并延伸了人们的活动半径，拓展了人们的视野，增长了人们的见识，进而加快人们的生活习俗、社会心理、思想、伦理、价值等观念的变化。

铁路的快捷改变了人们的时空观念，人们渐渐有了精确的时间观念，生活节奏加快，不再局限于"日出而发，日落而归"的旧日交往模式，纷纷走出家门，外出闯荡；铁路征服了空间。人们的空间感知由静止向流动转变，传统的出行观念发生转变，交往领域拓宽。男女授受不亲观念等传统的等级观念也因铁路的通车而改变，人人平等观念也出现了；人们的社会关系由原来的单一变得多元而复杂。同时，新旧文化的变迁又促进了交通文明。这些变化透露出铁路这一新式交通正潜移默化地影响着人们的心理和思维，揭示了现代与科学的进步思想正逐渐取代传统和保守的观念，也分化和瓦解着传统的社会结构。它启发了人们的思维，开启了民智，人的视野变得愈加开阔，从而促进了人自身的发展。铁路交通促进江苏社会文化向多元化、开放式发展，"伏查风气流行，视铁路为推展"。① 足见，铁路在开通社会风气方面的作用。

---

① 盛宣怀：《愚斋存稿》，沈云龙《近代中国史料丛刊》（13），台北文海出版社，1975年，第38页。

早在 1910 年 8 月,为了筹备德国第二年举行的卫生博览会,政府拟请将有关教育军政各物汇集赴会,中国"应行送赛会之物品、图画、模型、影片"等。为此,沪宁铁路紧跟时代潮流,欲与世界接轨,将其一切布置,均"仿照英国最新式样,参以印度办法",所有"车站、房屋内光线空气之适宜,各等客车上除秽防病之合法以及御寒纳凉之利器,防险灭火之定章,在请求卫生期合于此间风土"。同时,还设医院两所,并"延聘中西医士,随时周游全路,查察卫生事宜,遇有本路员司夫役,或乘车人等,偶染微恙,无不立予诊治"。这种"医药兼施于保卫生命之方,实已不遗余力",又将"本路设备卫生办法以及保安布置情形,略具说贴配翻英文、德文二篇,附以餐车卧车病人车,各等客车暨车站、梳洗室、厕所、工人住所、医院等图画影片一并备文,宪核转施行"等。① 沪宁铁路这种向世界进行宣传的观念和做法,体现出它的开放性,对推进江苏近代化功不可没。

铁路交通不仅打开了区域空间上的阻隔,让原本不可能有交集的群体相互接触,这种接触的过程也使全新的社会文化观念通过这一现代化交通进入江苏社会。这从一个侧面反映了江苏社会走向近代的历程,铁路交通是江苏社会走向现代文明的重要推动力量。

清末,铁路的通车运营与社会发展是相辅相成,相互促进和共同发展的。沪宁铁路在近代江苏社会的现代转型中扮演了极为重要的角色。尽管沪宁铁路运营初期对江苏社会的影响甚微,但是在江苏政府正确的政策导向下,沪宁铁路局积极采取并实行多种促进运输的营销措施,使得铁路运输事业有了很大发展。这不仅提高了沪宁铁路的营业收益,还促进了江苏社会朝着外向、开放式发展,进而谋求自身的发展,给江苏社会带来了新的生活气象,同

① 《沪宁铁路局申本部遵饬筹备德国卫生博览会赴会图画影片附陈说贴仰祈核转文》,《交通官报》,1910 年第 7 册第 26 期,第 20 – 21 页。

时铁路交通本身也得到完善和发展。至 20 世纪 20 年代,江苏社会发展进入最快最好时期,而沪宁铁路也被誉为"中华模范路"。

## 二、沪宁铁路运营带来的启示

交通现代化在近代中国的现代化建设中是最有成绩的,叶恭绰曾说:"数十年来进步光鲜,若其稍有成绩可举者,当推交通。交通之中,尤以铁路为首屈一指……诸路皆相通车,商民称便。"[①]沪宁铁路的出现,是江苏历史上具有重大意义的事件,它缩短了沿线地区之间相互联系及相互沟通的距离,改变了人们的生活方式,使江苏跨入到一个崭新的时代。沪宁铁路对近代江苏社会发展的作用不容忽视。"铁路不成,其他无论矣"[②],孙中山说,"铁路为国家兴盛之先驱,人民幸福之源泉也"。[③] 的确如此,沪宁铁路为江苏近代化奠定了坚实的基础,同时,也带给我们一些启示。

### (一) 沪宁铁路带来了一种新的集资方式

西方在中国修建铁路,不是让中国富强,也不只是要攫取经济利益的高额汇报,还具有更深刻的背景,即它对中国铁路的线路选择是和列强在华势力范围划分联系在一起的。修筑铁路是西方资本抢夺中国市场的关键,铁路修到哪里,贸易就伸展到哪里。因此,中国利用外资修建铁路的确受到外国人不同程度的控制,同时,借债筑路有丧失利权、主权的风险。然而,赔款、贸易逆差使得清政府财政短缺,社会资金又无法充分调动起来,政府一直处于贫困化的境地。举借外资实际上是政府在缺乏财力的情况下一种无奈的选择。尽管有人批评洋务派学习西方的局限性"学西人之制

---

①　叶恭绰:《五十年来中国之交通》,《申报》五十周年纪念特刊《最近之五十年 (1872—1922)》,上海书店,1987 年,第 1 页。

②　宓汝成:《中国近代铁路史资料》,中华书局,1963 年,第 316 页。

③　赵靖、易梦虹:《中国近代经济思想资料选辑》,中华书局,1982 年,第 50 页。

度器,而不学西国之理财"。① 但在外国瓜分中国的危机形势下,在中外实力不均衡的环境下,在中国修建铁路有着重要性、复杂性及必然性,利用外资发展中国铁路,本身就是一个充满矛盾的举动。英法联军攻入北京之后,一部分开明的疆吏大臣痛感西洋物质文明的优势,觉悟铁路为巩固国防的要具,不遗余力地提倡自动创办国防铁路。② 后来,多数国人多认识到"铁道所及之地,即文明发达之地""今日世界之文明,当以铁道为比例差"。③ 面对民气张扬及国内财力的困境,在尽可能少地丧失利权、主权的情况下利用外资力量发展中国铁路成为必然的选择,且"借外国资本所造的铁路,有助于现代化的推进,对社会经济贡献甚多"。④

沪宁铁路是借英款修建而成的。清政府筹建沪宁铁路时,最初主张采取官督商办的方式,并无借外债筑路的意图。甲午战争后,清政府面临着严重的财政危机,官款难筹,而官督商办也面临着商股难集的被动局面,华商资金非常有限,更因华商对商办铁路缺乏信心。《马关条约》签订以后,西方列强纷纷向中国输出资本,竭力以资本输出代替以前的商品输出,疯狂地攫取在中国修筑铁路的特权,大肆向中国提供各种形式的贷款。对清政府来说,尽管贷款筑路的方式需要付出的代价很大,但是为了自强求富,在国内资金严重短缺的窘境下,清政府借外债筑路是不得已而为之,沪宁铁路最终变成了一条借外债而修建的铁路。

从现代经济发展的角度来看,清末民初的政府在国家和地方资金严重不足的情况下,利用外资修建铁路仍不失为一个有效的

① 《近代中国对西方及列强认识资料汇编》,第3辑,台北"中央"研究院近代史研究所,1986年,第958页。
② 陈晖:《中国铁路问题》,上海新知书店,1936年,第16页。
③ 民气:《论铁路与西北之关系》,张枬、王忍之编《辛亥革命前十年间时论选集》第3卷,读书·生活·新知三联书店,1977年,第385-386页。
④ 王树槐:《中国现代化的区域研究——江苏省1860—1916》,台北"中央"研究院近代史研究所,1984年,第343页。

办法。外资使中国铁路的建造得以顺利进行，推动了中国铁路建筑事业的发展，在一定程度上也推动了中国社会的文明和进步。

**（二）沪宁铁路带来了西方先进的经营管理模式**

铁路是近代商业和技术上的一项重大革新，在企业组织创立、财政、运营和内部管理等方面采取现代形式的一项大的事业。

沪宁铁路是英国人直接参与管理的一条线路。在沪宁铁路的修建和运营过程中，作为世界头号资本和技术强国的英国不自觉地将西方先进的技术、设备、管理方法及管理经验等带入中国，打开了中国企业家创办和管理现代企业的新思路。

沪宁铁路可以说是近代江苏第一个"大型企业"，它的许多创举为其他企业提供了成功的范例，对江苏现代企业制度的建立形成了重要的启示。铁路技术使得运输得以实现，但安全、准时、快速、可靠的客货运输及机车、车皮、路基、车站、调度房等设备的保养和修理，则有赖于相当的管理组织。沪宁铁路建立起大规模的科学的企业内部组织机构，如最高行政长官为局长，下有洋总管，其内部多采用分处制，有总务、工务、车务、机务、会计和材料等7处，各处又分设各课，非常详细。如总务处下设文书课、通译课、产业课、卫生课、庶务课、人事课和医务课，后又增设考工课、运输课、编查课、地务课、警务课和核算课等，并通过一系列规章制度加强组织管理，使得内部各科室人员职责明确。沪宁铁路局重视工作勤恳或有工作经验的铁路专业人才，尤其重用熟悉外文或懂得交涉的人才等，建立了一套严格的人事选拔、奖惩和管理制度。这些均在江苏近代企业制度建立中起到重要的示范作用。

沪宁铁路还为在其后兴起的其他现代企业提供了良好的基础设施条件和现代管理思想。铁路为现代工商企业开拓市场提供了可靠、准确、快速、经济、全天候的货物运输服务。如铁路货运量是水运的50倍以上，致使货运成本降低，这种铁路运输的经济性和高速性，为江苏生产和分配领域中现代企业拓展竞争领域，建立采购、生产、销售一体化的大型现代企业奠定了基础。

沪宁铁路也为现代企业创造了完备的通信网络基础。沪宁铁路的开通催生了现代邮政系统，铁路线的开辟又提供了可以架设电报、电话线的现成通道，使得沿线电报公司、电话公司很快诞生。这种由邮政、电报、电话、铁路线组成的交通通讯网很快使许多地理上分散经营的单位进行集中经营与管理成为可能。

沪宁铁路重视广告宣传作用，制定了各种极具吸引力的营销策略，提出了以人为本和内部财政节俭，提供了优质服务的经营管理理念等，尤其是其注重交通安全管理，如成立专门机构到训练铁路警察，从危机预防、化解到善后处理，从及时给予抚恤金、发布通告、加强沿线各地的宣传、追究相关人员的责任、扩充铁路巡警、派兵巡护到规范车辆运行、完善铁路信号技术等一系列公共危机管理机制，逐渐改变了传统的经营管理模式，为江苏其他实业的经营管理提供了借鉴。

正是由于沪宁铁路局有如此科学、人性化、具有现代品格的经营管理模式，使得沪宁铁路营业里程虽短，经营效益却很好。沪宁铁路被誉为"中华模范路"，其独特的经营管理精神，为江苏实业的创办及发展提供了极好的模式。今天，当我们致力于提高中国企业管理水平的时候，回顾当年沪宁铁路经营管理的经验和方法，无疑可以得到有益的启示。

（三）沪宁铁路的修筑与营运贯穿着为了国家利益和民众利益的反抗斗争，体现了不屈不挠的民族精神

西方列强为了扩大在华的商品贸易，把在中国修建铁路作为在华贸易的捷径、攫取权益的重要内容，并将修建铁路视为伟大的国家工作。西方列强纷至沓来，当年《申报》上曾这样描写外国在华投资铁路的争夺，"外洋各国，一闻中国开办铁路之信，无不争先恐后，竭力营谋，欲求承揽此项大宗生意，纷纷进京，多方谋干，已有若干家"。① 列强的入侵与外国人的嚣张行为，使得中国

---

① 《光绪十二年二十五日京报全录》，《申报》，1886 年 9 月 2 日。

国家利益及民众利益受到巨大的威胁,这必然导致民众与外国人之间的矛盾。因此,铁路从踏入中国大门就要面对着国人的反抗斗争。

路权的丧失,导致中国失去了铁路建设和管理的用人权,外国工程师和会计师成为铁路实际管理者,外国银行还获得行车余利的20%。铁路利权、主权的丧失激起了社会力量利权意识和民族主义情绪的觉醒,全国各地展开了一系列争利保权的活动。

在众多铁路中,丧失利权最重的是沪宁铁路,因此,沪宁铁路从开始签订合同到运营,都充满了矛盾和斗争。中国在沪宁铁路上失权过多,引起朝野各界人士的强烈不满。1907年,外务部在与朱尔典谈话时指出:"近年来如沪宁,如广九,均已次第议成。至苏杭甬、山西等事,其未能即行议妥之缘因,系自粤汉铁路赎回以后,中国人皆知路、矿两事,关系甚大,所以不惜巨款,争求自办。我们须设法开导他们,总要办的和平,方能彼此相安,实在非有心与英国为难。"①江苏等各地官绅及普通民众纷纷掀起收回利权的斗争。

"利权"一词是清末使用频率颇高的一个名词,而收回利权成为自然的选择,"若铁路而为外人所有,则所谓有益者亦必于外人而于我无与也,且天下无两利,人既受益者,我必反受在其损"。②"天下无两利"也成为民众收回路权最为直接的借口。

若要取消外国人在中国筑路权之各种不平等条约,就要收回因条约而为各国所建设之铁路,取消各路因借款关系与各国所订立合同中之特别条件,收回各路之管理权。对此,沪宁练习车务总管戴麟书建议,交通部应速组织一收回路权委员会,选派有铁路专门学识与经验之青年,分赴各路调查,限6个月结束各员调查。之

---

①　宓汝成:《中国近代铁路是资料(1863—1911)》第2册,中华书局,1963年,第859-860页。

②　《论铁路与国家之关系》,《时报》,1905年7月2日。

后,收回路权委员会应即着手讨论收回办法,以一年为筹备时期,在此筹备期内应举行一种大规模之赎路运动以唤起民众之援助,广集全国铁路人才,计划筹款方法。外人在各路势力及实权如已超出合同范围之外应即责任各路局长先行设法改革、连同外交当局向各国进行交涉。针对如何筹款,他进而建议,没收腐败军阀腐败官僚及土豪劣绅之产业,实行赎路富绅捐,"国既不国,富亦何为,当此危急存亡之秋,凡我国民应人人抱一种匹夫有责之观念,中国虽贫富者尚多,宜自动底捐助国家以达此收回路权之目的,是项提议,并非共产之意,须知国家兴亡,匹夫有责,如能自动底捐输国家以收主权,即所以提高国际上之地位"。①

经过宣传,在收回铁路利权的运动中,"人人以附股为爱国之义务","妇女拔簪珥,儿童节糕枣,相率投之若恐后"。② 上海高等实业学堂开认股会,上海天足会女校开会集股,上海女界拒款会纪事,江宁苏路股东拒款会纪事,常州女界保路会,苏州拒款会事,武进高命妇典钗认股,军界拟集路股等。③ "中国之危机,已在万弩在弦之顷,铁路问题不过一端,然已足亡中国而有余。词而辟之,在促国人之觉悟,发当局之省察。"④ 在这场运动中,社会力量的利权意识、爱国意识、民族主义情绪都在增长。保路运动迅速高涨,在民主革命风潮激荡的时代背景下,社会力量融入了民主革命的洪流中,各种力量的汇合增强了凝聚力和战斗力,以挽救民族危机,维护民族利益,包括政治的和经济的。

---

① 《沪宁练习车务总管戴麟书整理沪宁铁路意见书》,京沪沪杭甬管理局编《建议收回路权制止军队扣留车辆添加国库收入意见书》,中国馆第二历史档案馆,全宗号457,案卷号159。

② 梁启超:《饮冰室文集》卷二二,中华书局,1989 年,第80 页。

③ 罗家伦:《江浙铁路风潮》第2 册,中国国民党中央委员会党史史料编纂委员会编印,1983 年,第226 页。

④ 宓汝成:《中华民国铁路史资料(1912—1949)》,中国社会科学出版社,2002 年,第421 页。

至民国年间,面对敌强我弱的局面及英国人的蛮横无理,中国政府与英国在沪宁铁路余利与主权交涉上充满艰辛。最终,中国政府被迫接受了英国人的裁判,国人收回利权的斗争结果并不显著,但是,在中英交涉中,中国毕竟收回了部分主权和利益,减少了英国人在沪宁铁路上所侵占的一些权益,在某种程度上冲击了英国的霸权主义和强权政治,维护了中国的尊严。铁路方面的利权收回运动亦折射出中国人的现代主权意识。

有学者认为,中国自五四运动尤其是华盛顿会议之后,在对外立场上,已由一种温和的倾向转变成一种激进的民族主义。中国民主主义者开始认为,中国的独立和自强无法在现有的国际社会内部通过列强的让步和允准来获得,而只有通过彻底推翻帝国主义的压迫才能实现。[1] 中国铁路工人反压迫反剥削的斗争就是最好的佐证。

尽管沪宁铁路管理者拥有先进的经营管理理念,沪宁铁路工人工资收入也比其他铁路较优,但也难以掩盖西方列强侵略与掠夺的真实面目。沪宁铁路外国雇员仗着资本主义侵略势力,掌握着管理大权,骄横跋扈。为了抵制英国人的监督、虐待、欺压和剥削,沪宁铁路工人一开始反对的主要是直接压迫他们的监工和工头,进行的是为增加工资、改善待遇的经济斗争。随着沪宁铁路工人队伍的不断壮大,他们的觉悟在不断提高,这种斗争越来越带有反对帝国主义和国内反动统治阶级的爱国主义精神。沪宁铁路工人的反抗斗争,从自发地转变为有组织有规模的反抗斗争;从一条铁路的工人斗争发展到全省铁路工人的斗争,再到全国铁路工人斗争,这壮大了无产阶级力量,有力地推动了中国革命历史的进程。

---

[1] 王立新:《美国对华政策与中国民族主义(1904—1928)》,中国社会科学出版社,2000年,第431—432页。

**（四）清末民初,江苏政府及铁路局对铁路沿线百姓生计问题的考量,有益于弱势群体民生问题的思考与解决**

铁路是作为一种新型的、近代化的交通工具来到中国,它给沿线地区带来了活力,促进了社会的发展与进步,同时,它又引发了系列新型社会矛盾。铁路的运营使部分依赖传统交通工具为生的人失去生活来源,日渐贫困;沿途频发的交通事故引发了官民冲突;铁路盗窃、铁路拐卖人口、铁路贪污等犯罪活动日益猖獗;铁路运输带来了噪音和空气污染;无业游民随铁路进入城市造成社会治安的混乱;等等。随着铁路的延伸,民众与政府、铁路部门的矛盾日趋复杂尖锐。

尽管政府及铁路局也采取多种解决措施,但由于社会动荡、政策得不到很好的执行,加之资金的缺乏,政府的妥协、软弱、疲于应对,社会矛盾解决不力,激起了民怨。近代中国铁路部门贪污成风和腐败盛行、铁路利权丧失过重、外国人藐视中国法律的嚣张行为等,致使国家利益和民众利益受到巨大的威胁和损失,国人的尊严丧失殆尽,又激起民愤。加之近代社会政治黑暗、吏治废弛,封建专制政府对社会的控制力日趋减弱,社会矛盾日益尖锐复杂,社会愈加动荡不安,导致民众生存状况日益恶化,其反抗斗争逐渐发展为强大的政治运动。

民生问题是国家和社会发展的基本问题,关乎国家的繁荣、稳定与发展。清末民初,中国政府对铁路沿线百姓生计问题的考量,有益于弱势群体民生问题的解决。

晚清,洋务派为了救亡御侮,提出"借法自强",其中,为把铁路引进到中国来所付出的不懈努力就是最典型的"借法自强"之一。"铁路不通,则万事无",修建铁路的目的就是希望能给中国带来繁荣,为百姓谋利,然而封建统治阶级的阶级局限性使它们做不到为人民服务。尽管如此,铁路的通车运营还是推动了近代中国社会的发展和进步。

社会的发展交通先行。交通运输业的发展是社会发展的先决条件,它的发展规模和速度直接决定着社会经济的发展规模和速度,直接影响着区域现代化的进程。而铁路在交通运输中是一个核心要素,它的建设和发展对工业现代化起了极大的推动作用,铁路对于推进地区工业化、城市化及社会稳定发展的重要作用具有普遍性,也具有特殊意义。

# 参考文献

[1]《北洋政府交通部档案》《京沪铁路管理局档案》,中国第二历史档案馆藏。

[2]《苏州商会档案》,苏州档案馆藏。

[3]《沪宁铁路研究资料》,苏州博物馆藏。

[4]《苏州文史资料》第 18 辑。

[5] 包天笑:《钏影楼回忆录》,山西古籍出版社,1999 年。

[6] 高景岳、严学熙:《近代无锡蚕丝业资料选辑》,江苏人民出版社,1987 年。

[7] 关赓麟:《交通史路政编》第 1—11 册,铁道交通部交通史编撰委员会出版,1937 年。

[8] 国民党政府:《铁道年鉴》第 1 卷,1933 年。

[9] 季啸凤、沈友益:《中华民国史史料外编》,广西师范大学出版社,1996 年。

[10]《海防档·铁路》,台北"中央"研究院近代史研究所,1957 年。

[11]《沪宁铁路研究资料》,苏州历史博物馆,1905 年。

[12]《沪宁沪杭甬铁路史料》,铁路管理局,1924 年。

[13] 胡汉民:《总理全集》第 2 集,民智书局,1930 年。

[14]《近代史资料》第 103 号,中国社会科学出版社,2002 年。

[15]《近代中国对西方及列强认识资料汇编》第 3 辑,台北"中央"研究院近代史研究所,1986 年。

[16] 江苏省地方志编纂委员会:《江苏省志·交通志·铁路篇》,方志出版社,2007年。

[17] 姜明清:《铁路史资料》第2册,台北"国史馆",1992年。

[18]《交通部呈文类编》,交通部参事厅编辑,1918年。

[19] 列宁:《列宁全集》第22卷,人民出版社,1984年。

[20] 刘秉麟:《近代中国外债史稿》,生活·读书·新知三联书店,1962年。

[21] 罗家伦:《中华民国史料丛刊》,台北影印本,1968年。

[22]《马克思恩格斯全集》第4卷,人民出版社,1958年。

[23]《马克思恩格斯选集》第2卷,人民出版社,1972年。

[24] 宓汝成:《中国近代铁路史资料》第1、2册,中华书局,1963年。

[25] 宓汝成:《中华民国铁路史资料(1912—1949)》,社会科学文献出版社,2002年。

[26] 墨菲:《江浙铁路风潮》第1、2册,1907年12月、1908年1月。

[27] 南京铁道部财务司调查科:《京粤线浙江段经济调查》,1930年编印。

[28] 彭泽益:《中国近代手工业史资料》第2册,生活·读书·新知三联书店,1957年。

[29]《世界科普画廊·海路交通》,浙江人民出版社,1997年。

[30] 苏州市地方志编纂委员会:《苏州市志》第1册,江苏人民出版社,1995年。

[31] 沈云龙:《近代中国史料丛刊》(13),台北文海出版社,1975年。

[32] 铁道部交通史编纂委员会:《交通史》(路政篇)第2册,民智书局,1930年。

[33]《无锡实业现状调查》,1923年油印本。

[34] 薛暮桥:《薛暮桥学术论著自选集》,北京师范学院出版社,1992年。

[35] 姚贤镐:《中国近代对外贸易史资料》第1册,中华书局,1962年。

[36] 严中平:《中国近代经济史统计资料选辑》,科学出版社,1955年。

[37]《邮传部奏议类编》(路政二)(1906年10月—1907年12月)。

[38]《邮传部奏议类编》(路政四)(1908年1月—6月)。

[39]《邮传部奏议类编》(路政六)(1908年7月—12月)。

[40] 王文清、沈嘉荣:《江苏史纲》近代卷,江苏古籍出版社,1983年。

[41] 王铁崖:《中外旧约章汇编》第2册,生活·读书·新知三联书店,1959年。

[42] 王景春,等:《中国铁路借款合同全集》,1922年。

[43] 章开沅,等:《苏州商会档案丛编》第1辑,华中师范大学出版社,1991年。

[44] 章开沅,等:《苏州商会档案丛编》第2辑,华中师范大学出版社,2004年。

[45] 章有义:《中国近代农业史资料(1912—1927)》第2、3辑,生活·读书·新知三联书店,1957年。

[46] 李文治:《中国近代农业史资料(1840—1911)》第1辑,生活·读书·新知三联书店,1957年。

[47] 张之洞:《张文襄公全集》,中国书店,1990年。

[48] 张枬、王忍之:《辛亥革命前十年间时论选集》第3卷,生活·读书·新知三联书店,1977年。

[49] 中国史学会:《洋务运动》第1、8册,上海人民出版社,2000年。

[50] 中国史学会:《太平天国》第2册,上海人民出版社,2000年。

[51]《中国近代史资料丛刊(洋务运动)》第1、6册,上海人民出版社,1955、1961年。

[52]《中国铁路大事记(1876—1995)》,中国铁道出版社,1996年。

[53] 赵靖、易梦虹:《中国近代经济思想资料选辑》,中华书局,1982年。

[54] 包天笑:《衣食住行的百年变迁》,政协苏州市委员会文史编辑室编印,1974年。

[55] 包亚明:《现代性与空间的生产》,上海教育出版社,2003年。

[56] 包伟民:《江南市镇及其近代命运(1940—1949)》,知识出版社,1998年。

[57] 储东涛:《江苏经济史稿》,南京大学出版社,1992年。

[58] 陈从周:《陈从周散文》,花城出版社,1999年。

[59] 陈晖:《中国铁路问题》,上海新知书店,1936年。

[60] 陈旭麓:《近代中国的新陈代谢》,上海人民出版社,1992年。

[61] 范金民、夏维中:《苏州地区经济史》,南京大学出版社,1993年。

[62] 费孝通:《江村农民生活及其变迁》,敦煌文艺出版社,1997年。

[63] 顾长声:《传教士与近代中国》,上海人民出版社,1981年。

[64] 顾炳权:《上海洋场竹枝词》,上海书店出版社,1996年。

[65] 谷中原:《交通社会学》,民族出版社,2002年。

[66] 胡绳玉:《中国铁路的故事》,中国铁道出版社,1999年。

[67] 洪瑞涛:《铁路与公路》,交通杂志社,1945年。

[68] 金士宣、徐文述:《中国铁路发展史》,中国铁路出版社,1986年。

[69] 李京文:《铁道与发展》,社会科学文献出版社,2000 年。

[70] 李国祁:《中国早期的铁路经营》,台北"中央"研究院近代研究所,1961 年。

[71] 李维清:《上海乡土志》,上海古籍出版社,1989 年。

[72] 李占才:《中国铁路史》,汕头大学出版社,1994 年。

[73] 凌鸿勋:《中国铁路志》,台北畅流半月刊社,1954 年。

[74] 宓汝成:《帝国主义与中国铁路 1847—1949》,上海人民出版社,1980 年。

[75] 麦健曾、朱祖英:《全国铁道管理制度》,交通大学研究所北平分所,1936 年。

[76] 马陵合:《清末民初铁路外债观研究》,复旦大学出版社,2004 年。

[77] 石琪:《吴文化与苏州》,同济大学出版社,1992 年。

[78]《申报馆》五十周年纪念特刊《最近之五十年(1872—1922)》,上海书店,1987 年。

[79] 孙海泉:《上海辐射与苏南发展研究》,人民出版社,2002 年。

[80] 孙师毅:《中国现代交通史》,良友图书公司,1931 年。

[81] 束世澂:《中英关系史》,商务印书馆,1937 年。

[82] 铁道部业务司:《中国铁道便览》,商务印书馆,1944 年。

[83] 万灵:《常州的近代化道路:江南非条约口岸城市近代化的个案研究》,安徽教育出版社,2002 年。

[84] 王仁兴:《中国旅游史话》,中国旅游出版社,1984 年。

[85] 王树槐:《中国现代化的区域研究 · 江苏省(1860—1916)》,台北"中央"研究院近代史研究所,1984 年。

[86] 王晓华、李占才:《艰难延伸的民国铁路》,河南人民出版社,1993 年。

[87] 王立新:《美国对华政策与中国民族主义(1904—1928)》,中国社会科学出版社,2000 年。

[88] 汪敬虞:《十九世纪西方资本主义对中国的经济侵略》,人民出版社,1983 年。

[89] 信之、潇明:《旧上海社会百态》,上海人民出版社,1991 年。

[90]《新编剑桥世界近代史》第 11 卷,中国社会科学出版社,1987 年。

[91] 谢彬:《中国铁道史》,中华书局,1929 年。

[92] 许纪霖:《中国现代化史第一卷 1800—1949》,上海三联书店,1995 年。

[93] 徐雪筠:《上海近代社会经济发展概况(1882—1931)》,上海社会科学院出版社,1985 年。

[94] 姚曾荫:《国际贸易概论》,人民出版社,1987 年。

[95] 杨隽时:《交通管理 ABC》,世界书局,1930 年。

[96] 杨勇刚:《中国近代铁路史》,上海书店出版社,1997 年。

[97] 严景耀:《中国的犯罪问题与社会变迁的关系》,北京大学出版社,1986 年。

[98] 严昌洪:《西俗东渐记》,湖南人民出版社,1991 年。

[99] 叶恭绰:《交通救国论》,商务印书馆,1924 年。

[100] 俞棪:《中国铁路联运事业之过去、现在与将来》,1945 年。

[101] 吴承明:《帝国主义在旧中国的投资》,人民出版社,1955 年。

[102] 魏子初:《帝国主义在华投资》,人民出版社,1955 年。

[103] 中国义和团运动史研究会:《义和团运动与近代中国社会》,四川省社会科学院出版社,1987 年。

[104] 中华全国铁路总工会:《中国铁路工人运动史大事记》,1988 年。

[105] 交通部:《中华国有铁路沿革史》,1918 年。

[106]《中国五十年铁道之小史》,1913 年。

[107] 曾鲲化:《中国铁路现势通论》,化华铁路学社,1908 年。

[108] 曾鲲化:《中国铁路史》(上),新化曾宅出版,1924 年。

[109] 张瑞德:《中国近代铁路事业管理的研究——政治层面的分析(1876—1937)》,台北"中央"研究院近代史专刊,1991 年。

[110] 张雨才:《中国铁道建设史略》,中国铁道出版社,1997 年。

[111] 张嘉璈:《中国铁道建设》,商务印书馆,1956 年。

[112] 张惟恪:《东北抗日的铁路政策》,良友图书印刷公司,1931 年。

[113] 张海林:《苏州早期城市现代化研究》,南京大学出版社,1999 年。

[114] 张心澂:《中国现代交通史》,良友图书印刷公司,1931 年。

[115] 张文尝,等:《交通经济带》,科学出版社,2002 年。

[116] 张仲礼:《近代上海城市研究》,上海人民出版社,1990 年。

[117] 祝曙光:《铁路与日本近代化:日本铁路史研究》,长征出版社,2004 年。

[118] 朱从兵:《李鸿章与中国铁路——中国近代铁路建设事业艰难起步》,群言出版社,2006 年。

[119] 朱从兵:《铁路与社会经济:广西铁路研究》,广西师范大学出版社,1999 年。

[120] [法]皮埃尔·梅兰:《城市交通》,高煜译,商务印书馆,1996 年。

[121] [美]墨菲:《上海:现代中国的钥匙》,上海人民出版社,1986 年。

[122] [美]雷麦:《外国在华投资》,蒋学楷等译,商务印书馆,1959 年。

［123］［美］费维恺:《中国近百年经济史》,林载爵译,台北华世出版社,1978 年。

［124］［日］原田胜正:《铁道与近代化》,东京吉川弘文馆,1998 年。

［125］［英］安东尼·威尔逊:《彩色图解世界交通史》,上海远东出版社、外文出版社,1999 年。

［126］［英］艾瑞克·霍布斯鲍姆:《资本的年代:1848—1875》,江苏人民出版社,1999 年。

［127］［英］肯德:《中国铁路发展史》,生活·读书·新知三联书店出版,1958 年。

［128］［苏］马札亚尔:《中国经济大纲》,新生命书局,1933 年。

［129］丁贤勇:《新式交通与生活中的时间:以近代江南为例》,《史林》,2005 年第 4 期。

［130］樊百川:《中国手工业在外国资本主义侵入后的遭遇和命运》,《历史研究》,1962 年第 3 期。

［131］范金民:《清代江南丝绸的国内贸易》,《清史研究》,1992 年第 2 期。

［132］费春:《江苏近代交通的变迁与经济梯队差异的形成》,《江苏社会科学》,1996 年第 6 期。

［133］高志斌、王国平:《晚清政府借外债修筑沪宁铁路述论》,《江海学刊》,2000 年第 3 期。

［134］何家伟、龚松柏:《交通运输与甲午战争》,《安徽大学学报(哲学社会科学版)》,2001 年第 7 期。

［135］徐永志:《近代交通运输与社会经济发展》,《光明日报·史林》,1993 年 6 月 7 日。

［136］徐占春:《中国近代铁路建设与沪宁杭经济带的形成》,《武汉交通职业学院学报》,2008 年第 2 期。

［137］王翔:《十九世纪中日丝绸业近代化比较研究》,《中国

社会科学》,1995 年第 6 期。

[138] *A Study of the Chinese Railway-Rights Recovery Movement*. Singapore University Press, 1977.

[139] Edgar Wickberg. *The Chinese as Overseas Migrants*', in *Judith M. Brown*, *Migration: The Asian Experience*, Oxford: St Antony's College, 1994.

[140] E-tu Zen Sun, *Chinese Railways and British Interests*: 1898—1911, Columbia University, 1954.

[141] Ralph William hueneman, *The Dragon and the Iron Horse*: *the Economics of Railroads in China*: 1876—1939, Harvard University, 1984.

[142] Wolfgang Schivelbusch, *The Railway Journey*: *The Industrialization of Time and Space in 19th Century*. The University of California Press, 1986.

# 后 记

我在中国第二历史档案馆查阅资料时发现,清末民初社会动荡、犯罪猖獗,其中铁路偷盗、拐卖人口等问题引起了我的浓厚兴趣,遂写了论文《清末民初铁路犯罪形态及原因分析》,发表在《辽宁大学学报》2005 年第 6 期。铁路是西方文明的产物,是近代最具革命性的交通工具,它的出现给世界带来了深远影响,也使中国近代社会出现了前所未有的变化。沪宁铁路是近代中国,也是江苏最重要和最有价值的铁路,被誉为"中华模范路"。今天,沪宁铁路在江苏乃至中国国民经济和社会生活中依然扮演着重要角色,它的通车与江苏社会发展之间存在着复杂关联性。沪宁铁路与当今被称为世界第六大城市群的长江三角洲的发展密不可分,是联系上海与广大腹地的交通动脉,也可以说是研究铁路与社会发展关系问题中最具典型意义的个例。因此,从历史和现实角度考虑,我认为选择沪宁铁路作为研究对象具有重要的学术价值和现实意义。加之本人在南京邮电大学工作,通讯、邮政等领域与铁路交通息息相关,从而更加坚定了我选定沪宁铁路作为研究对象的决心。

本书即将付梓之际,感慨颇多。首先要感谢我的母校南京大学历史系崔之清教授、李良玉教授、陈红民教授……他们的指导和教诲使我受益匪浅。特别感谢我的导师张海林教授。张老师严谨的治学风范和渊博的学识,深深地感染和鼓舞着我,无声地催促着我不断奋进。张老师在学术上对我既关心又十分严厉,教会了我新的学术思路和科研方法。本书亦作为一个小小的研究成果,来回报恩师的指导教诲。当然，它与老师的期望相去甚远，我尚需努力。还要感谢中国药科大学周雷鸣教授、江苏大学戴迎华教授，在本书写作过程中，他们均拨冗严审，大到观点表述，小到标点符号等都提出了非常详细且极富价值的修改建议。感谢所有帮助过我的师友们。

在资料收集过程中，南京图书馆古籍部、南京大学图书馆、苏州大学图书馆、苏州档案馆、苏州历史博物馆、上海图书馆、上海铁路博物馆、中国第二历史档案馆等借阅处的工作人员，为笔者查阅相关档案资料提供了极大便利，使本书占有了大量的原始资料。特别是苏州市档案馆的蒋纪序和徐志华二位老师，对本文的构思和资料的收集均给予了悉心指导。在书稿出版的过程中，江苏大学出版社的编辑付出了艰辛的劳动，使得本书避免了诸多差错。在此，一并致以最诚挚的谢意！

最后，我要特别感谢一直默默给予我关心和支持的爱人吴中琦先生。他在百忙工作之余，常常问及我的写作进展，并在我写作困惑时给予启发。聪明乖巧的女儿在幼儿园大班时无人照看，曾跟随我去苏州等地查阅资料。她学习中自觉努力，也让我有精力致力于写作。家人的鼓励和支持是我科研前进的不竭动力。

拙作即将与读者见面，本人却无轻松之感。我深谙学无止境，本书仅作为本人学术研究的开端，还有很多内容亟待进一步思考与研究。

葛玉红

2014 年 7 月于南京邮电大学西苑